찬란하고 무용한 공부

LOST IN THOUGHT
The Hidden Pleasures of an Intellectual Life

Copyright ⓒ 2020 by Princeton University Press
All rights reserved.

No part of this book may be reproduced or transmitted in any form or by any means, electronic or mechanical, including photocopying, recording or by any information storage and retrieval system, without permission in writing from the publisher.

Korean translation copyright ⓒ 2025 by ETRE
Korean translation rights arranged with Princeton University Press through EYA Co.,Ltd

이 책의 한국어판 저작권은 EYA Co.,Ltd를 통해 Princeton University Press와 독점 계약한 에트르에 있습니다. 저작권법에 의하여 한국 내에서 보호를 받는 저작물이므로 무단 전재 및 복제를 금합니다.

찬란하고 무용한 공부

내면의 삶을 기르는
배움에 대하여

제나 히츠 지음 박다솜 옮김

에트르

그들 모두 먹고 흡족했다.
―〈루가의 복음서〉 9장 17절

추천의 말

　요약하면 다섯 쪽밖에 안 될 주장을 설계하고 500쪽 분량의 사례로 나머지를 채워 505쪽짜리 책을 만들곤 하는 영어권 논픽션에 덴 사람, 어떤 것의 쓸모를 논할 때 '무용함의 유용함'이라는 마스터키로 이미 열려 있는 문을 다시 여는 척하는 책에 질린 사람, 공부하는 법에 대한 책을 읽느니 그 시간에 그냥 공부를 하는 게 열 배는 더 좋은 선택이라고 믿는 사람, 그런 사람은 손들어보시길. 나는 이미 들고 있다.
　그런데 이 책은 다르다고, 나는 한 손을 든 채로 이 글을 쓴다. 어떤 저자가 자신의 책을 단테의《신곡: 지옥편》도입부("삶의 여정 중반에 이르러……")를 패러디하며 시작한다는 것은 그가 지금 위기에 빠진 삼십대 중반이거나 한때 그랬었다는 뜻이다. 따로 출판해도 될 만큼 인상적인 프롤로그에서 저자는 아무리 공부를 좋아하는 사람도 한번은 겪는 그 위기를 강렬하게 고백한다. 위기의 시작은 언제나 같은 질문이다. '이따위 공부가 다 무슨 소용이란 말인가?'
　저자는 자신을 포함한 만인의 공부가 본질에서 벗어나 있음을 적발한다. 공부의 탈선을 초래하는 세 가지 인력은 "부에 대한 탐욕" "사회적 우월성에 대한 욕망" 그리고 "정의에 대한 사랑"이다. 그게 왜 문제인가 싶은 셋째 항목에 대한 충고가 특히 귀하다. 현실과 유리된 '정치 담론'의 피상성과 자기도취, 만들어진 입장立場으로 입장入場하기만 하는 지적 게으름, 생산적인 '지적 폭력'을 회피하는 다양성 존중이라는 이름의 타협주의 등에 대한 비판엔 다 일리가 있다.

이어 저자는 공부에는 '숨겨진 삶'이 있다는 특유의 표현을 반복하며 공부의 지배적인 공적 초상 바깥에서 '지적인 삶'의 진면목을 고대 그리스풍으로 그려낸다. 세상(돈과 명예와 정의)으로부터 물러나 삶을 관조(즉, 성찰)하면서, 가장 근원적인 질문들에만 매달리고, 무엇에도 흔들리지 않을 견고한 내면을 세공하는 삶. 그 안에서 전문 학자와 비전문 독서광 사이의 구별은 사라지고, 인간다움의 최소공약수와 같은 존재가 되어 서로 깊이 만나는 삶.

전대미문의 그림은 아니다. 알면서도 잊고 살았던 터라 아픈 것이다. 그래서 스산해진 채로 저자에게 캐묻고도 싶다. 위 단락에서 내가 따라 요약한 대로 저자는 '지적인 삶'에 두 개의 본질/가치가 있다고 말한다. 그것은 '존엄'과 '교감'이다. 그런데 이 둘은 연결될 수 있는가? 내면의 가장 '깊은' 곳으로 내려갈 때 타인에게로 '넓게' 열리는 일이 어떻게 가능할까? '존엄'의 측면에선 타인이 필요 없고, '교감'의 입장에선 공부가 필요 없는 게 아닐까?

저자는 그게 가능할 뿐만 아니라 불가피하다는 걸 경험적으로 아는 것처럼 보이지만 그 연관을 논리적으로 입증하는 건 쉽지 않은 일임을 인정한다. 사실 이는 '성찰적 삶vita contemplativa'과 '실천적 삶vita activa'의 관계에 대한 오랜 질문이기도 하다. 본래 삶에 대한 문제는 살아보지 않고 풀기 어렵고 그건 '지적인 삶'도 마찬가지일 것이다. 저자도 당신 자신의 빵은 직접 구우라고 말한다. 그건 살아보라는 말이다. 공부도 하는 삶 말고 공부로서의 삶을.

그래도 저 난제를 풀 열쇠 하나를 제시하고 싶다. 한국어판 제목엔 '공부'가, 부제엔 '배움'이 들어 있다. 저자는 엄밀히 구별하지 않았지만 해볼 수도 있다. 공부라는 단어에는 타자로 열린 큰 문이 없다. 그러나 배움은 다르다. 사전적으로도 이미 타자와의 경험을 전제한다. 그래서 공부는 하는 것, 배움은 얻는 것이다. 우리가 한국어 '공부'의 뜻만 새기면, '존엄'과 '교감'의 연결고리가 흐릿해질 수도 있다.

이 책은 공부에 대한 책이고 더 중요하게는 배움에 대한 책이지만 결국은 삶에 대한 책이다. 이 책의 대부분은 어떤 바람직한 삶의 모드를 체험하게 하는 생생하고 인상적인 예시로 이루어져 있다. 그것들을 통해 저자는 '지적인 삶'이 인류에게 주어진 특별한 선물임을 믿게 만든다. 포장을 풀기가 쉽진 않다. 그렇다고 선물인 줄도 모르고 포기한다면 그건 슬픈 일이다.

신형철 문학평론가

차례

추천의 말　　　　　　　　　　　6

프롤로그　나는 왜 공부하는 삶을 되찾고 싶었나　　11

서문　　　배움은 숨겨져 있다　　　　　　　　　　49

1장　　　공부는 우리를 어디로 데려가는가　　　　89

2장　　　배움의 상실과 발견　　　　　　　　　　179

3장　　　찬란한 무용함에 대하여　　　　　　　　253

에필로그　사유를 즐기는 평범한 사람　　　　　　311

감사의 말　　　　　　　　　　　319
옮긴이의 말　　　　　　　　　　320
주　　　　　　　　　　　　　　326
찾아보기　　　　　　　　　　　339

일러두기
- 원서에서 이탤릭체로 강조된 부분은 고딕체로 표기했다.
- 본문 하단의 주는 내용의 이해를 돕기 위해 옮긴이와 편집자가 작성했다.

프롤로그

나는 왜 공부하는 삶을 되찾고 싶었나

지혜는 진주보다 나으므로
무릇 원하는 것을 이에 비교할 수 없음이니라.

—〈잠언〉 8장 11절

삶의 여정 중반에 이르러 나는 캐나다 온타리오주 동부의 외딴 숲속에 자리한 가톨릭 종교 공동체 마돈나 하우스 Madonna House에서 지냈다. 우리의 거처 주변을 흐르는 강은 겨울이 오면 판판한 빙판으로 모습을 바꾸었고, 날씨에 따라 얼고 녹으면서 공중으로 수증기를 피워 올렸다. 여름에는 따뜻해진 강물에서 수영을 하거나 배를 타고 두터운 수초 사이로 나아가며 야생적이고도 쓸쓸한 계곡 풍경을 감상할 수 있었다. 우리의 삶은 소박했고, 바깥세상으로부터 숨겨진 만큼 가난했다. 공동체가 의도적으로 가난을 지향했기 때문이다. 우리는 공동 침실에 모여서 잤고, 물을 아껴 썼으며, 기부받은 옷을 입었다. 채소는 짧은 제철이 지나고 나면 지하 저장실이나 냉동고에 보관해둔 것을 꺼내 먹었다.

    나는 내게 배정되는 갖가지 임무를 따랐다. 한번은 제빵사로 일했는데, 종일 변덕스러운 효모와 화덕불을 다루느라 온몸이 반죽과 밀가루와 재로 뒤덮이곤 했다. 그다음엔 수공예실에 들어가 가구를 수리하고, 책을 수선하고, 재료를 정리하고, 명절마다 장식을 했다. 19세기 가정주부 수업을 받고 있다고 누군가에게 농담을 했었다. 나는 도시관에서도 일했고, 그다음으로는 기증받은 골동품을 공동체가 운영하는 기넘품점에서 판매할 수 있도록 깨끗이 닦고 조사하는 일을 제법 오래 했다. 청소와 설거지, 씨앗을 뿌리고 잡초를 제거하고 채소를 수확하는 일처럼 공동체 모두가 함께하는 노동에도 참여했다. 이런 공동체에서 으레 그러하듯 우리는 맡은 일을 자주 바꾸어서 누군가 하는 일이 그 사람의 정체성이 되지 않게끔 했다. 이런 환경에서는 일을 성취의 수단이 아니라 남들을 돕는 활동으로 보기가 한결 쉬웠다. 재능과 관심은 소중하기는 하지만 궁극적으로는 의미 없는 것으로 여겨졌다. 내가 공동체에서 맡은 갖가지 일과 삶을 대한 본질적인 태도는 캐나다로 떠나기 전 20년 동안 나 스스로 준비했던 것과는 단연코 달랐다. 나는 17세부터 38세까지 온전히 고등 교육 기관에 속해 있었다. 처음에는 학생 신분이었고, 졸업 후에는 교수이자 고전철학 학자가 되어 학계에 머물렀다.

내가 걸어온 전문 지식인의 삶은 유년기에 뿌리를 두고 있다. 가장 오래된 기억 속에서 나는 이미 온갖 종류의 책들에 둘러싸여 있었다. 침실 바닥에 책이 몇 무더기 쌓여 있었고, 우리가 살던 19세기 주택의 먼지투성이 벽들도 책으로 뒤덮여 있었다. 오빠는 내게 글자 읽는 법을 알려주었고 독서에 대한 갈망을 전염시켰다. 부모님은 두 분 다 전문적인 훈련이나 지원은 받지 않았지만 순수하게 책과 언어와 사유를 사랑했다. 단어 본연의 가장 좋은 의미 그대로 아마추어(애호가)였다고 말해도 좋을 것이다. 1970년대의 샌프란시스코는 여러 잘 알려진 이유로 인해 특이한 공간이었는데, 오늘날에 이르러서야 또렷이 눈에 들어오는 사실은 여가 leisure가 훨씬 부족해진 지금과 달리 그 시대 샌프란시스코 사람들이 여가에 진심이었다는 것이다. 사람들은 독서를 즐기기 위해 책을 읽었고, 사유하기 위해 사유했으며, 그러기 위해 북부 캘리포니아의 자갈 해안이나 어두운 숲속으로 훌쩍 나들이를 떠났다. 그들에게는 명료한 목표나 특화된 기술, 값비싼 장비가 있지 않았다. 여가 활동을 평가하는 기준 역시 단순해서 본인이 다른 사람들과 더불어 그 활동을 즐겼으면 그걸로 충분했다. 아무도 사지 않을 예술품과 공예품, 모닥불이 꺼지는 순간 가치가 증발해버릴 음악 공연이 그런 활동에 속했다.

어린 시절 나는 천연 식품이 가공 식품보다 낫다는 개념을 수긍하는 게 어려웠다. 온갖 협박과 감언이설이 없었더라면 캐롭*이나 양조효모, 맛이 이상한 허브티 같은 건 입에 대지도 않았을 것이다. 하지만 배움이 즐겁다는 사실은 누가 일부러 납득시키지 않아도 자연히 알게 되었다. 우리 가족은 그 자리에 모인 사람 누구도 알지 못하는 사실들에 관해 격렬한 논쟁을 벌이는 게 취미였다. 세계 기록, 전사자 수, 생물의 적절한 분류, 월식의 속성, 그 모든 것에 대해 우리는 열렬히 토론했다. 결국은 궁극의 참고 도서인 사전, 백과, 연감을 동원해야 끝이 나는 문제들이었다. 하지만 그런 해결책조차 우리에게 전적으로 흡족하지는 않았다. 참고 도서를 펼치면 새로운 토론과 논쟁에 사용할 무기를 획득할 수 있었다. 그렇게 우리가 열심히 찾아내거나 우연히 손에 넣게 된 지식이 현실

* 1970년대 미국에서 천연 식품 운동이 유행했을 때 초콜릿을 대체할 음식으로 각광받았던 암갈색 열매.

적으로도 유용했던 적은 결코 없었다.

오빠와 나는 야생 동물에 푹 빠져 있었다. 그중에서도 바다 생물에 관심이 많아서 펭귄 17종을 꿰고 있었고, 고래의 먹이 습관에도 해박했다. 동네 해변에는 커다랗고 살찐 바다사자가 종종 나타나곤 했다. 녀석들이 보이지 않을 때면 우리는 책을 읽거나 지역 과학박물관으로 향했다. 전시된 고래 뼈를 들여다보면서, 때로는 녹음된 돌고래 소리를 재생하는 버튼이 달린 두꺼운 돌고래 수조 앞에 서서 우리는 애정의 대상들을 연구했다. 한편 봉제 인형도 엄청나게 모았다. 인형들은 하나의 정치 공동체를 형성하더니 작은 바다코끼리를 회장으로 추대했다. 우리는 인형들을 위해 헌법을 만들었고, 시가市歌를 작곡했으며, 두말할 필요도 없겠지만 이야기를 지어냈다. 우리는 아이들이 으레 그러듯 동물들에게 인간의 능력을 부여함으로써 상상을 통해 동물들의 삶 속으로 들어갔다.

우리가 그러모은 무수한 사실들과 우리가 펼치던 유희적 상상의 이면에는 아직 형체를 이루지 못한 묵직한 질문들이 도사리고 있었다. 인간이란 무엇일까? 보고, 느끼고, 먹고, 헤엄치고, 끽끽 소리를 내는 게 삶의 전부일까? 우리는 자연의 일부일까, 아니면 어떤 의미로든 자연 밖의 존재일까? 아버지와 캠핑 여행을 떠난 어느 날, 나는 빼곡한 삼나무가 그늘을 드리운 계곡 바위에 앉아 아버지와 그 질문에 대해 이야기 나누었다. 나로서는 우리 인간이 우리를 둘러싼 숲이나 흐르는 물줄기나 바위와 동일한 존재라고 상상하기가 어려왔다. 인간은 어떤 식으로든 자연스러운 것의 바깥에 존재한다고 느껴졌다. 하지만 언젠가 우리 모두 마지막 숨결을 내뱉고, 우리의 모든 것이 무게와 저항과 부패와 발효 작용 앞에 서 스러지고, 우리의 살은 동물들의 식도를 지나 흙과 점액과 먼지가 된다는 건 삼척동자도 아는 사실이다.

우리 가족이 어떤 목적을 위한 수단으로 배움에 관심을 품고 지적 활동을 한 건 아니다. 부모님은 공부가 다가올 인생을 위한 준비라기보다는 그 자체로 가치 있게 시간을 보내는 방법이라고 생각했다. 그러므로 내가 집을 떠나 세인트존스 칼리지라는 뜬금없이 종교적인 이름을 지닌 미국 동부 해안의 작은 세속적 문과 대학에 진학해 고전과 인간의 근본적인 질문들을 공부하겠다고 했을 때, 부모님은 조금도 놀라는 기색을 보이지 않았다. 두 분은 내게 서사시나 식물에 대한 고대 논문을 공부해서 어디에 써먹을 거냐고 묻지 않았다. 그런 공부가 세상 속에서 나의 길을 찾는 데 도움이 될 것 같으냐고도 묻지 않았다. 내 선택이 미리 정해진 길처럼 여겨진 건 아니었다. 예를 들어 오빠는 나와는 딴판으로 생화학 분야에서 전문 교육을 받았다. 내가 누군가의 권유나 설득으로 인문학을 선택한 것도 아니었다. 그때 우리 눈에는 우리가 택할 수 있는 여러 갈래의 길 가운데 하나인 인문학 교육의 가치가 뚜렷이 보였다.

그렇게 극적인 성장과 설렘을 수반한 나의 첫 학문 생활이 시작되었다. 나는 내가 적을 두게 된 작은 대학에 한눈에 반했다. 물가에는 수양버들이 드리워 있고, 비탈의 잔디는 여름에는 몸을 구르고 겨울에는 썰매를 타기 안성맞춤이었다. 지진의 위험으로 벽돌을 쓰지 않는 지역에서 갓 도착한 나의 눈에는 고풍스러운 붉은 벽돌 건물들조차 하나같이 매력적이고 놀라워 보였다. 나는 커다란 원목 책상 하나와 낡은 등나무 의자들, 휘어진 칠판이 전부인 빈약한 교실이 금세 편안해졌다. 수업은 커리큘럼 없이 진행되었다. 학생과 선생이 교실로 들여온 생생한 질문들로부터 자유롭게 토론이 펼쳐졌다. 그러니 우리의 토론은 무관심이나 준비 부족으로 난항을 겪을 수도 있었고, 조용히 탄력을 더하며 서서히 펼쳐질 수도 있었고, 새로운 통찰을 발견하는 흥분으로 폭발할 수도 있었다. 나는 이런 정직한 수업 방식이 마냥 황홀했다. 책처럼, 질문처럼, 참여하고 있는 사람들처럼 토론은 그렇게 꾸밈없이 흘러갔다. 우리가 하고 있는 정신 활동의 불편을 덜기 위해 억지로 뭔가를 명료하게 만들거나 구조를 갖다 붙이는 일은 없었다. 질문의 어려움과 위험, 발견의 짜릿함, 그 모든 것을 우리는 어떠한 완충재도 없이 오롯이 감각했다.

저녁에 시작된 세미나는 어느덧 계단으로, 안뜰로, 술집으로 자리를 옮겼다. 금요일 저녁 공식 강의에 뒤따르는 질의응답 시간은 끝없이 길어지기 일쑤였고, 좋은 주제 하나만 있으면 자정을 넘겨 이른 새벽까지 생기 있는 대화가 이어졌다. 선생은 지쳐서 만신창이가 되었지만 학생들은 더 하자며 열의를 불태웠다. (지금도 세인트존스에선 이런 철야 토론 풍습이 여전하다.)

그때 우리는 하나같이 책이 인생에 중요하다고 믿었지

만 인생에 대해 아는 것이 워낙 적었으므로 우리 딴에는 진지했던 사색이 성숙한 사람에게는 분명 터무니없게 들렸을 것이다. 모든 책이 다른 모든 책과 연결되어 있었다. 문법이나 기하학의 아주 미묘한 기술적 요소들은 낭만과 의미로 채워져 있었으므로 지나치게 명쾌한 단정은 어딘지 투박하게 느껴졌다. 우리는 통찰력을 발휘하는 느낌을 사랑한 것에 비해 통찰 자체에는 미숙했다. 하지만 선생님들은 우리의 생각을 소중하게 대우했고, 나아가 우리를 의미 있는 선택을 내리고 매우 어려운 사안을 직접 결정할 능력이 있는 자유로운 성인으로 대했다. 나는 선생님들이 있는 힘껏 우리의 성숙함을 이끌어내려 한다고 느꼈다.

우리의 탐구 방식이 특히 상궤를 벗어나 전율을 안겨준 영역은 수학과 과학이었다. 우리는 수학자와 과학자가 쓴 글을 연구하면서 그들이 무엇을 연습하고 실험했는지 알아내고자 했다. 그때 우리에게 수학과 과학적 사고는 달달 외워야 하는 기정사실이나 이름도 얼굴도 모르는 권위자들이 필수로 알아야 한다고 정해놓은 기술이 아니라, 그저 인간이 행하는 노력의 하나였다. 사실 수학과 과학적 사고는 목적을 위한 수단, 현실적 문제에 대한 해법, 이해를 향해 가는 경로, 다양한 관조의 수단으로 발전했고, 그 종류는 희극의 형태나 예술의 스타일만큼 다양하다. 그러나 '기정사실'은 그런 식으로 발전하지 않았으며 종류 역시 다양하지 않았다. 기정사실이란 다음 세대의 이론이 나오면 일부는 보존되고 일부는 파괴될 운명인 잠정적 진실의 핵심만 걸러낸 요약본에 불과했다.

나는 대학 생활의 단순함과 자발성에 힘입어 활짝 피어났다. 독서와 대화에 전적으로 초점을 맞추고, 근본적인 인간의 문제를 집요하게 탐구하고, 지적 활동의 가치가 그 성과보다는 탐색 자체에 있다고 확신하며 생활했다. 신입생 시절 《오이디푸스 왕》에 대한 에세이를 쓰면서 새로운 통찰을 발견하는 즐거움에 사로잡혔던 기억이 난다. 나는 이런저런 생각에 잠겨, 황홀하게 주의를 흩뜨린 채로, 연초록빛 봄 나무들 사이를 걸어 다녔다. 내가 장차 살아가게 될 인생의 핵심 조각을 찾았다는 직감이 들었다.

졸업 후 많은 동기들이 쓸모없다고 여겨지는 인문학 학위를 거머쥐고 상아탑을 나서서 정치, 법, 경영, 언론, 비영리 단체의 영역으로 입성했다. 그들은 학교를 설립했고, 로펌과 기업 이사회, 《뉴욕 타임스》, 국제 비정부 기구, 미국 정부의 고위직에 올랐다. 다시 말해 그들은 공부 자체를 위한 공부가—즉 가시적 결과나 명망 높은 자격증이 뒤따르지 않는 공부가—사실은 다른 목적들의 수단으로서 굉장히 유용하다는 사실을 발견했다. 나는 일련의 행운이 따라준 덕분에 엘리트 학문의 세계에 들어갔고, 처음에는 조금 고생했지만 이내 동기들처럼 큰 성공을 거두었다. 그러나 내가 이뤄낸 성공이 씨앗이 되어 나는 그로부터 여러 해 동안 학계 생활에 대해 점진적으로 참담한 환멸을 느끼게 되었다.

처음에는 대학원 생활도 무척 짜릿했다. 나는 위대한 고전과 그 안에서 다뤄지는 인간적인 질문의 기초를 이루는 고대의 전문 기술, 즉 학문, 주석, 해석을 배웠다. 함께 고전철학을 연구하던 교수들과 대학원생들은 충분한 수가 모일 때마다 비공식 독서 모임을 만드는 관습이 있었다. 고대 문헌을 앞에 두고 책상에 둘러앉아 내가 품은 수수께끼를 남들과 나누고 생각을 주고받으면서 나는 학부생 시절과 다름없이 지적 솔직함과 자발성을 느끼는 한편, 내가 전보다 더 깊이 들여다보고 더 섬세한 부분까지 살필 수 있게 되었다는 걸 깨달았다. 나는 난해한 그리스어 문법에 애정을 붙였고, 지금까지도 내게 크나큰 기쁨을 주는 도서관 활동을 시작했다. 형광등이 밝혀진 책 더미의 미로 속에서 출처와 참고 문헌과 연관 작품들을 뒤쫓다가 발을 헛디뎌 서가의 이상한 구석에 다다르면, 어김없이 나를 일깨우거나 무척 우습거나 혹은 둘 다인 무언가를 만나게 되었다. 나는 분석철학이라는 즐거운 정신 운동을 배워서 어떤 방식으로 구성된 주장이든 옹호하거나 탐구하거나 거의 항상 반박할 수 있게 되었다. 여기저기 흩어져 있는 우리 학자들과 교사들의 공동체가 국가와 시대를 초월하여 지식을 보존하고 전달하는 거대한 프로젝트의 일부라는 점을 이해하게 되었다. 시간이 흐르고 대학원생을 거쳐 젊은 교수의 신분이 되었을 때, 나는 아마추어의 인간적인 질문이야말로 언제나 학자에게 최고의 출발점이라는 사실을 읽게 되었다.

그런데 대학원에서 나는 내가 받고 있던 훈련과 보이지

않지만 강력한 끈으로 묶여 있는 또 다른 종류의 훈련 역시 시작했다. 교수들과 동료 학생들과 일상 대화를 나누면서 학계의 복잡 미묘한 사회적 위계를 헤쳐나가는 법을 배운 것이다. 나는 누구를 동경하고 누구를 경멸해야 하는지 알게 되었다. 누가 '열외'되었다는 이야기를 들으면, 나 자신은 내부에 소속되었다는 기분이 들었다. 하지만 물론 이런 평가 행위의 무자비하고 보편적인 속성은 나의 보잘것없는 성공 역시 얼마나 쉽게 무너질 수 있는지 보여주었다. 학문적으로 실패하고 거부당한 사람에게 쏟아지는 조롱을 들으면서, 나 역시 그런 조롱을 쏟아내면서 나는 스승과 동료들에게 부족한 사람으로 평가받을까 봐 겁을 먹기 시작했다. 많은 대학원생처럼 내게는 강박적으로 타인의 행동을 살피며 나에 대한 호감이 늘거나 줄어든 징표를 찾는 습관이 생겼다. 거의 모든 대학원생이 느끼는 것처럼, 나는 다른 사람들은 모두 학문의 세계를 완벽히 자신만만하게 순항 중인데 나만 입지가 위태롭다고 확신했다.

    물론 내가 품은 실패에 대한 두려움에는 이면이 있었다. 나는 선망을 얻어내는 게임에서 성공하고 싶다는 강한 열망에 사로잡혔다. 내가 남들 못지않게 괜찮으며 어떤 사람들보단 심지어 낫다고 증명하고 싶었다. 대학원 생활 초기에 나는 아주 생생하고 전무후무하게 기묘한 꿈을 꾸었다. 꿈속에서 내가 무척 존경하고 인정을 갈구하는 교수님 한 분이 학위 가운 차림으로 '좋은 사람'이라는 주제의 세미나를 진행하고 있었다. (꿈 세계는 이상하기 마련이다. 세미나 장소는 내가 졸업한 고등학교 체육관이었고, 실제와 달리 거대한 에스컬레이터가 설치되어 있었다.) 나는 교수님에게 고매한 학문적 지위에 오르신 분이 어째서 좋은 사람이 되는 것 따위에 신경을 쓰시냐고 물었다. 그는 황당하다는 표정으로 나를 보더니 내 팔을 잡아끌고 체육관 밖으로 나가서 그게 무슨 의미냐고 물었다. 내가 다시 질문하자 그는 대단히 힘주어 말했다. "나는 좋은 사람이 되는 것에 신경을 쓴다네. 그것도 아주 많이. 나는 사랑받고 싶고…… 존경받고 싶고…… (그의 목소리가 극적으로 낮아져 속삭임이 되었다.) **숭배**받고 싶어."

물론 나는 이 꿈이 아주 재미있었고 그날 내가 바로 꿈 이야기를 들려준 동료 학생들도 재미있다고 느꼈다. 하지만 이 꿈에는 내 의식이 차마 감당할 수 없었던 근본적인 통찰이 담겨 있었다. 그 통찰은 꿈에 등장한 교수님에 대한 것이기도 하지만, 적어도 내가 체험한 바에 의하면 일부 학과의 경우에는 더 보편적인 학계 생활의 가치들에도 해당하는 것이었다. 그때 우리가 추구한 게 지위와 인정이었다고 말하면, 다소 무정하게 들린다. 그러나 우리는 실제로 타인을 희생시켜 지위와 인정을 쟁취하려 했다. 예를 들어 우리는 비판적 학문 논파를 통해 상대에게 공공연하게 굴욕을 안기는 의례적 행위에서 짜릿함을 느끼고 이를 부추겼다. 매서운 서평과 강의실 뒤쪽에서 들려오는 통렬한 혹평들. 잔인하지만 바로 그 잔인함으로 인해 성공의 화폐가 된 행위들. 우리는 경외심을 품고 이런 행위들을 지켜보면서 그 안에 깃든 비인간적 속성을 암묵리에 승인했다. 우리는 공공연히 타인에게 굴욕을 주는 경쟁 행위를 받아들였고, 더불어 현실에서 학문은 대단히 오만한 것임을 메스꺼운 방식으로 깨달았다. 결투의 승자들은 위풍당당한 매력을 발산하며 우상의 자리에 올랐다. 여타 분야에서 승자가 그저 유명 인사가 된다면, 학계에서 승자는 우상이 되었다. 우상이 되는 것이야말로 우리가 원하는 것이었다. 그것 외에는 아무것도 의미가 없었다. 적어도 나처럼 이런 상황에서 버팀목이 되어줄 단단한 내면의 인간성이 부족한 사람들에게는 그랬다.

내가 지위와 명성을 둘러싼 잔혹한 경쟁에 뛰어든 게 깊은 생각이나 의식적 염려 없이 내린 선택이었다는 점은 짚고 넘어가야겠다. 처음에 나는 전문 기술과 습관이 모자라서 편안하게 경쟁에 임할 수 없었지만, 얼마간 시간이 지나자 물 만난 물고기처럼 소문의 바다를 수월하게 헤쳐나가기 시작했고 사회생활이 도서관 서고만큼이나 편안해졌다. 내가 올라탄 물살이 어디로 향하는지 구분하기 어렵다는 점도 내겐 도움이 되었다. 자신의 우월성에 대한 정력적 표현과 철학적 대화는 서로 매끄럽게 섞여들며 동틀 녘까지 이어졌다. 우리는 집에 가서 잠을 자고 돌아와 다시 같은 주제로 대화를 시작했다. 그렇게 몇 년을 보낸 뒤에야 진정한 배움을 향해 나아가는 진지하고 꾸준한 여정과 명성을 중심으로 돌아가는 학계의 드라마를 하나로 묶고 있던 보이지 않는 끈이 내 안에서 풀리기 시작했다. 그와 동시에 내 삶의 나머지 부분도 풀리기 시작했다.

2001년 나는 세 번째 대학원에서 5년째 대학원 생활을 하고 있었다. (첫 번째 대학원에서는 석사 학위를 땄고, 두 번째 대학원을 다니다가 세 번째 대학원으로 편입했다.) 처음 대학원 생활을 시작하던 시절의 충격과 고투는 이제 과거지사가 된 지 오래였고, 나는 떠들썩한 지적 생동감이 분출하는 환경에서 어떤 대화든 나눌 수 있는 친구들과 함께 학문적 성공을 느긋이 즐기고 있었다. 지적 즐거움과 명성 및 지위 쟁취라는 쌍둥이 식물이 어찌나 가깝게 자라났는지 나로선 무엇이 어떤 꽃을 피운 건지 구분할 방도가 없었다. 그러던 9월 어느 날 아침이었다. 평소처럼 가로수 길을 걸어 캠퍼스로 가고 있는데, 학과 교직원 한 사람이 나를 부르며 엄청난 뉴스가 터졌다고 말했다. 나는 텔레비전을 보려고 학생회관으로 들어갔다. 화면에서는 화염에 휩싸인 세계 무역 센터의 모습이 생중계되고 있었다. 나는 자리에 앉아서, 화면 아래에 흐르는 자막을 읽으며, 상황을 이해해보려 애썼다. 몇 분 뒤 두 개의 건물 중 하나가 무너져 잿더미가 되었다. 그 순간 뉴스 아나운서들은 말을 잃었다.

학부생 시절 나는 무슨 실험에 참여하다가 사고로 강력한 정전기에 노출된 적이 있었다. 감전에서 풀려난 찰나, 모든 게 멈추었다가 새로 시작하는 느낌이 들었다. 누군가 나의 리셋 버튼을 누른 것 같았다. 내가 자석 그림판이어서 누군가 나를 잡고 흔들자 정교하게 그려진 패턴들이 지워지고 잿빛의 텅 빈 판만 남은 것 같았다. 첫 번째 건물이 무너진 순간도 그때와 비슷했다. 내 안의 모든 것이 멈추었다. 충격으로 멍해진 의식 사이로 어떤 생각 하나가 집요하게 비집고 올라왔다. 이제 철학을 그만두고 **무언가 해야** 한다는, 책들의 세계를 깨고 나와서 실천과 국제 문제의 세계로—슬로건과 캐치프레이즈 몇 개 말고는 전혀 아는 바가 없어서 그저 상상할 뿐인 세계로—나아가야 한다는 생각이었다.

9·11 테러에는 곧 국가적 의미가 씌워졌고, 나는 깊은 고민 없이 그 의미를 흡수했다. 당시에는 그 사건이 예외적이며 희생자들은 특수한 사람들이라고 믿기 쉬웠고 나 역시 그렇게 믿었다. 하지만 애국주의로 빠져들려는 충동은 테러가 내게 미친 실질적이고 인식 가능한 영향들을 축소시킨 결과물이었다. 테러의 소름끼치고 불안한 성질을 정상화하고 억제하려는 무의식적 시도였을지도 모르겠다. 뉴스는 내게 슬픔을 불어넣었으며, 그 덕에 나답지 않은 친절함도 생겨났다. 캠퍼스에서 누군가 파일 폴더를 떨어뜨리는 걸 보고 서둘러 달려가 도와주었던 게 기억난다. 그 순간만큼은 그 사람의 필요가, 그 사소한 사건이 내 눈앞에 선명하게 도드라져 다른 모든 것을 가렸다. 한동안 나는 다른 사람의 얼굴에 떠오른 상처를 알아차릴 수 있었다. 다치고 연약한 표정을 볼 수 있었다. 나는 친구와 가족에게 더 솔직하고 자유롭게 말했고, 그들도 내가 그렇게 말한다고 느꼈다. 내 정신 속에서 새로운 형태의 인식과 동기가 또렷해졌다. 내겐 수수께끼처럼 느껴지던 그것들이 시간이 흘러 차츰 희미해질 무렵, 나도 모르게

또 다른 끔찍한 사건이 일어나 지금의 정신 상태가 연장되면 좋겠다는 바람이 들었고, 이를 깨달은 순간 움찔했던 게 기억난다.

몇 달이 흐르자 나답지 않은 연민의 감정과 충동은 도로 자취를 감추고 자신에게 몰두하는 본연의 모습이 강하게 나타나기 시작했다. 하지만 학계 생활에 느낀 환멸은 꽤 오래 지속되었다. 나는 학자 공동체보다 더 넓은 인간 공동체에 소속감을 느꼈다. 철학과 고전을 공부하는 건 무엇 때문일까? 철학과 고전이 고통 가득한 이 세상에서 어떤 변화를 일으킬 수 있을까? 잘 알려진 학계의 배타성 역시 환멸을 떨치는 데 도움이 되지 않았다. 학계 외부의 사건과 사상이 학계로 들어오려면 기묘한 형태의 좁은 문을 거쳐야 하기 때문에, 나는 외부의 것들을 언제나 소화하기 쉽게 처리된 상태로만 경험한다는 느낌이 들었다. 나는 더 넓은 경험을 갈망했다. 어떤 식으로든 사건들에 대해 내 나름대로 주도권을 쥐고 싶었다.

인권 운동이나 정치 같은 다른 일을 잠정적으로 탐색해보기도 했지만, 생각만으로도 너무나 마음이 불편해져서 내겐 영 맞지 않는다는 결론을 내렸다. 뚜렷한 앞길이 보이지 않는 상황에서 나는 학업을 계속하되 박사 논문 주제는 조금 바꿔보기로 결정했다. 자기 이해에 대한 고대인들의 관점을 탐구하는 기존 프로젝트가 이제는 내 눈에 먼지만큼이나 메말라 보였기 때문이었다. 나는 논문 주제를 더 '시의성 있게' 민주주의에 대한 고대인들의 비판으로 바꾸었다. 그러나 속시원히 해결되지 않은 내면의 위기는 내 안에서 넓고 차디찬 불만의 강을 이루어 표면에서 지하로 가라앉은 뒤에도 나의 의식 바로 아래서 찰랑이고 있었다.

　나의 불만족에 불을 지핀 것의 실체는 뭐였을까? 단순히 학문의 삶에 느낀 갑작스러운 불만일까? 아니면 내가 별 고민 없이 나를 내맡겨 나의 생각과 감정을 빚어내도록 한 학문적 거울의 방을 흘긋 들여다본 경험일까? 서로 뒤얽힌 나의 길들 가운데 무엇이 편협하고 이기적인 길일까? 나는 오래전부터 지적 활동은 '현실의' 사건에 영향력을 발휘하는 형태로만 유용하다는 확신을 품고 있었다. 그러나 이제 와서 되돌아보면 전에는 몰랐던 사실 하나가 선명해진다. 우리 사회에서는 아무리 위신 높은 학자라 해도 세상을 구하는 사람들과 변화를 이끌어내는 사람들, 특히 거대한 국제기구에서 일하는 사람들보다 높게 평가받지 못한다. 그게 내가 잠시나마 책과 사상과 더불어 살아가는 삶을 저버리고 사회적 규칙에서 점수를 따는 상상에 빠져든 이유일 것이다. 물론 당시에 나는 나의 내적 위기를 그런 식으로 생각하지 않았다. 나는 내가 살아가고 존재하는 방식에 대한 깊은 회의에 직면해 나 자신과 무의식적으로 일련의 흥정을 벌였고, 실천하는 삶에 대한 동경은 그중 첫 번째였을 따름이다.

　단기적 관점에서 나의 내적 위기는 순탄하게 쌓여가던 학문적 성취를 깨뜨리고 흠집을 냈다. 박사 논문 주제를 바꾸면서 나는 여러 해 동안 해온 작업을 포기하게 되었고, 그만큼의 시간을 따라잡기 위해 서둘러야 했다. 대중 앞에서 말하는 능력이 전보다 불안정해졌다. 티가 나게 자신감이 부족해지자 내 입에서 흘러나오는 말들은 빛을 잃었다. 성공으로 이르는 길이 전만큼 당연해 보이지 않았다. 예상치 못한 걸림돌이 내 앞에 덜컥 가로놓였다. 하지만 2008년 시작된 금융 위기를 아직 조금 앞두고 있었던 그 시점, 학계의 구직 시장이 비교적 안정적이었던 덕분에 나는 남부의 규모 있는 대학에서 종신 재직권을 딸 수 있는 교수직을 구했다.

박사 학위를 받고 나서 나는 아는 사람 하나 없는 낯선 동네에서 살게 되었다. 내가 일하게 된 대학은 그 무엇보다도 풋볼에 대단한 열정을 품고 있었다. 대로는 넓었고, 교통은 자유분방했으며, 거의 항상 햇볕이 내리쬐었다. 층층나무, 동백나무, 진달래 같은 꽃이 피어나는 나무와 관목들 덕분에 공원과 정원에는 화려한 아름다움이 만발했고, 그 옆으로는 드넓은 아스팔트 주차장이 쇼핑센터들과 무심히 혼재되어 있었다. 내가 동부 해안에서 오랜 세월 팽팽하게 조여온 조바심은 이제 출로를 잃은 상태로 내 안에 쌓여서 느긋한 만큼 완고한 그 지역 특유의 여유로운 만족감과 끊임없이 충돌을 일으켰다.

교수로서 내가 하는 일은 대학원생 시절보다 더 단순했으며 시간적 부담도 덜했다. 하루하루 펼쳐지는 여유 시간에 이내 지루함과 외로움이 안개처럼 스미기 시작했다. 모종의 절박한 불안감으로 인해 나는 지역 사회 자원봉사에 나섰다.

문해력 프로그램에서 사람들을 가르쳤고, 호스피스에서 죽음을 앞둔 환자들을 방문했고, 난민 재정착 센터에서 일했다. 이렇게 사람을 대하는 봉사는 메마른 스펀지를 서서히 적시는 한 가닥 물줄기 같았다.

나는 8학년으로 학교 교육을 마친 육십대 여성 노동자와 친구가 되었다. 그가 한 공부는 쓸모가 있지는 않았지만 영문법 구조에 대한 애정과 열정을 내적으로 키워주었다. 나처럼 자신도 외로움과 지루함 때문에 교육 봉사를 시작했다는 게 그의 설명이었다. 난민 센터에 가면 난민들은 두터운 유리벽 한쪽에 앉아 각종 검사나 꼬일 대로 꼬인 서류 작업을 도와줄 누군가를 기다리고 있었다. 내게는 어딘가에 복사해둔 영수증 파일을 정리하는 업무가 배정되었다. 내가 지금껏 해온 어떤 일보다도 무의미했지만, 그럼에도 그 일은 설명할 수 없는 방식으로 내게 평화를 주었다.

그즈음 나는 다소 가벼운 마음으로 지금껏 종교 없이 살아왔으니 앞으로 한번 가져봐야겠다고 결정했다. 전에 내 조상의 종교인 유대교로 몇 년에 걸쳐 실험해본 일이 있었지만, 신앙생활을 하는 부모님이나 배우자가 없으니 가장 깊은 신앙의 길로 자연스럽게 들어갈 입구를 찾을 수 없었다. 약간 낙담한 채로 나는 주류 개신교회 몇 군데를 방문해보았다. 무의식적으로 사회적 지위 순서로 정리된 머릿속 주류 교단 목록을 훑어 내려갔던 것 같다. 어떤 교회에서는 설교 중에 풋볼에 대해 이야기했다. 어떤 교회는 영적 열정은 별달리 없어 보이는 부터 나는 사람들이 모여 있었다. 두 군데 모두 교회

라기보다는 우월감이나 편안함을 느끼기 위한 사교 집단처럼 보였다. 나는 기본적으로 사회적 우월감에 관심이 있는 사람이었는데도—아니면 오히려 그렇기 때문에—이 점에 혐오를 느꼈다. 나는 무언가 다른 것, 무언가 새로운 것을 원했지만 그게 무엇인지는 아직 알지 못했다.

어느 일요일 나는 지역 가톨릭 성당 미사에 참석했다. 내가 문을 열고 들어선 순간 성당은 정적에 감싸여 있었고, 조각상들 위로 희미한 빛이 떨어지는 것이 보였다. 주위를 둘러보니 신도석에 갖가지 배경을 지닌 여러 인종의 사람들이 앉아 있었다. 어떤 이들은 가족과, 어떤 이들은 혼자서 무릎을 꿇고 조용히 기도를 드리고 있었다. 이렇듯 다양한 사람들이 한곳에 모이는 이유가 무얼지 궁금하다는 생각이 들었다. 우리는 저마다 홀로 그곳에 있었지만, 보이지 않고 손에 닿지도 않는 무언가의 안에서 하나가 되어 있었다. 나는 즉시 가톨릭 신자가 되는 과정을 밟기로 마음먹었다. 성당에서 열리는 개종자 교리반에 등록하고 수업을 들은 뒤, 2006년 부활절 전날 밤에 열리는 길고 성대한 전례에서 세례를 받았다.

○

처음에 나는 종교를 갖는 것에 대한 관심과 지난 5년 동안 내 안에서 꿈틀대던 실존적 위기를 관련지어 생각하지 못했다. 세례를 받고 얼마 뒤, 나는 볼디모이의 한 대학에 지리를 얻어 다시 동부로 향했다. 볼티모어에 도착하고 오래 지나지 않아 뚜렷이 눈에 띄는 도시의 빈곤과 고통이 학자 생활에 몰두하려던 나의 마음을 다시 한번 뒤흔들기 시작했다. 나는 깨진 유리가 길거리에 나뒹굴고 창문들은 판자로 뒤덮인 황량한 동네의 성당들을 방문했다. 대부분의 미국 대도시에서는 빈민 지역이 의도적으로 통제되고 숨겨지지만, 볼티모어의 경우 황폐한 지역이 한없이 이어지며 모든 신규 개발지의 배경을 이루었다. 빈곤이 그려내는 풍경에서도 빈곤이 낳는 결과에서도 눈을 돌리기가 불가능한 도시였다. 과거의 내가 어딘가 나와 먼 곳에만 존재한다고, 이국적이고 특이하다고 생각했던 고통이 불현듯 나를 에워싸고 다가왔다.

신앙이라는 새로운 측면에서 내 안의 긴장은 세상의 경계로 뻗어나가면서 나의 내적인 삶 깊이 닻을 내린 날카로운 갈고리를 잡아당기는 것처럼 느껴졌다. 나는 인간의 고통이 특별한 사건에 국한되지 않으며, 특정한 정책을 뒤집는 것으로 간단하게 끝나지 않는다는 사실을 깨닫기 시작했다. 재난이 닥치기를 기다릴 필요가 없었다. 재난은 이미 모든 곳에 있었다. 재난에 대한 책임도 마찬가지였다. 고통은 우주의 힘이자 언제나 존재하는 현실이었다. 그때부터 나는 타인의 고통을 시야 바깥으로 밀쳐내는 오랜 습관을 버리려고 노력했다. 나는 일부러 고통을 찾아 스스로 고통과 꾸준히 접촉하기 시작했다.

그리하여 나의 일과 내 삶의 초점에 대한 낙담은 더욱 깊어지고 넓어졌다. 학계의 바깥세상으로 시선을 돌리자 내가 별다른 변화를 일으킬 수 없는 심한 고통과 무질서가 보였다. 더 가까운 곳으로 시선을 옮기면, 나의 학계 생활이 얼마나 얄팍한지 날이 갈수록 분명해졌다. 나는 인정이나 지위를 추구하기 위해 남들을 희생시켜 좋은 성과를 냈다. 혹은 동료 학자들 몇몇과 작은 모임을 이루어 서로에게 우리가 얼마나 우월한지를, 멍청하고 글러먹고 못되고 흉측한 사람들과 우리가 얼마나 다른지를 납득시켰다. 학계에서 열리는 여러 저녁 만찬을 다니던 중 한번은 우리 인생의 핵심 가치가 고급 와인과 유럽 여행이라는 이야기를 나누다가 갑자기 욕지기가 일었던 기억이 난다.

이 시점에 이르러 나는 나의 지적 활동을 돈, 지위, 특권으로 보상받는 일에 익숙해져 있었다. 그러는 사이에 나의 초점은 일하는 행위 자체보다 일의 결과로 옮겨가 있었다. 나는 학계 내의 사회적 위계에서 힘들게 확보한 입지를 잃을까 봐 겁이 난 나머지, 어느 주제에 대해 자유롭고 솔직하게 사유하는 능력을 상당 부분 잃고 말았다. 나는 협소한 주제의 연구 프로젝트들로 자신을 바쁘게 만들면서 스스로에게 폭넓게 읽고 사유할 시간을 허락하지 않았다. 우리 학자들은 기회가 닿는 한 자주 외국으로 나갔다. 일류의 경험과 고급 소비재를 추구하는 건 국제적 학자 공동체에 소속된 사람에게 주어지는 운 좋은 특전이었다. 나는 리스본, 런던, 베를린을 방문했다. 오페라, 미술관, 카바레 공연을 관람했다. 각 도시의 진미를 맛보았다. 유서 깊은 기득권의 즐거움을 누리는 나와 숨겨진 고통의 세계로 끌리는 나 사이에 이느덧 팽팽한 긴장이 생겨났다.

자원봉사에서 더 많은 모험을 시도할수록 나는 학계에서와는 반대로 중산층의 관습 밖에서 살아가는 각양각색의 매혹적인 사람들을 만났다. 지역의 가톨릭 노동자 시설에서 만난 어느 부부는 수십 년 동안 아주 황폐한 동네에서 이웃들을 먹이고 돌보았다. 또 다른 부부는 은퇴 후 시골 교도소 부근에 살면서 수감자를 면회하러 온 가족들을 맞이하는 일에 삶을 바쳤다. 나는 자원봉사를 하면서 키가 120센티미터인 수녀도 알게 되었다. 그는 무척 강인한 사람이었는데, 자신의 권위를 활용해 여성 교도소의 행정적 장벽을 넘어 면회객들이 의복, 화장도구, 대화, 기도 같은 평범한 사랑의 표현을 전달할 수 있도록 조치했다. 내가 만난 어떤 청년들은 선망받지만 지루한 경력에서 방향을 틀어 그들이 만날 수 있었던 가장 빈곤한 사람들과 함께 소액의 기부금에만 의존해 살고 있었다. 자기만족에 빠진 중산층 생활의 대안을 갈망하던 다른 청년들도 그들의 생활에 합류했다. 나는 우연히 증권 거래 위원회에서 일하는 변호사도 만났는데, 그는 사랑의 선교 수녀회가 운영하는 호스피스에서 밤샘 근무 봉사를 하는 것으로 한 주를 시작하고 있었다. 이들 중 세간에 이름을 알렸거나 남들의 인정을 받는 사람은 아무도 없었고, 내가 이들을 알게 된 것도 고된 노력과 드문드문 찾아온 운 좋은 만남 덕분이었다. 이들은 더 넓은 대중의 시야에 포착되지 않는 구석에서 남몰래 일했다.

이러한 모험을 벌이는 동안 나는 여전히 대학교수의 신분으로 대형 강의실에서 플라톤과 아리스토텔레스와 현대

윤리에 대해 강의했다. 우리 시대 학부 교육의 익명성은 내가 하는 자원봉사나 내가 만난 비범한 사람들이 하는 일의 특징인 사람 대 사람의 직접적인 만남과 첨예한 충돌을 일으켰다. 사실 내가 급기야 심하게 무너지고 만 것은 강의실에서 학생들을 가르치면서 느낀 회의감 때문이었던 것 같다. 편안한 생활을 영위하게 해주는 월급과 탁월한 복지와 근무 일정을 얼마든지 조절할 수 있는 환경을 누리는 대가로, 나는 미리 가공된 지식의 조각들을 학생들에게 전달하고 그것을 얼마나 흡수했는지를 기준으로 평균 이상의 점수를 나눠주었다. 내 직업의 핵심인 가르치는 일은 학생 시절 나를 매혹했던 생생하고 협동적인 사유 활동과는 전연 딴판으로 느껴졌다. 내가 지적 탐구를 그만둔 건 아니었다. 하지만 그건 학자로서 연구하고 협력하는 내 삶의 아주 자그마한 구석에서 조용히 굴러갔으므로 학생들에게는 거의 보이지 않았을 것이다. 학생 시절에 나는 교수님들로부터 정신의 습관을 배웠고, 글에서 기쁨을 느끼는 법을 익혔고, 좋은 질문이 무엇인지에 관한 감각을 다듬었고, 책이나 시에서 핵심을 파악하는 본능을 갈고닦았다. 읽고 생각하고 느끼는 과정을 교수님들과 함께 밟아가면서 가까이에서 그들을 모방했다. 교수님들은 나를 알았고 나도 그들을 알았다. 우리가 이렇게 가까웠던 덕분에 교수님들은 내게 적절히 이런저런 권고를 전할 수 있었다. 내 학생들은 내게서 무얼 배우고 있을까? 별로 배우지 못할 것이다. 자주 배우지도 못할 것이다. 그건 내가 학생들에게 관심이 없거나 노력하지 않아서가 아니었다. 내가 속한 대학의 제도적 환경과 대학에 대한 기본적 기대치로 인해 내가 관심을 가진 종류의 배움이 이루어지기란 거의 불가능했다. 익명성이 지배하는 학부 문화를 깨고 나와 교수에게 개인적 협력과 지도를 부탁하는 학생은 드물었다.

○

나는 끓어오르는 불만을 해소하고자 성당에서 제공하는 갖가지 자기 성찰과 개인 성장의 도구들로 눈을 돌렸다. 기도와 성례, 묵상, 영적 지도, 가톨릭 심리치료에 참여했다. 그렇게 몇 년이 지난 뒤, 나는 내가 흥미로운 새 취미라고만 생각했던 신앙생활에 내가 일에 대해 느끼는 불편과 인생에 대해 느끼는 무의미함을 재구성할 힘이 있을지도 모른다는 걸 깨달았다.

그 열쇠는 가톨릭 신자들이 '소명 찾기'라고 하는 과정이었다. 소명 찾기란 기도와 묵상을 통해 신이 개인의 가장 깊은 동기를 드러내고 그로써 인생의 모습을 선명하게 밝혀주길 기다리는 것이었다. 워낙 자존감이 넘쳤던 나는 신이 나에게 뭔가 비범한 일을 하길 바라시리라, 소명을 찾는 일반 신자들과 같은 희생을 강요하지 않으시리라 굳게 믿었다. 일종의 가톨릭 무정부주의자처럼 가난한 동네에 살면서 거실에서 동네 사람들에게 그리스어와 라틴어를 가르치면 어떨까 생각해보았다. 나와 생각이 같은 사람과 결혼해서 똑같이 무정부주의자 자녀를 낳고, 그렇게 이웃과 하나의 공동체를 건설할 수 있을 것이다. 상상의 나래를 펼치다가 불현듯 나는 벽에 부딪혔다. 수입은 어디서 충당할 것인가? 누가 이런 삶을 지원해주겠는가? 그렇지만 내가 할 수 있는 일이 이것 말고 뭐가 있을까? 내가 돌아다니면서 목도한 실험적 생활들은 놀라웠지만, 그중 무엇도 나의 길이라고 느껴지진 않았다.

불만을 품고 살아가는 기간이 길어질수록 불편한 감정은 점점 심해져 견딜 수 없을 지경에 이르렀다. 나의 소명이 수녀나 수도자가 되어 종교인으로서 삶을 영위하는 것이라는 생각이 들기 시작했다. 평생 독신으로 자녀 없이 살아간다는 고통스러운 전망을 받아들이려 애쓰면서 나는 제일 먼저 스위스의 한 수녀 공동체를 방문했다. 성당에 소속된 여성들의 지적 활동을 북돋기 위해 얼마 전 설립된 공동체였다. 탁월한 신학과 아름다운 전례典禮와 (내게는) 이국적인 위치까지, 그곳은 서류상으로 완벽해 보였다. 하지만 내게는 그 공동체에서 보낸 하루하루가 이해할 수 없는 불명확한 이유로 고통스러웠다. 체류 중에 단 한번 마음이 환해지는 순간이 있었다. 어느 오후에 혼자서 마을을 구경하다가 웨스턴 유니언 은행 앞에서 가난한 이민자들이 모여 장사하는 모습을 본 때였다. 그 순간 내 안의 무언가 툭 긴장이 풀렸다. 나는 확신이 서지 않아 불편한 마음으로 그곳을 떠나 다른 공동체들도 방문해보았다. 하지만 다른 공동체들은 그곳과 달리 서류상으로도 완벽하지 못했고, 미래의 전망은 똑같이 고통스러웠다.

목록에 있는 모든 공동체를 방문해본 뒤, 나는 다가올 불행을 과감하게 받아들이고 스위스의 공동체에 합류하기로 결심했다. 그런데 나의 영적 지도자가 내 결심을 듣더니 일부러 고통스러운 삶을 선택할 필요는 없다며 단호하게 나를 말렸다. 그의 친절한 조언을 듣고 나는 격분했다. 나는 사무실을 나가면서 문을 쾅 닫았고, 주일 미사는 길 건너 다른 성당에서 보았다. 신도석에 무릎을 꿇고 앉아 마음속으로 내 상황에 대한 분노를 끓였다. 내가 만난 수도자들에게, 내게 공감해주지 않는 영적 지도자에게, 내 딴에는 기회가 부족하다고 느껴지는 것에 대해 분통을 터뜨렸다. 예배를 시작하는 찬송가가 울려 퍼지고 성경 낭독이 시작된 뒤에도 분노는 가라앉지 않았다. 부제가 복음서를 읽기 시작했다. 그날의 낭독은 팔복으로서 예수님이 산상 설교 중 가난하고 약하고 애통하고 고통받는 사람들이 복을 받는다고 선언하는 부분이었다. 낭독을 듣다가 불현듯 내가 친밀하게 교류하고 있지만 최종 목적지로 삼기에는 역부족하다고 여기던 한 종교 공동체가 떠올랐다. 마돈나 하우스는 가난하고, 겸허하고, 따분하며, 지적 자원과 기회가 대단히 빈약한 곳이었다. 별안간 내 인생의 퍼즐 조각들이 무참하게 제자리를 찾아가는 듯했다. 공부하는 삶을 살면서 이웃에 대한 사랑 실천을 취미로 삼을 수는 없다는 걸 깨달았다. 나는 내내 착각하고 있었다. 먼저 이웃을 사랑하고, 그 사랑을 표현할 지적 활동의 방식을 찾아야 했다. 그러기 위해서 영어로는 다소 냉정하게 '자비charity'라는 형태의 사랑을 다른 무엇보다도 우선시해야 했다. 와락 눈물이 터졌다.

소명은 화살처럼 갑작스럽게 내게로 날아들더니 종내 그 자리에 머물렀다. 당연히 나는 이런저런 걱정에 시달렸으나 그 무엇도 마돈나 하우스로 가겠다는 나의 결정을 흔들 수는 없었다. 그 후 1년 동안 나는 불안하게 꾸물거리면서 마지막 강의를 하고, 마지막 논문을 쥐어짜내고, 휴가를 냈다. 차를 팔고, 가구를 나누고, 책을 창고에 보관하고, 친구들에게 작별 인사를 했다. 어쩌면 영원한 이별일지도 모른다고 생각했다. 이 모든 일을 끝마치자 몇 년 만에 처음으로 한껏 이완되고 행복한 기분이 들었다. 그러나 한편으로 두려웠다. 마돈나 하우스에 들어간다는 건 마치 구명 장비 없이 스스로를 깊은 물속에 내던지는 기분이었다.

캐나다 마돈나 하우스에서 보낸 3년 동안 이따금 학계 친구들이 《뉴요커》 몇 부와 철학 논문 사본을 채워 넣은 위문품 꾸러미를 보내주기도 했지만, 내가 이어나간 지적 활동이란 썩 괜찮은 도서관 이용과 몇 번의 매혹적인 대화가 전부였다. 내게 허용된 건 충만하고 평범한 인간의 삶이었다. 일하고 이웃과 함께하며 쌓는 우정. 자연에서 보내는 여가. 갈등과 좌절 그리고 고통. 수영, 공예, 성가대 합창, 애정으로 준비된 빛나는 전례.

누구도 돈을 벌지 않고, 올라가야 할 사회 계층의 사다리도 존재하지 않는 공동체의 단순한 환경에서는 작고 인간적인 것들이 나의 의식 전면으로 밀고 들어왔다. 청소와 정리, 숲 산책, 카드에 낙엽 붙이기, 심지어 쓰레기통 비우는 것조차 모두 선명한 빛을 발했다. 불안에 떠밀려 일과 오락을 마구 뒤섞는 일상이 아닌 정돈된 일과를 살아갈 때 일은 평화로울 수 있었고, 자유 시간은 자발적으로 보낼 수 있었다. 어느 캐나다 토박이는 습지가 얼어붙어 생겨난 아이스링크에서 사용할 정빙기를 맨손으로 만들었다. 그가 사용한 재료는 눈을 녹이는 데 필요한 데운 냄비, 호스 한 개, 얼어붙은 면을 고르게 만드는 천을 덧댄 구멍 난 파이프 두 개가 전부였다. 도기를 만드는 사람이 부드러운 질감의 붓이 필요하다고 해서 우리는 한동안 죽은 다람쥐의 꼬리를 모으러 다니기도 했다.

　진정한 한계를 마주했을 때에야 인간성이 가장 잘 표현되고 향유된다는 말은 클리셰로 들리겠지만 엄연히 진실이다. 주의를 흩트리는 다른 요소가 없으면, 우리는 우리 주변에 주의를 기울인다. 보상이 주어지지 않는 환경에서 남들과 가까이 지낼 때, 우리는 우리의 활동과 행동이 어떻게 인간의 실질적 필요를 충족하거나 그러지 못하는지 목격한다. 그로써 우리는 의미 있는 것에 더 집중할 수 있게 된다.

　우리의 공동체는 구성원들과 공동체를 찾은 손님들이 잘 생활할 수 있도록 여러 기능을 갖추고 있었다. 우리 자신과 이웃에게 필수재를 제공해줄 노동이 있었고 오락, 놀이, 공연, 짓궂은 장난, 미술과 음악, 기도와 찬양도 있었다. 내 생각에 이 공동체에서 인간의 다른 덕목보다 함부로 취급받은 것은 단 하나, 순수한 의도로 깊이 배우고 공부하려는 욕구였다.

지금까지 받은 지적 훈련을 사회적 맥락에서 사용할 통로가 가로막히자, 나는 고등 교육의 의의에 대해 골똘히 생각하게 되었다. 지식인의 직업 활동과 나의 어릴 적 경험처럼 사유와 상상을 추구하는 단순하고 인간적인 활동의 관계는 무엇일까? 사유와 상상의 추구는 우리 가족만의 특이한 문화가 아니라 널리 퍼져 있으며 거의 보편적인 현상이다. 나 자신을 비롯한 전문 지식인들은 '변화를 일으킬' 가능성에 집착하다가 진심으로 마음을 쓰는 대상과는 그만 멀어지기 일쑤다. 많은 학자들이 여러 해 동안 괴로운 경쟁과 끝없는 따분함을 경험하고 신물이 나서 학계를 떠나버린다. 반면 많은 보통 사람들(도서관 이용자, 택시 운전사, 역사광, 수감자, 주식 중개인)이 지적 활동을 하고 있다고 의식하거나 그에 대해 특별한 자부심을 느끼지 않으면서 지적 활동을 하고 있다. 나는 진정한 공부란 무엇인지, 일상에서 이루어지는 공부가 어떻게 평범한 사람들을 끌어들이면서 깊이를 유지할 수 있을지 상상해보려 노력했다. 나의 경험을 가만히 들여다보며 단서를 찾아 나섰다.

응축된 생각을 이어나가던 그 시기에 나는 갑작스럽게 한 가지 사실을 깨달았다. 내게 가장 행복한 일이란, 내가 졸업한 인문 대학에서 학부 시절 교수들에게 물려받은 여유로운 성찰의 습관과 성찰에 대한 열정을 청년들에게 전수하는 것이다. 그리하여 나는 이제 공동체를 떠날 때임을 알아차렸고, 거의 기적에 가까운 우연들이 잇따른 덕분에 바라던 일자리와 집과 차가 내게로 와주었다. 그 시기에 내가 했던 생각들의 또 다른 결과물이 바로 내가 이 책에서 탐구할 사유의 흐름이다.

○

내가 깨달은바, 배우는 것은 직업이다. 배움은 돈과 지위를 획득하고 기성의 교육 제도를 유지하는 방식이다. 그러나 배움은 숨겨진 상태로 시작한다. 아이들과 어른들이 내면에 품은 생각에서, 독서광들의 조용한 생활에서, 출근길 아침에 몰래 하늘을 바라보는 일에서, 테라스에 앉아 무심히 새들을 관찰하는 행위에서 시작한다. 배움의 숨겨진 삶이야말로 배움의 핵심이자 의미 있는 부분이다. 컴퓨터가 이른바 지식이라고 하는 모든 것을 수집하고 정리한대도—그게 정말로 지식인지 아닌지의 문제는 차치하더라도—그 수집물은 누군가의 개인적 이해로 귀결되어 그가 세상에 대해 생각하고, 어떤 문제를 해결하고 성찰하는 데 도움이 되지 않는다면 무의미할 것이다. 배우고, 알아가고, 연구하고, 관조하는 활동은 공동체와 다양한 도구의 조력이 있어야만 함양되고 보존되지만, 본질적으로는 한 사람의 개인 안에서 살아가고 숨 쉰다. 이런 지적 활동은 개인이 고통으로부터 피신하고 성찰 자체를 위해 성찰할 수 있게 해주는 인간의 핵심, 즉 내면의 삶을 길러낸다. 내면의 삶을 기르는 방법에는 악기 연주, 사회적 약자에 대한 봉사, 자연과의 교감, 기도와 같은 것들도 있지만 배움은 그중에서도 핵심적이다.

진정한 배움이 숨겨져 있으며, 경제적 사회적 정치적 결과를 생산해야 한다는 압박에서 자유로워야 한다는 점을 이해할 때, 우리는 중대한 현실 문제 두 가지에 직면하게 된다. 우선 숨겨진 배움은 정확히 어떻게 이루어지고 길러지는가? 숨겨진 배움을 어떻게 기술적 직업적 정치적 왜곡에서 구해낼 수 있는가? 우리의 인간적 핵심이 ─즉 생각하고 성찰하고 관조하는 우리 내면의 도구가 ─ 온라인 교육이나 대형 강당 강의와 같은 대중 교육으로 길러질 수 없다는 건 자명하다. 내면의 삶은 사람 대 사람의 관계에서 길러지며, 그러지 않으면 왜곡되거나 한정된 방식으로만 살아남아 인간 일반의 경험에서 대체로 사라지고 말 것이다.

더 근본적인 문제는 내가 대학원생 시절 품었던 고민들에서 선명히 드러난다. 배움이 숨겨져 있다면, 거기엔 도대체 어떤 쓸모가 있는가? 배움이 무슨 도움을 줄 수 있는가? 배움이 세상의 고통받는 부분을 바로잡는 일에 어떻게 이바지하는가? 이 질문들에 내가 내린 답은 이미 밝힌 것 같다. 인간이 영향과 결과의 영역이 아닌 내면의 핵심에서 번성하는 존재나면, 배움이라는 내적 활동은 인간 행복의 근본을 이룬다. 우리가 자녀나 손주에게 베푸는 갖가지 형태의 애정이 무의미하지 않은 만큼이나 배움 역시 무의미한 헛수고가 아니라는 뜻이다. 지적 활동은 요리와 청소와 양육 못지않게 중요한 사랑의 봉사다. 주거와 안전과 의료 서비스를 제공하는 것만큼이나 본질적이고, 필수 재화와 용역을 조달하는 것만큼 가치 있으며, 정의 구현만큼 중요하다. 방금 거론한 노동들의 결실로 인간은 평화와 여가 속에서 번성한다. 그 덕분에 연구와 성찰, 예술과 음악, 기도와 기념, 가족과 우정, 자연 세계에 대한 관조가 가능해진다. 하지만 지적 활동이 이루어지지 않을 때, 이런 노동들이 제공하는 것은 단지 가능성에 불과하다.

이런 관점에서 볼 때 지적 활동은 그에 대한 갈망을 지닌 모든 사람에게 열려 있다. 공부는 전문가들이 독차지하는 직업상의 활동이 아니다. 공부의 핵심을 이루는 미덕은 보편적인 것이므로 택시 안에, 독서 모임에, 직장 휴게실에, 아마추어 원예가의 작은 뜰에, 산발적이거나 절제된 사려 깊은 성찰에, 이 모두에 존재하며 그 수준은 대학에 뒤지지 않거나 그보다 나을 수 있다.

내가 지금부터 펼치는 사유는 나 자신의 지적 활동과 경험을 이해하려는 시도에서 비롯한 결과물로서, 내 신앙의 영향을 받긴 했지만 전적으로 그에 의해 빚어진 건 아니다. 내가 느끼는 공부의 즐거움은 나의 어린 시절과 학부생 시절 처음 시작되었다. 그러므로 신앙에 뿌리를 두지 않았으며 종교적으로 호소하는 것도 아니다. 사실 내가 기억하기로 우리 가족 모두를 통틀어 신앙생활을 한 사람은 없다. 성공회 신자였던 증조할머니 한 분이 유일한 예외일 텐데, 그분은 내가 태어나기 한참 전에 돌아가셨다. 내가 여러 해 동안 연구하고 가르친 주요한 주제는 탁월한 고대 그리스인들이었으며, 그들은 유대교나 기독교 신자들의 글을 전혀 접하지 않은 채로 살아갔고, 글을 썼고, 죽었다. 이런 사실들로 인해 나는 지적 활동이 종교를 떠나 모든 인간이 보편적으로 접근할 수 있는 자연스러운 미덕이라고 생각하게 되었다. 지금부터 나는 지적인 미덕, 여가, 관조, 배움이 평범한 인간적 특성임을 보여주는 사례와 이미지, 일화, 주장을 소개해보려고 한다. 나의 탐구가 이 책을 읽는 독자들이 사유하는 데 도움이 되길 바란다. 나는 어떤 길을 직접 가보지 않고는 찾을 수 없다고 생각하지만, 여기선 그 길로 통하는 문과 창을 활짝 열어두겠다.

서문

배움은 숨겨져 있다

어떤 이들은 수많은 기수들이,
어떤 이들은 수많은 보병들이,
또 어떤 이들은 여러 척의 배가
이 검은 땅에서 가장 아름답다 하네.
그러나 내게 가장 아름다운 건,
그게 무엇이든,
자신이 사랑하는 것.

—사포, 16번째 시

배움에 대한 사랑

어떤 유형의 일은 그 가치가 눈에 드러나 보인다. 한데 아이러니하게도 우리 사회에서는 그런 일에 가장 적은 보상이 주어지기 일쑤다. 어린아이나 노인을 돌보는 일, 물이나 전기를 공급하는 일, 공중화장실을 청소하는 일, 쓰레기를 수거하는 일, 음식을 조리하거나 내오는 일이 그러하다. 다른 유형의 일은 월급과 지위라는 명백한 보상이 주어지지만, 일의 쓸모를 거짓으로 꾸며냈기 때문에 시간이 지나면 악취가 난다.[1] 우리가 할 수 있는 여러 유형의 일 가운데 인간의 진정한 요구를 충족하는 것은 무엇이며, 그러지 못하는 것은 무엇인가? 우리의 일에 따르는 가시적 결과와 보상은 일의 궁극적 가치와 어떻게 연결되는가? 눈에 보이는 일의 이면에 숨겨진 무언가가 존재하는가? 인간은 어쩌다가 일의 대가로 주어지는 보상에 노쥐된 나머지 일의 궁극적 목적을 저버리는 지경에 이르는가?

이런 질문은 일을 하는 누구에게나 적용되는데, 나는 내가 아는 정신 활동에 적용해보고자 한다. 배움 지체를 위한 배움을 추구한다는 건 어떤 의미일까? 그게 가능하긴 할까?

배움의 기쁨이란 그 자체로는 이기적일까? 그렇지 않다면, 배움에서 얻는 기쁨에 포함된 이기적인 요소들과 성취하고자 하는 조바심, 경쟁의 짜릿함을 어떻게 배움에서 얻는 기쁨의 본질에서 분리할 수 있을까?

우리가 살아가는 고통 가득한 세상에서 눈에 보이는 결과를 낳지 못하는 공부는 어째서 중요할까? 우리 공동체의 망가진 부분을 수선하고 우리를 향해 밀려오는 어둠을 막아내는 데 있어 지적인 삶은 어떤 역할을 할 수 있고, 해야만 할까? 앞으로 이런 질문과 그로부터 떠오르는 수많은 다른 질문을 다루려고 한다.

○

명성과 위신, 부, 사회적 쓸모와 같은 과시적 요소를 모두 걷어내고 나면 배움은 어떤 모습을 하고 있을까? 다시 말해, 배움이 그로써 생겨나는 외적 결과가 아니라 배우는 사람에게 미치는 영향으로 인해 그 자체로 미덕이 되는 건 어째서일까?

'배우는 사람에게 미치는 영향'이라는 나의 표현은 물론 더 많은 질문을 유발할 것이다. 여기서 영향이란 어떤 종류의 영향을 말하는가? 배움이 발 마사지나 해변 산책과 다름없이 그저 즐거운 행위라면, 오로지 즐겁기 때문에 충분히 가치 있는 행위가 되는 걸까? 나는 그렇지 않다고 생각한다. 인간이란 단순히 즐거움을 담는 그릇에 불과한 존재여선 안 되기 때문이다. 인간에게 그 자체로 가치 있는 것이 무엇인지에 관한 질문은 **인간이 어떤 존재**이며 무엇이 **우리**의 궁극적 가치인지와 관련이 있다. 이렇게 거창하여 소화하기 어려운 질문들은 한입에 꿀꺽 삼키려 하기보다는 둘레를 야금야금 갉아먹는 방식으로 접근해야 한다. 지금으로서는 눈에 보이는 외적 결과와 동떨어진 배움의 가치, 즉 배움의 내재적 가치를 가려내려는 시도로 충분할 것이다.

배움 자체를 사랑하는 사례는 누구나 알고 있을 것이다. 죽은 벌레를 수집하고 분류하는 아이들에게서, 가게 주인이나 정치인이나 주부로서 공적인 삶을 영위하다가도 틈만 나면 벽장이나 구석으로 숨어들어 몸을 웅크리고 책을 읽는 독서광들에게서 우리는 배움에 대한 사랑을 발견한다. 쌍안경과 안내서를 든 탐조가도, 시대 복식과 헤어스타일을 신중히 조사하여 정확하게 고증된 장난감 병정을 만드는 취미 모형 제작자도 자기 나름대로 배움의 삶을 살아간다. 나무의 형태를 관찰하여 그 색채와 움직임을 화폭에 담아내려 노력하는 화가도, 도시 공동체에서 생활하며 그 뒤엉킨 요소들을 풀어내어 작품에 담고자 하는 소설가도 마찬가지다. 인생의 의미를 찾아 온 세상을 여행하는 히피들은 배움을 갈망한다. 이상하게 생긴 기호들을 조작하여 사물의 표면 아래에 숨겨진 진실을 드러내는 게 취미인 수학자는 배움에 대한 사랑을 실천하고 있다. 갑자기 숫자가 무엇인지 알고 싶어진 철학적인 십대 아이들도 다르지 않다.

방금 배움 자체를 위한 배움의 특징이 잘 살아 있는 사례들을 소개했다. 수학적 증명과 계산, 자연 세계 탐구, 경험에 대한 깊은 성찰, 책 읽기가('좋은'이라는 수식어를 덧붙여야 할지도 모르겠다) 이에 해당한다. 이런 활동들은 수학적 개념, 원칙, 증명, 동식물과 물질의 움직임, 문학이나 철학이나 역사에서 발견되는 인간사에 대한 성찰과 같은 특정한 대상을 겨냥한다. 그러나 우리가 제각기 배움을 갈망하는 이유는 갈망의 대상만큼이나 가지각색이다. 남이 이야기하는 도중에 툭하면 "사실은⋯⋯" 하고 끼어들어서 틀린 부분을 바로잡는 사람이 있다고 치자. 이렇게 설명 욕구가 과한 사람을 보면, 그에게 배움은 일종의 사회적 지배력을 행사할 수단은 아닐까 하는 의심이 든다. 더 일반적인 사례들도 있다. 가령 스파이가 문학 작품을 읽는 건 접근할 대상의 사고방식을 엿보기 위해서다. 월스트리트 금융 시장 분석가가 확률 계산에 열중하는 건 수익을 극대화하기 위해서다. 정치 활동가가 과학 논문을 탐독하는 건 자신이 믿는 대의를 뒷받침할 증거를 찾기 위해서다. 마피아의 수장이 화학적 분해 과정을 공부하는 건 시신을 처리하기 위해서다. 이런 행위들은 배움에 대한 사랑의 실천이 아니라, 군사적 성공, 부, 정치적 성공, 법의 감시망을 빠져나가는 것과 같은 다양한 목표를 달성하기 위한 도구에 지나지 않는다. 그래서 지성을 이렇게 이용하는 것을 **도구적** 이용이라고 한다. 이때 배움의 동기는 그로써 얻게 될 성과와 결과이며, 배움에 아무리 열중하더라도 그 사실은 달라지지 않는다. 이와 반대로 숨겨진 배움의 삶에서는 자연스러운 배움의 대상들(사람, 숫자, 신, 자연)을 그 자체로 향유한다.

수학을 공부하는 건 깊이 고민하고 성찰하지 않아도 가능하다. 다 함께 두려움과 수치심에 떠밀려 성취를 향해 내달리는 경주에 참여하게 된 사람은 단순히 남보다 뒤처지지 않기 위해 수학을 공부할 수 있다. 이것이 우리 교육 제도의 많은 부분, 아니 어쩌면 거의 전부가 제공하는 배움이다. 스파이나 월스트리트 분석가나 정치 활동가의 배움과 마찬가지로 이런 배움은 배움 자체를 위한 배움이라 할 수 없다. 한편 다른 목적을 위한 수단으로 어떤 활동을 시작했다가 활동 자체를 즐기게 되는 경우도 있다. 좋은 성적을 받기 위해 수학을 공부하던 학생이 수학의 아름다움과 증명하고 계산하는 즐거움에 눈을 뜨면, 배움 자체를 위한 배움이라는 내면의 활동이 열린다. 또래의 관심과 인정을 갈망하는 십대가 단지 누군가에게 잘 보이려고 책을 읽다가 그보다 더 깊은 무언가에 빠져들게 될 수도 있다. 코미디언 스티브 마틴은 여자친구의 영향으로 철학을 전공하게 됐다고 이야기한다.

스토미가 저보고 버건디색 정장이 잘 어울릴 거라고 했다면 저는 당장 나가서 버건디색 정장을 샀을 겁니다. 하지만 스토미는 제게 서머싯 몸의 《면도날》을 읽어보라고 권했어요. 지식을 향한 구도의 여정을 다룬 소설이죠. 소설 속 인물은 보편적이고 궁극적이며 절대적인 지식을 찾아 헤맵니다. 저는 이 소설에 담긴 배움에 대한 찬미에, 그리고 제가 마술사처럼 극소수만 아는 비밀을 가질 수 있다는 생각에 매료되었어요.[2]

스티브 마틴은 여자친구에게 잘 보이려고 독서를 시작했다가 그 안에서 배움에 대한 열정을 발견했고, 그 열정이 그의 청년기를 결정지었다. 철학에 대한 그의 관심은 그 계기가 되었던 연애보다 더 오래 지속되었다. 최초의 동기가 소박하다고 해서 철학에 대한 그의 열정이 단순히 남에게 잘 보이려는 시도이며 진정성이 없다고 폄하하면 안 될 것이다.

작가 잭 런던은 자신의 이야기를 녹여낸 소설 《마틴 에덴》에서 비슷한 이야기를 들려준다. 노동계급의 주인공은 우연히 어떤 부자의 저택에 초대받고, 서재에서 매혹적인 책들을 살펴보던 도중 한 아름다운 여성을 만난다. 그는 책과 그 여성 둘 모두와 사랑에 빠지고, 그녀를 위해 혹독한 자기교육을 시작한다. 그러나 결과적으로 수많은 독서를 통해 그는 대단히 비판적이고 명석한 개인으로 거듭나며, 달라진 그의 정신은 부유한 여성과 더 이상 어울리지 않는다. 에덴의 발전은 식자층 중산계급의 신중하게 통제된 고상함과 지성 발달의 대담하고 열린 가능성 사이에 존재하는 균열을 드러낸다. 한편 나중에 자살 망상에 사로잡히는 에덴의 모습은 배움의 삶에 깃든 위험 역시 보여준다. 배움의 삶에 수반되는 고립은 오만과 타인에 대한 경멸을 낳는다.

하지만 위험에 대한 이야기는 나중으로 미루자. 지금으로서는 이 두 개의 이야기에서 우리가 우리 자신을 — 우리의 재능, 관심, 우리라는 사람의 특징적인 활동을 — 빚어가는 출발점이 노골적으로 도구적이며 소박한 동기일 수 있음에 주목하는 것으로 충분하다. 우리는 원하는 것을 얻기 위해, 굴욕을 모면하기 위해, 사랑과 인정과 사회적 출세를 위해 배움을 시작한다. 하지만 우리가 원했던 목표는 다시금 우리 안의 문을 열고, 지금껏 존재하는 줄도 몰랐던 욕망과 관심과 경이감을 깨워낸다. 우리가 어떤 활동에 사로잡히는 건 그 활동이 우리의 자연스러운 욕구를 채워주기 때문이다. 우리의 자연스러운 욕구는 보통 우리 안의 깊은 곳에 묻혀 있다가 외부의 무언가가 우리를 끌어당기거나 장애물을 부수거나 장벽을 뚫고 들어온 결과로써 표면으로 드러난다. 스티브 마틴의 열정은 세상에 대해 철학적으로 생각하는 것이었고, 마틴 에덴의 열정은 인생을 언어로 포착하는 것이었다. 이런 두 사람이 배움을 도구적으로 사용한다고 보기는 어렵다. 요컨대 두 사람은 자신의 내면에서 무언가를 발견했고, 그것으로 전과는 다른 방향성을 지닌 다른 사람이 되었다.

우리가 배움을 시작하는 이유가 더 작은 목적 때문일지라도 우리 안의 무언가는 배움 자체를 위한 배움을 원한다. 수학이나 과학이나 문학도 돈벌이, 성적, 사랑, 살인과 같은 목적의 수단으로 사용될 가능성이 있다는 점을 감안하면, 지적인 삶을 단지 배움의 대상이 무엇이냐를 기준으로 규정하기에는 부족하다. 가장 중요한 것은 읽거나 계산하거나 배우는 행위가 깊이 생각하고 관조하는 방식으로 이루어져야 한다는 것이다. 배움의 대상이 전형적이지 않아도 괜찮다. 어떤 활동이든 하면서 배울 수 있고, 그 배움을 향유할 수 있다. 그렇다면 배움을 추구할 때, 전형적인 대상을 선택하는 것보다 배우려는 동기를 품고 깊이 생각하는 태도로 임하는 것이 더 중요하다고 여겨도 될까? 자신이 하는 활동에 대해 깊이 생각하고 성찰하는 한, 그 활동에서 얻은 배움을 음미하는 한, 어떤 활동으로든 (일상적인 업무, 스포츠 관람, 쓰레기 버리기, 소설 읽기 등 무엇으로든) 배움에 대한 사랑을 실천할 수 있다.

그런데 이런 접근법에도 문제가 따른다. 가령 자기 이해를 위한 여정의 일환으로 일주일 동안 진탕 술을 퍼마시는 모임에 참여하는 것을 배움에 대한 사랑의 실천이라고 할 수 있을까? 비디오 게임을 관조적인 태도로 할 수 있을까? 물론 대답은 '그렇다'이다. 하지만 술자리와 게임이 관조라는 목적에 잘 부합하지 않는 것 또한 사실이다. 이런 활동을 통해 뭔가를 배우고자 하는 사람은 좋은 성적을 받으려고 수학을 공부하는 학생이 느끼는 것과는 반대 방향으로 압력을 받는다. 경쟁에서 이기려고 공부를 시작한 학생은 수학에 매료되어 수학을 있는 그대로 즐길 수 있다. 반대로 게임이 인간의 본성에 호소하는 매력을 탐구하고자 게임을 시작한 사람은 어느덧 강박적으로 자극을 추구하고, 갈수록 재미가 덜해지는 픽셀 속 승리에 연연하는 자신을 발견하게 된다. 술자리에서 관조적 거리를 유지하려면 비범한 절제력이 필요하다.

우리는 우리가 갈망하는 대상들을 레스토랑 뷔페 메뉴와 비슷하게 생각하는 경향이 있다. 이것도 조금, 저것도 조금 취할 수 있다고 여기는 것이다. 하지만 우리의 갈망과 우리가 갈망하는 대상들은 뷔페 메뉴보다는 물살에 더 가까워서 저만의 힘과 압력을 지닌다. 일단 갈망의 물살에 올라타면, 물살은 우리를 특정한 방향으로 끌고 가면서 우리가 기대하지도 선택하지도 않았던 가능성들을 열어준다. 이 단순한 심리학적 사실로 교육이라는 것이 존재하는 이유가 설명된다. 우리의 정신을 사용하는 일, 그림 그리기를 배우는 일, 체중을 감량하는 일에는 규율과 사회적 보상도 필요하지만, 어떤 길을 따라가다 보면 무엇이 나오는지 알고 있으며 자신의 무지와 불확신을 기꺼이 드러내고 후학을 지도해줄 지혜로운 스승도 필요한 법이다.

목적, 수단, 궁극적 목적

배우고 이해하길 원하는 인간적 욕구에 대해 어떻게 설명해야 그 전형적 형태와 일탈 둘 다를 아우를 수 있을까? 여기서 나는 플라톤과 아리스토텔레스에게서 기원한, 욕망의 유형을 **최종 목표**를 기준으로 분류하는 전통을 따르고자 한다.[3] 우리가 하는 많은 행위가 다른 무언가를 목적으로 하는 도구적 행위다. 우리는 배를 곯는 괴로움을 다독이기 위해 아침을 먹고, 건강을 지키기 위해 운동하고, 돈을 벌기 위해 일하고, 배우자의 뜻에 따르거나 그저 남들처럼 살기 위해 아이를 낳는다. 반면 다른 목적 없이 그 행위 자체를 위해 하는 행위들도 있다. 우리는 카드놀이를 하고, 산을 오르고, 책을 읽고, 모형 비행기를 만든다. 또 어떤 행위들은 다른 목적을 위한 도구인 동시에 그 자체로도 목적이다. 우리가 아이를 낳는 건 아이를 낳고 싶어서이기도 하다. 우리가 일하는 건 돈을 벌기 위해서지만, 일하는 활동 자체가 좋아서이기도 하다. 우리가 낚시를 하는 건 식탁에 올릴 생선을 얻기 위해서지만, 낚시 활동이 재밌기 때문이기도 하다.

우리가 하는 행동과 활동은 우리가 염두에 둔 목표에 영향을 받는다. 우유 한 병을 사기 위한 장보기와 진열대에서 재미난 상품들을 구경하고 통로에서 마주치는 이웃들과 이야기하기 위한 관조적인 장보기는 그 성격이 크게 다르다. 친구들과 떠나는 하이킹 여행과 사업상의 중요한 고객과 동행하는 여행은 다르다. 정략결혼과 사랑으로 맺은 결혼은 다르다. 이렇듯 어떤 행동이나 활동은 그것의 최종 목표에 의해 어떤 특질을 부여받는다.

우리는 어느 정도까지는 우리 선에서 어떤 목표를 어떻게 추구할지 선택할 수 있다. 하지만 목표와 목표를 추구하는 수단 사이에는 자연스럽게 긴장이 발생하거나 자연스럽게 친화력이 생겨나곤 한다. 그래서 정략결혼은 편하지 않고, 장시간의 자동차 출퇴근을 그 자체로 즐기는 건 어렵다. 반대로 길을 걷다가 멈추어 아름다운 경치를 즐기는 건 쉬우며, 자신보다 아이를 먼저 생각하는 것도 자연스럽다. 플라톤과 아리스토텔레스, 그리고 이후의 많은 철학자들은 그들이 최고의 미덕이라고 부른 것을—그 자체로 추구되는 최고의 인간 활동을—추구했다. 우리는 다른 어떤 활동보다도 최고의 미덕에 자연스럽게 이끌린다. 이러한 미덕에서 한 사람은 인생 전체를 완성하며, 자신의 본성과 욕망 속에 내재한 안정된 행복에 다다른다.

　우리가 하는 활동들이 최고의 미덕이나 궁극적 목적을 겨냥하고 있다고 생각하는 건 어째서일까? 최종 목표에는 다양한 종류가 있고, 여러 목표가 동시에 존재할 수도 있지만, 그중에는 다른 목표들을 정렬하거나 우선순위를 정해주는 하나의 영향력 있는 목표가 있다. 우리는 가족과 충분한 시간을 보낼 수 있는 직업을 선택하거나, 직장에서 한껏 성장할 수 있도록 가정생활의 부담을 줄이기로 선택한다. 전자의 경우 가족, 후자의 경우 성공으로 대변되는 우리의 궁극적 목적은 이렇듯 다른 활동들의 기틀과 구조를 결정한다. 우리는 더 높은 연봉을 포기하고 더 자유로운 일정을 택하거나, 연봉 인상을 포기하고 마음이 끌리는 일에 몰두할 시간을 확보한다. 이렇듯 어떤 목표가 다른 목표들을 정렬한다는 것은 우리에게 다른 모든 선택들을 정렬하는 궁극적 목적에 의해 결정되는 **기본 지향**이 있다는 의미다. 궁극적 목적은 우리가 추구하는 최고의 미덕이다. 그것은 우리가 의식적으로 선택한 것일 수도 있고, 개인적 또는 사회적 층위의 압력 아래 뒤죽박죽으로 생겨난 것일 수도 있으며, 그 종류도 다양하다. 최고의 미덕 혹은 궁극적 목적은 부나 지위나 가정생활일 수 있고, 공동체를 돌보거나 자연 세계를 즐기는 것일 수도 있다. 신을 아는 것, 쾌락과 파티, 소설 쓰기, 수학적 진리의 추구일 수도 있다. 더 작은 규모의 목표들과 마찬가지로 궁극적 목적에는 우리에게 만족감을 주기 쉬운 것도 있고 어려운 것도 있다.

　우리가 단일한 기본 지향을 가지고 살아간다는 개념을

받아들이지 않고서는 주위에서 흔히 보듯이 인생이 달라지는 사례들을 이해하기가 매우 어려워진다. 누군가는 범죄자로 살다가 속죄의 삶을 살아간다. 누군가는 음주를 그만두고 신앙심 깊은 지역 사회 자원봉사자가 된다. 아이를 낳은 사람이 한때 온몸을 바쳐 추구했던 꿈을 포기한다. 일을 줄이고 신나게 파티를 벌이는 친구들에게서 멀어진다. 가족과 더 가까워지거나 지역 사회에 뿌리를 내리기도 한다. 물론 기본 지향이 언제나 우리를 더 나은 사람으로 만드는 건 아니다. 순전히 나쁜 쪽으로 변화하는 경우도 있다. 어떤 사람은 사랑이나 일에 환멸을 느낀 나머지 음주에 빠지거나, 강박적으로 일하거나, 쉼 없이 자극만을 찾아 헤매게 된다. 지상에 공정한 사회를 세우겠노라 꿈꾸던 정치 활동가가 종국에는 한낱 정부 관리나 조직의 충복이 되는 결말을 맞기도 한다.

기본 지향의 변화가 반드시 극적으로 일어나는 건 아니다. 우리의 가치관은 나쁜 환경에서 서서히 부패할 수 있다. 반면 우리가 눈치채지 못한 사이에 즐거움의 씨앗이 뿌리를 내리고 여러 해가 지난 뒤 예기치 않게 한 송이의 꽃을 피울 수도 있다. 어떤 인생은 겉보기에는 극적으로 달라졌지만 속을 들여다보면 전과 다를 게 없다. 가령 출세주의자는 자신이 속한 제도의 외적 가치 체계가 무엇이든 꼭대기까지 올라간다. 그가 속한 제도가 파시스트 독재 체제든 신자유주의든 전통 교회든 개혁 교회든, 출세가 그의 지상 목표이기 때문이다. 하지만 전환과 회귀, 타락과 각성을 계기로 인생이 달라지는 현상은 널리 퍼져 있으며 우리에게도 이런 일이 실제로 일어날 수 있다. 애초에 기본 지향이라는 것이 존재하지 않는다면, 인생이 달라진다는 가능성을 이해하기도 어려워진다.

우리에게 단 하나의 궁극적 목적이 있다는 개념에 반발심이 들지도 모르겠다. 어떤 목표가 다른 목표들의 우선순위를 정하는 건 사실이라 쳐도, 우리에게 가장 소중한 게 단 하나일 리는 없잖은가. 가족과 일 **둘 다** 다른 무엇보다도 중시할 수 있다. 철학과 사회정의 **둘 다** 소중하게 생각할 수 있다. 하나의 목표에 모든 것이 지배받는 삶이라니, 잘 찾아보면 어딘가 있기야 하겠지만 아무래도 드물지 않을까. 하지만 우리의 삶을 정렬하는 것은 우리가 원하는 궁극적 목적이 아니다. 우리 스스로가 우리의 궁극적 목적이라고 생각하는 것도 아니다. 우리의 삶은 실제로 인생의 모든 목표들을 정렬하는 목표에 의해 정렬된다. 가까스로 완벽한 균형점에 이르렀다고 느껴도 가장 우선시하는 목표들끼리 상충하는 상황이 찾아오면, 우리는 결국 그중 무엇이 더 중요한지 냉철한 선택을 내려야 한다. 이제 문제는 우리에게 더 중요한 것을 선택할 판단력과 선택한 대로 실천할 미덕이 있는지의 여부다. 실제로 선택해야 하는 상황에 처해 둘 다를 가질 수 있다는 터무니없는 욕심을 내려놓을 때, 비로소 우리의 진정한 궁극적 목적이 밝혀진다.

물론 우리는 어떤 활동이 자신의 궁극적 목적과 양립할 수 있을지를 두고 착각에 빠진다. 자녀를 낳기로 선택하면서 취미로 수학을 계속할 내면의 공간을 지킬 수 있을 거라고 생각했는데, 그게 착각이었을 수 있다. 자녀는 부모에게 도덕적 의무를 부과하므로 자녀에게 잘못을 저지르지 않으면서 전처럼 수학에 집중하기는 불가능해진다. 또는 자녀가 생기면 집중력이 떨어지고 시를 잘 쓸 수 없을 거라 생각해 자녀 없는 삶을 선택하지만, 오히려 집에 갇혀 지내다 보니 인생의 경험이 협소하고 얄팍하고 빈곤해지다가 종국에는 창의성의 샘이 말라버리는 경우도 있을 것이다. 우리의 궁극적 목적은 이렇듯 우리가 예상할 수 없는 방식으로 취약하다. 그래서 우리는 젊을 때 미래를 불안해하고, 중년에는 존재의 위기를 맞으며, 노년에는 회한에 잠긴다.

우리는 기본 지향이 무엇으로 구성되었으며, 어떠한 궁극적 목적이 우리 자신도 모르게 우리의 삶을 정렬하고 있는지 알지 못할 수도 있다. 우리의 동기는 혼재되어 있기 마련이고, 궁극적 목적은 선명하게 보이지 않는다. 지위나 돈이나 음주가 자신에게 가장 소중하다고 인정하기란 또 얼마나 어려운가. 하지만 인생이 단번에 달라지거나 무너지는 일을 겪지 않더라도, 어떤 갈등이나 위기를 계기로 우리는 우리에게 궁극적 목적이 있다는 사실과 그것이 무엇인지를 알게 된다. 우리가 어떤 것이 아니라 다른 것을 선택했다는 사실 자체에서 그 선택에 작용한 궁극적 목적이 드러나기 때문이다. 예를 들어 술집에서 오후를 보내기 위해, 또는 급한 업무 프로젝트를 마무리하기 위해 아이의 피아노 연주회에 빠졌을 경우를 생각해보자. 혹은 사업상의 고객이 함께 가기로 한 하이킹 여행을 취소했을 때, 내가 예정대로 하이킹을 갈 것인지 생각해보자. 가지 않기로 결정한다면, 나는 자연을 즐기는 것보다 거래를 성사하는 것에 관심이 있었던 것이다. 고위직에 올라 엄격한 도덕적 원칙에 따라 일하던 어느 날, 직장에서 부도덕한 행위가 일어났다는 걸 알게 되었는데, 사실을 폭로했다간 모든 것을 잃게 된다고 치자. 이때 나는 도덕성을 지킬 것인가, 아니면 일자리와 지위를 지킬 것인가?

선택 앞에서 밝혀지는 우리의 궁극적 목적은 우리가 가장 근본적으로 헌신하는 것이자, 실제로 상황이 벌어졌을 때 다른 모든 것을 희생해 지켜내는 것이다. 갈등이 벌어지고 시련의 시기가 왔을 때에야 우리는 서로 뒤섞여 충돌하고 있던 우리의 욕망과 활동들 가운데 무엇이 가장 소중한지 깨닫게 된다. 우리는 사랑하는 사람이 젊고 잘생겼으며 인생이 희망으로 가득할 때 "죽음이 우리를 갈라놓을 때까지" 함께하겠노라 약속하지만, 우리가 어떤 의미로 그 말을 했으며 어째서 그 말을 했는지 깨닫게 되는 건 삶에 실패했을 때, 노쇠했을 때, 또는 병상에 누워 있을 때다.

여가

앞에서 지적인 삶의 기본 형태와 그 변형을 살펴보면서 도구적 활동(어떤 목표의 수단으로서 하는 활동)과 그 자체로 가치 있는 목적이 되는 활동을 구분해보았다. 또한 우리는 어떻게 하나의 **목표**가 삶을 조직하고 정렬함으로써 우리의 궁극적 목적이 되고 우리의 기본 지향을 형성하는지 살펴보기 시작했다. 만일 우리가 돈벌이나 정의 구현과 같은 도구적 활동을 중심으로 우리의 삶을 정렬하려고 시도한다면, 어떤 일이 벌어질까? 아리스토텔레스는 우리의 궁극적 목적은 그 자체로 추구되어야 하며, 그러지 않을 경우 우리의 행동은 헛되고 공허해진다고 말했다. 작은 규모의 목표를 달성하지 못했을 때 그 목표를 이루고자 했던 행동이 헛수고가 된다는 건 이해하기 쉽다. 수영 가방을 들고 신발을 신고 열쇠를 챙기고 차를 타고 수영장에 도착했는데 문이 닫혀 있다면, 수영을 한다는 나의 목표는 좌절되었으며 수영을 하기 위해 내가 취한 일련의 행동은 의미를 잃는다. 마찬가지로 나의 궁극적 목적이 그 자체로 추구되지 않을 경우, 내 행동의 많은 부분은 의미를 잃게 된다. 가령 수영장 문이 열려 있어서 내가 수영을 했다고 치자. 그런데 내가 수영을 하는 건 무엇 때문일까? 건강해지고 싶어서다. 내가 건강해지고 싶은 건 일을 하기 위해서다. 내가 일하는 건 돈을 벌기 위해서다. 내가 돈을 버는 건 의식주와 운동과 오락을 누리기 위해서다. 그리고 그것들은 다시 내가 일할 수 있도록 해준다.

방금 묘사한 삶은 그야말로 허무하다. 돈을 위해 일하고, 그 돈으로 기본 생활의 필수 재화를 사고, 일을 중심으로 인생 전체를 정렬한다면, 우리 인생은 단지 일하기 위해 일하는 무의미한 쳇바퀴를 돌게 된다. 이런 삶이 아이스크림을 사고, 즉시 아이스크림을 팔아 돈을 벌고, 다시 그 돈으로 아이스크림을 사는 (그리고 그 아이스크림을 다시 팔기를 반복하는) 것과 무엇이 다른가. 돈을 벌기 위해 일한 사람이 월급을 찾으러 은행에 가다가 모루에 맞아 죽는 것만큼이나 비극적인 삶이다. 만족스러운 무언가로 귀결되지 않는 활동에는 가치가 없다. 그것이 아리스토텔레스가 우리에게 일을 넘어선 무언가가 필요하다고 말한 까닭이다. 그가 우리에게 일 너머의 목적으로 제시한 것은 바로 여가다. 아리스토텔레스는 여가 선용이 우리가 일하는 이유이며, 여가가 없다면 우리의 일은 의미가 없어진다고 주장했다. 이때 여가는 단순한 오락과는 다르다. 오락은 우리가 일하기 위해 하는 활동, 즉 다시 노동에 임할 수 있도록 이완하거나 휴식을 취하는 활동이다. 하지만 여가는 우리의 모든 노력이 귀결되는 내면의 공간이다. 아리스토텔레스에게 여가를 궁극적으로 만족스럽게 활용하는 방법은 오로지 관조하는 것, 곧 세상을 있는 그대로 보고, 이해하고, 음미하는 것이었다.

하지만 아리스토텔레스가 귀족이었기에 여가를 누릴 수 있었다는 유서 깊은 생각과 달리, 삶의 궁극적 목적으로 기능하는 유형의 여가를 향유하기 위해 널찍한 토지와 대지주의 신분이 필요한 건 아니다. 여가는 어느 짧은 순간에 누릴 수도 있고, 긴 휴식 속에서 경험할 수도 있으며, 어떠한 유형의 육체노동과 결합하여 결실을 낳을 수도 있다. 한때 미국에서 지적 문화를 형성했던 '위대한 고전The Great Books' 운동*은 손으로 고되게 일하는 노동자들을 사이에서 시작되었다. 그들

---

* 1920년대에 뉴욕 쿠퍼유니언대학교 산하의 노동자 및 이민자 교육 기관인 피플스 인스티튜트에서 스캇 뷰캐넌과 모티머 애들러, 리처드 맥키언의 주도로 인문 교육 보급을 위한 '위대한 고전' 커리큘럼이 시작되었다.

은 스스로 풍요로운 내면의 삶을 지닌 인간으로 발전하고자 노동자 교육 프로그램을 찾아갔다.[4]

아마추어 지식인들을 위한 고전적인 편람《공부하는 삶》에서 도미니크회 신부 A. G. 세르티양주는 매일 두 시간의 자유 시간이면 지적인 소명을 추구할 수 있으며, 따라서 공부하는 삶이 직장 및 가정생활과 양립할 수 있다고 주장했다.[5] 그와 동시대를 살았던 세속인 아널드 베넷은 저서《하루 24시간 어떻게 살 것인가》에서 매일 30분 동안 집중해서 사유하고, 일주일에 사흘은 저녁에 90분 동안 진지하게 독서하는 것으로 충분하다고 주장했다.[6] 나는 베넷과 세르티양주가 옳다고 생각한다. 심지어 그들이 상상한 것에서 한 발 더 나아가 지적인 소명을 온전히 받아들이지 않아도 여가를 풍요롭게 활용할 수 있다고 믿는다. 여가는 짧은 순간이나 긴 휴지休止에서 경험되기도 하고, 하루의 사건들을 돌이켜보는 휴식 속에서 향유되기도 한다. 매일의 일상 속에서 남몰래 피어날 준비를 하고 있던 통찰이 숲에서 보내는 단 한번의 주말 동안 만개할 수도 있다. 고대부터 내려온 편견과 달리, 육체노동은 우리에게 다른 유형의 노동에서는 불가능한 방식으로 깊이 생각하고 고려할 정신의 자유를 준다. 이것이 목공과 원예와 청소가 체크리스트를 작성하고 사무를 보고 복잡하지만 사소한 문제들을 생각하는 것과는 다른 방식으로 만족스러울 수 있는 이유다.

그러나 어떤 환경에서는 여가가 아예 존재하지 않고, 따라서 여가를 선용하기도 불가능하다. 생활에 필수인 활동조차 버거운 환경에서 여가가 설 자리는 없다. 특히 착취가 심한 일자리의 경우 그러하다. 《마틴 에덴》에서 주인공 마틴은 자기 자신을 위해, 그리고 사랑하는 여인에게 어울리는 남자가 되기 위해 독학에 열중한다. 하지만 마틴은 점차 돈이 바닥나고 결국 일주일에 6일 동안 매일 14시간씩 쉼 없이 고되게 일해야 하는 세탁소에 취직한다. 이미 하루에 5시간만 자면서 생활한 전적이 있는 마틴은 퇴근 후 계속 독서를 할 수 있을 거라고 자신한다. 그러나 세탁소에서 일을 시작하고 단 하루 만에 독서에 필요한 집중력은 온데간데없이 증발해 버린다. 일주일이 지나자 그에게는 생각할 에너지조차 남아 있지 않다. "그의 머릿속에는 우주와 그 웅장한 문제들에 대해 생각할 공간이 없었다. 그의 영혼 속 널찍하고 여유로운 통로들은 폐쇄되고 봉인되었다."[7] 3주 동안 이런 일상을 버틴 뒤 마틴은 오래 끊었던 술에 입을 대고, 만취 상태에서 세탁소 일이 앗아간 상상력, 따스함, 경이, 아름다움을 재발견한다.

잭 런던이 묘사한 마틴의 경험은 허구다. (적어도 반쯤은 그렇다.) 하지만 다른 사람들의 현실 경험도 그의 소설에 그려진 것과 대단히 유사하다. 예를 들어 조지 오웰은 파리의 한 호텔 주방에서 일했던 경험을 글로 옮긴 적이 있다. 그와 같은 직급의 직원들은 주당 80시간에서 100시간 노동으로 뭔가에 대해 생각할 시간이 조금도 없었고, 가족을 위해서나 직업을 바꾸기 위해 저축할 돈도 없었다. 그들의 삶은 진을 빼놓는 노동 속에서 낭비되고 있었으며, 도피처는 술과 잠뿐이었다.⁸ 정치 활동가 바버라 에런라이크는 식당 종업원으로 두 차례 근무를 마친 뒤 자신의 경험을 이렇게 묘사한다. "나는 전혀 지치지 않았다고 스스로 확신하지만, 어쩌면 내가 지쳤는지 관찰할 '나'라는 존재가 더 이상 존재하지 않는 것일지도 모른다."⁹ 언론인 제임스 블러드워스가 아마존 창고에서 지정된 물품을 찾아내는 '피커picker'로 일한 경험을 묘사한 내용도 비슷하다.¹⁰ 그는 전자기기의 감시하에 화장실에 가거나 아파서 쉴 경우 벌점을 받으면서 근무 취소나 필수적인 추가 근무의 가능성으로 인해 예측하기 어려워진 일정표에 따라 매일 몇 마일씩 걷거나 뛰면서 일했다. 그 결과 그는 정신적으로나 신체적으로나 완전히 기진맥진했다. 평소라면 자제하고 피했을 신속하고 짜릿한 자극들이 극도로 매력적으로 느껴졌다. 그의 동료 한 사람은 이렇게 표현했다. "이 일을 하면 술이 당겨."¹¹

여가는 타인이 설계한 처참한 근무 조건에서 망가질 수 있다. 또한 우리 잘못은 아니지만, 삶의 중압감에 불안을 느낄 때에도 망가질 수 있다. 여가는 우리의 모든 생각과 의식을 소모시키는 강박적 행동으로 망가지기도 하고, 우리가 스스로 내린 선택에 의해 망가지기도 한다. 아리스토텔레스의 스승인 플라톤은 소크라테스의 입을 빌려, 철학적 여가를 누리는 사람과 법정에서 일하며 다양한 유형의 사회적 분투를 겪는 사람의 경험을 대조하여 설명한다.

여가를 향유하는 철학자에게는 논의가 하루 동안 이어지든

일 년 동안 이어지든 진리에 도달하기만 한다면 상관이 없다. 하지만 법정에 속한 사람은 한 눈으로 시계를 흘끔거리면서 매분 매초 시간에 쫓기며 말한다. 더군다나 그는 결코 자신이 말하고 싶은 주제에 대해 말하지 못한다. 소송 상대가 법적 강제력과 선서 진술서로 무장한 채 버티고 서서 진술서를 조목조목 읽어가며 그의 말이 행여나 글로 적힌 내용에서 벗어나지 않는지 감시하고 있다.[12]

법정의 삶은 여가와는 거리가 멀다. 그러나 타인의 요구에 재촉받고 제한되는 이러한 삶은 교육과 선택의 산물이지 경제적 상황으로 인해 외부에서 강요받은 것이 아니다.

우리가 살아가는 현시대에도 플라톤의 법정에서 묘사되는 자발적 노예제와 견줄 만한 것이 있다. 언론인 로런 스마일리의 2015년 에세이 〈셧인 이코노미The Shut-In Economy〉[13]에 묘사된 도시 기술 노동자들의 세계를 들여다보자. 다수의 노동자가 혼자 집에서 재택근무를 한다. 시간을 절약하기 위해 그들은 식사 주문, 장보기, 간단한 집안일 같은 일상을 다양한 앱으로 처리한다. 우리 시대의 마틴 에덴이라 일컬을 법한 저임금 배달 노동자, 운전기사, 청소부들은 필수 생활비를 벌기 위해 수많은 일거리를 쉬지 않고 해치워야 한다. 하지만 저임금 노동자들을 부리는 도시 기술 노동자들이 시간을 아끼는 목적은 여유로운 관조나 건전한 취미 생활을 위해서가 아니라, 그저 더 많이 일하기 위해서다. 스마일리는 어떤 기술 노동자가 개인적 볼일과 살림을 아웃소싱해서 절약하는 한 시간당 회사에 1천 달러를 더 벌어줄 수 있다고 계산했다는 이야기를 들려준다. 그래서 스마일리는 매일 11시간 일하면서 앱 서비스에 의지해 잡일을 처리하고, 머리 손질을 받고, 집 정리를 받는다.

즉 우리가 살아가는 현대에는 낮은 계급의 사람을 부리는 이에게도 여가가 없다. 노예는 노예의 노예이고, 오늘날 노예 피라미드 꼭대기에는 착취하는 지주가 아니라—에세이를 쓰고, 동물을 해부하고, 정치의 본질을 추론하고자 하는 사람이 아니라—또 다른 노예가 앉아 있다. 단지 그 노예의 사회 계급이 더 높을 뿐이다. 우리가 살아가는 체계 내에서 부유한 사람은 자기 자신에게 부담을 지운다. 이 현상은 특권층에 속한 많은 사람이 체육관에서 운동하는 자신의 모습, 반려동물을 예뻐하는 자신의 모습을 소셜 미디어에 일일이 게시함으로써 자발적으로 아마존 창고만큼이나 지속적인 전자 감시에 노출되는 것과 흡사하다.[14]

이와 대조적으로 사무직 노동은 그 자체로는 지독하게 따분하지만, 다른 발전의 길로 나아갈 내면의 공간을 남겨준다. 영국의 평범한 사무직 노동자 존 베이커는 여러 해 동안 에식스의 자동차 협회에서 일하면서 여가 시간에 개인적 열정을 담아 관조적이고도 체계적인 탐조 활동을 했다. 그는 지도와 안경과 두툼한 공책을 챙겨 자전거를 타고 매를 따라다녔다. 그 결실이 1967년에 펴낸 책 《송골매를 찾아서》에 담긴 특별한 시적 성찰이다. 시인 월리스 스티븐스(보험사 간부)와 프랭크 오하라(미술 큐레이터)는 분주하게 일하는 일상에서 허락되는 짧은 여유의 순간마다 시를 썼다. 스티븐스는 "거의 어디서든" 시를 썼으며 산책 중에 시상이 떠오른다고 말했다. 짜투리 시간에 시를 쓰는 것은 적어도 스티븐스에게는 어쩔 수 없는 타협이 아니었다. 세상을 떠나기 몇 년 전 그는 한 언론인에게 말했다. "일상적 직업과의 접촉은 사람에게 시인의 속성을 부여합니다."[15] 그의 동료 시인 존 애슈베리는 프랭크 오하라에 대해 이렇게 평했다. "특이한 순간에 ―그러니까 뉴욕 현대미술관 사무실에서, 점심시간 길거리에서, 심지어 사람들로 가득한 방에서― 시를 휘갈겨 쓰고는 서랍이나 상자 속에 처박아놓고 반쯤 잊어버리는 사람."[16] 오하라의 시작詩作 능력은 생활 깊숙한 곳에 내재해 있었던 것 같다. 그는 다른 사람들 눈에는 보이지 않는 빈틈을, 여가의 순간을 기어이 찾아냈다.

과로한 교사들의 수호성인인 언어학자 앨리스 코버는 1940년대의 언젠가 브루클린 칼리지에서 수업 다섯 개를 동시에 맡고 있었다.[17] 코버는 낮에는 무슨 일이 있어도 수업을 했다. 하지만 밤에는 리니어 BLinear B라고 하는 고대 언어 해독에 착수했다. 20세기가 시작될 무렵 발견된 점토판에 새겨져 있던 이 언어는 언어학자들에게 마치 에베레스트산처럼 영영 정복하지 못할 수수께끼였다. 중년의 독신 여성이자 노동계급 이민자의 딸이었던 코버는 이 고대 언어의 각 표식을 통계하여 자그마치 2천 매에 정리했다. 종이가 부족했던 전후 시대였기 때문에 그는 찾을 수 있는 종이는 빠짐없이 재활용했다. 숫자를 적은 종이는 낡은 담뱃갑에 모아두었다. 코버의 작업은 때 이르게 찾아온 질병으로 인해 중단되었지만, 그가 세상을 떠나고 고작 몇 년 뒤 이루어진 극적인 해독의 밑바탕이 되었다.

때로 여가는 규율을 통해 거의 불가능한 성취를 낳기도 한다. 12세기 신성로마제국의 황제 프리드리히 2세는 광활한 영토와 영향력을 확장하는 본업에서 잠시 짬을 내어, 훗날 피보나치라고 알려지는 수학자 피사의 레오나르도와 긴 토론을 벌였다. 프리드리히 2세는 오랫동안 조류학을 연구한 결과 오늘날에도 비견할 대상이 없는 매 사냥에 대한 논문을 완성하기도 했다.[18] 과연 여가는 상상할 수 있는 최악의 상황에서도 관조할 공간으로서 그 모습을 드러낸다. 심리학자 빅터 프랭클은 아우슈비츠에 수감되었을 때 경험한 "내적인 삶의 심화"에 대해 글을 썼다. 그가 이 표현에 담고자 한 의미는 사랑하는 사람들에 대한 감정과 그가 기억하는 존엄한 삶의 이미지였다. 그는 나무와 석양의 아름다움이 수감자들에게 얼마나 생생하게 다가왔는지, 수감자들이 그들을 둘러싼 환경의 압도적인 비인간성에 저항하기 위해 어떤 선택을 내려야 했는지 묘사한다.[19]

음미하고 관조하고 향유할 수 있는 인간 능력이 그토록 강건한 것을 보면, 그 능력은 우리 안에 자연스럽게 깊이 자리하고 있는 듯하다. 자신에게 맞는 속도의 하이킹과 배움에 대한 진정한 사랑이 그러하듯, 원칙적으로 여가는 어디서든 발견되고 사용될 수 있다. 하지만 우리가 여가를 잘 활용하는 조건은 정해져 있다. 그것은 자유로운 시간, 자연과의 교감,

그리고 정신의 비움이다.

배움의 형태로 이루어지는 관조

삶의 궁극적 목적이 되는 여가 활동에는 일종의 영원성이 있다. 여가 활동을 하는 도중에 우리는 목표까지 시간이 얼마나 남았는지 측정하기를 그만둔다. 우리가 하고 있는 행동 자체가 우리의 목표이기 때문이다. 사람의 손길이 닿지 않은 자연 속 등산, 자기 자신과 또는 다른 사람과 깊은 생각을 나누는 것, 사랑하는 이들과 불가에 둘러앉아 시간을 보내는 것. 때로 여가는 격렬한 활동의 형태를 취한다. 밤새도록 대화를 나누는 것, 정원의 잡초 목록을 만드는 것, 존 베이커가 했던 탐조 활동은 모두 엄청난 기력이 드는 활동이다. 여가 활동이 자유롭다는 건 그 활동이 낳는 결과로부터 자유롭다는 뜻이지, 휴식이나 오락처럼 마냥 자유롭다는 뜻이 아니다.

오락에도 나름대로 영원성이 있다. 파도와 모래와 햇빛 속에서 시간이 펼쳐지는 바닷가의 휴일은 정확히 언제 끝나는지 알 수 없다. 다 같이 열을 올리며 카드놀이를 하는 밤이나 야외에서 요리를 해 먹는 오후에 시간은 그 힘을 잃는다. 이렇듯 우리를 이완시키는 오락 활동과 삶의 궁극적 목적을 이루는 여가 활동은 어떻게 다른 걸까? 둘의 차이는 단순하다. 우리는 요리나 바닷가에서 보내는 휴일이나 카드놀이를 인생의 정점으로 판단하지 않는다. 이런 활동도 충분히 즐겁고, 인간적이며, 삶에 필요하지만, 우리가 품고 있는 최고의 역량을 활용하지는 않는다. 그러나 예술과 음악, 진지한 대화, 애정을 담아 남을 돌보는 행위는 우리 안의 가장 좋은 부분을 꺼내어놓는다. 이것은 우리가 애써 달성하고자 하는 목표이자, 무한한 개인적 성장을 일으키는 동력이다. 여가와 오락의 차이는 미묘해 보이지만 우리가 선택하는 목적이 무엇인지에서 선명하게 드러난다. 간소하고 행복한 삶을 살기 위해 오락은 반드시 필요하다. 하지만 정말로 의미 있는 인생에는 오락보다 훨씬 더 많은 것이 필요하다.

최고의 미덕은 우리에게 많은 것을 요구한다. 우리의 인생을 뒤집어놓기도 하고, 우리의 시간과 금전뿐 아니라 친구와 가족, 사회적 지위, 심지어 우리의 목숨까지도 희생하길 요구한다. 여러 해 동안 시리아의 팔미라 유적에서 고대 유물을 관리해온 칼레드 알아사드는 테러 조직 ISIS에 붙잡혀 귀중한 유물의 위치를 밝히라며 고문을 받았다. 그는 거부했고, 결국 살해당했다. 역사를 위해, 지식을 위해, 예술을 위해 목숨을 바친 것이다.[20] 한편 재미있는 카드놀이나 해변에서의 생일 파티를 위해 목숨을 바치는 건 대개 합리적이지 않다. 물론 심하게 억압받는 상황에서 그런 작고 인간적인 것들이 유일하게 인간성을 지켜준다면, 그를 위해 목숨을 바칠 수도 있으리라. 이런 경우에는 생일 파티나 카드놀이 자체를 위해서가 아니라 그것이 내포하는 온전한 인간성을 위해, 상황에 의해 부정당한 존엄을 위해 목숨을 바치는 셈이다.

아리스토텔레스는 우리의 궁극적 목적이 우리의 행복관

을 구성한다고 생각했다. 그 말인즉, 우리가 행복한 삶의 필수 요소라고 생각하는 것을 인생의 궁극적 목적으로 삼는다는 뜻이다. 아리스토텔레스는 또한 인간의 본성에 의해 행복이 분명한 윤곽을 지닌다고 믿었다. 어떤 궁극적 목적은 만족스러운 반면, 어떤 궁극적 목적은 그렇지 못하다. 이는 우리가 그릇된 행복관을 가질 수도 있다는 뜻이다. 아리스토텔레스의 관점에서, 인간의 욕망들을 정렬하여 만족스러운 삶을 살 수 있도록 해주는 유일한 궁극적 목적은 관조다. 아리스토텔레스가 생각했듯이 (그리고 명백히 사실이듯이) 우리의 본성이 여러 부분으로 나뉘어 있고 우리의 다양한 동기들이 상충한다면, 그리고 우리의 욕망들이 현실과 가치에 대한 인식을 만들어낸다면, 진정한 행복을 알아보고 이뤄내는 일은 매우 어려울 것이다.

아리스토텔레스가 관조를 지나치게 협소한 개념으로 생각한 건 사실이다. 아리스토텔레스가 생각하는 행복이라는 개념의 핵심에는 그가 몸소 실천했던 정교한 철학이 있다. 그러나 가족과 일상적 가정생활의 아름다움을 음미하는 것 역시 명백히 관조일 수 있다. 관조는 물리학자의 복잡한 계산일 수 있다. 가구에 쓰인 목재의 곡선에 감탄하는 것일 수 있다. 하루에 다섯 번 찬송가를 부르는 수녀의 노래일 수 있다. 치료사나 교사가 환자나 제자를 세심히 살피는 것일 수 있다.

이런 점을 감안하더라도 인간에게 유일한 진짜 미덕이 관조라는 개념은 받아들이기에 조금 과하게 느껴질 수 있다. 실제로 이 사실을 받아들이기 어려워한 사람이 많다. 현재는 물론, 과거 대부분의 시대에 아리스토텔레스의 행복관은 반문화적이고 반직관적으로 느껴졌을 것이다. 이 책의 배경에도 관조가 최고의 미덕이라는 전제가 깔려 있지만, 독자 여러분이 반드시 이 주장을 받아들일 필요는 없다. 여러분은 행복이 단 하나의 미덕으로만 이루어지는 건 아니라고 생각할지도 모른다. 행복에 대한 추구는 보편적이지만, 배움 자체에 대한 사랑은 그만큼 보편적이지 않다고 판단할지도 모른다. '행복'이라는 것 자체가 우리가 스스로를 괴롭혀가면서 쟁취하려 애쓰는 환상에 불과하다고 생각할 수도 있다. 하지만 이 책을 끝까지 읽으면 배움의 형태로 이루어지는 관조가 인간의 강력한 미덕이며, 그 자체로 귀중하고, 시간과 자원을 들여 추구할 가치가 있다는 사실이 분명히 드러나리라 생각한다. 관조가 한 사람의 삶에서 얼마나 핵심적인 자리를 차지하는지에 관해서는 결론을 내리지 않고 남겨두겠다. 적어도 그러려고 노력하겠다. 다만 때로는 나의 열정으로 인해 저울이 살짝 기울 수도 있음을 양해해주기 바란다.

엘리트주의의 망령

배움 자체를 위한 배움이 번성하는 삶의 필수 요건이라고 칭송하면, 종종 귀족주의적 편견을 드러내는 게 아니냐는 비판이 따라붙는다. 진리는 도덕적 추악함과 얽힐 수 없으며, 귀족 출신인 아리스토텔레스가 배움을 지지했다는 사실이 배움에 내려지는 도덕적 사망 선고라는 논리다. 하지만 내가 앞에서 언급했듯 현대 노동자들의 여가가 파괴되고 인간성이 약화되는 현상 앞에서 우리는 여가의 가치를 더욱 생생하게 일깨워야 한다. 이런 일화들을 들었을 때 우리는 (단순히 운 좋은 특별한 소수가 아니라) 모든 노동자에게 생각하고, 음미하고, 성찰하고, 건전한 취미 생활을 할 충분한 시간을 줄 동기를 얻어야 마땅하다. 철학자 시몬 베유Simone Weil는 노동자들을 교육하려는 실패한 시도를 돌아보며 이렇게 적었다.

> 이것이 이런 유형의 모든 활동을 규탄할 이유인가? 오히려 노동계급 문화를 향하는 노력에서 노동자에 대한 지식인의 우위를 강화하는 종류와 노동자들을 이런 지배에서 해방시키는 종류를 구별하는 것이 중요해진다.[21]

여기서 베유는 빈곤층에게 전문 교육을 시키려는 현대 교육자들이 유념하면 좋을 차이를 지적하고 있다. 우리의 목표는 빈자들 사이에서 타인을 지배할 자격이 있는 사람들을 찾아 그들을 위로 끌어올리는 것인가? 아니면 사회 계급 간의 차이 자체를 줄이는 것인가?

실질적이고 진지한 배움이 소수 엘리트의 전유물이라는 개념은 워낙 완고하게 뿌리내리고 있지만, 실상은 거짓이다. 1차 세계대전 직후 갈릴리의 한 키부츠에서 태어난 어부 멘델 눈Mendel Nun의 예를 보자. 그는 고기잡이를 하다가 돌로 만든 고대의 닻들을 발견했고, 지금은 작은 박물관이 된 곳에 그것들을 모았다. 자신이 발견한 것을 이해하기 위해 그는 고대 어업에 대한 자료를 연구했고, 관심을 가진 사람이 드문 분야이다 보니 눈은 그 분야의 가장 중요한 전문가 반열에 오르게 되었다.²² 나는 눈이 일상적 노동의 과정에서 발견한 지적 프로젝트가 그가 생활하는 방식 또한 바꿔놓았을 거라는 상상이 든다. 단순히 고기를 잡으러 나가는 행위였던 것이 그 폭과 깊이를 확장하여, 천 년 전 과거에 시작되어 그를 둘러싼 환경에 아로새겨진 인간의 업으로 보였을 것이다.

내가 사는 미국에서는 그야말로 평범한 사람들이 여름이면 망원경을 챙겨 들고 초신성, 이중성, 특이한 행성 결합을 찾아 어두운 시골 지역으로 별 축제를 떠난다. 게티즈버그에 가면, 이른바 보통 사람 수천 명이 150년 전 그곳에서 일어난 전투*에 대해 갑자기 모든 걸 알고 싶어 한다. 그들은 누가 전투에 참여했고 전사했는지, 무얼 입고 어떤 무기와 전략을 사용했는지, 어떤 승리와 패배가 벌어졌는지 궁금해한다. 내가 어느 해 여름 머물렀던 이스라엘에서 대중의 상상력을 사로잡는 분야는 고고학이다. 사람들은 단순히 책을 읽는 것만으로는 알 수 없는 돌과 언덕과 계곡의 이야기를 듣기 위해 견디기 어려운 더위 속에서 답사를 다닌다.

천문학, 역사, 고고학, 종교 활동에서 우리가 알고자 하는 무수한 사실들 너머에 근본적인 질문들이 존재한다. 우주는 어떻게 탄생했을까? 이 광활한 은하는 우연의 산물일까,

---

* 게티즈버그 전투는 남북전쟁에서 가장 참혹했고 북부 연방이 승기를 잡는 분수령이 되었다.

설계의 산물일까? 인간의 최대 악덕이라 할 전쟁은 어째서 일어날까? 전쟁이 도덕적으로 필요해 보이는 건 어떤 때일까? 이스라엘에서 나는 한 고고학자에게 섭씨 37도가 넘는 더위 속에서 흙을 뒤적거리고 도기 조각을 분류하면서 수없이 많은 시간을 보내기로 결정한 동기가 무엇이냐고 물었다. 그러자 이런 대답이 돌아왔다. "저는 고대 경제에 흥미가 있습니다. 한 가지 이해하고 싶은 게 있거든요. 돈은 사람들과 사람들이 구성한 공동체를 훌륭하게 만들 수 있습니다. 하지만 악과 파멸을 낳기도 하죠. 어떻게 그런 일이 일어나는 걸까요? 한 사람 안에서 어떻게 선악이 뒤섞일 수 있을까요?"

배움에 대한 사랑은 인간에게 보편적이며, 배움을 추구하는 방법과 정도는 다양하다. 그러나 바깥 활동에 대한 사랑과 달리 배움에 대한 사랑은 제대로 인식되지 못할 때도 있다. 우리는 더 낮은 형태의 배움을 놓치고, 더 높은 형태의 배움을 오해한다. 그것은 우리가 보이지 않는 갖가지 위계 속에서 다양한 욕망과 목표를 가지고 살아가기 때문이다. 우리에겐 우리가 알든 모르든 궁극적 목적이 있다. 따라서 우리는 배움 자체를 위해 배움을 사랑할 수 있고, 정치적 의제를 위해 배움을 활용할 수 있다. 배움은 부와 지위를 거머쥐는 수단일 수 있고, 성취로 나아갈 디딤돌일 수 있다. 남들이 하는 대로 따라가는 게으른 사회적 습관의 소유자에게도 배움은 누적될 수 있다. 시험에 들기 전까지 우리는 우리를 이끄는 것이 배움에 대한 진정한 사랑인지 다른 무엇인지 확신할 수 없다. 그러나 배움을 전문 지식인들의 전유물로 한정하는 것은 기업 후원을 받는 산악인들만이 진정으로 자연을 즐긴다고 생각하는 것과 비슷한 착각이다.

내가 서문에서 배움과 그 가까운 동반자인 여가와 관조의 내재적 가치를 철학적으로 소개하는 것은, 독자가 앞으로 이 책에 등장하는 배움 자체를 위한 배움의 사례들을 탐색해 나가는 데 도움이 되리라 생각하기 때문이다. 배움에 대한 사랑의 진정한 실천은 현실에서 어떤 모습으로 나타날까? 그런 실천이 어떻게 한 사람의 인생을 빚을 수 있을까? 배움에 대한 사랑이 잘 실천될 경우, 무의미한 삶의 방식이나 피할 수 없는 고통을 다스릴 진정제가 될 수도 있을까? 배움에 대한 사랑의 실천이 어떻게 한 사람이 살아가며 기울이는 모든 노력의 귀결이 될 수 있을까?

내가 이 책에서 소개하는 사례들은 틀림없이 독자들에게 더 많은 질문을 유발할 것이다. 배움에 대한 사랑은 어떻게 부나 권력에 대한 추구로 인해 변질되는가? 지적 활동은 평범한 인간 공동체와 자연적으로 긴장을 형성할 수밖에 없는가? 나는 2장에서 어떻게 돈과 지위에 대한 사랑이 배움을 변질시키는지 진단하려 한다. 그다음으로는 지적인 삶의 전환 또는 구원에 대한 이야기 두 개를 나누려 한다. 하나는 잘 알려진 성 아우구스티누스의 이야기이고, 또 다른 하나는 엘레나 페란테의 소설 나폴리 4부작에 담긴 예술 활동의 기원에 대한 현대 세속적 설명이다.

마지막으로 내가 다룰 세 번째 질문은 이것이다. 지적 성향이 있는 현대인들에게 가장 끈질기게 따라붙는 의문은 배움 자체를 위한 배움의 추구가 무용하며, 따라서 인간의 고통과 불평등이 우리의 어깨에 지우는 묵직한 요구 앞에서 정당화되지 않는다는 것이다. 나는 피상적 의미에서 '변화를 일으키는 행동'과 사람과 사람 사이에서 이루어지는 봉사를 구별하고, 지적인 삶이 후자를 의미하고 추구할 때 유용하다고 주장하려 한다.

전문 지식인들은 책과 사상에 집중하는 활동들의 관리자 역할을 자동으로 맡고 있다. 하지만 오늘날 많은 학자들이 과거의 나처럼 의욕을 잃고 불안에 빠져 있다. 나는 이 현상이 감정의 문제이며 대체로 상상력 부족에서 기인한다고 확신한다. 우리가 지적 활동과 맺고 있는 관계는 진부해졌고 활력을 잃었다. 우리의 시선은 자꾸만 초조하게 다른 가능성을 좇는다. 어디선가 길을 잘못 든 건 아닌지 의구심이 든다. 전 지구적 인권 운동을 벌이는 대규모 조직에서 우리의 재능을 더 잘 써줄 것 같다. 이런 상황에서는 지적 활동의 가치에 대해 철학적으로 아무리 탁월하게 논증하더라도—설령 내게 그럴 능력이 있더라도—소용이 없을 것이다. 마찬가지로 우리를 현재의 안타까운 상황으로 이끈 문화적 경제적 변곡점들에 대한 철저한 역사적 진단은 우리를 더 현명하게 만들어주지는 몰라도 우리가 잃어버린 활력을 되찾아주지는 못한다. 우리에게 필요한 건 이미지와 모델, 즉 우리를 이끌어 특정한 방향으로 나아가게 해줄 매력적인 환상들, 우리가 한때 누구였으며 우리가 앞으로 어떤 존재일 수 있을지 상기시켜주는 것들이다. 그것들 없이 우리는 낭만을 되찾을 수 없다.

배움과 공부가 전문 지식인들의 전유물은 아니지만, 학자들이 배움과 공부의 공식 수호자인 것은 사실이며, 그들은 쇄신을 시작할 좋은 출발점이기도 하다. 하지만 나는 이 책을 지적 관심사가 있는 비전문적인 대중이 읽기를, 그들 역시 이 책에서 자신의 모습을 발견할 수 있기를 바란다. 공부하는 삶의 혁신이 아래에서 위로 일어날 수 있다면 그 편이 훨씬 더 좋을 것이다.

앞으로 이 책에서 소개할 이미지와 이야기에 있어서 나는 그것이 실제 역사인지 허구인지에 관해서는 관심이 없다. 그 이유 하나는 내가 둘의 본질적인 차이를 확신할 수 없게 되었기 때문이다. 좋은 허구는 진리와 공명하고, 좋은 역사는 사람의 감정을 움직이는 이야기를 들려준다. 또한 문학적 이미지는 현실의 모델에 영감을 불어넣으며, 그 역도 성립한다. 우리 삶은 책에 반응하고, 책은 다시 우리 삶을 반영한다.

앞으로 나의 개인적인 이야기는 잠시 미뤄두려 한다. 지금부터는 공부하는 삶이 무엇이며 그것이 인간의 행복과 번성하는 공동체에 어떤 역할을 하는지 탐구해가는 동안 나의 곁을 지켜주었던 여러 인물들이 이 책에서 독자 여러분의 여정을 함께해줄 것이다.

나는 여러분이 함께 이 책의 질문들을 고민해주었으면 하는 마음에서 조심스럽게 '탐구inquiry'라는 단어를 택했다.

사람은 누구나 자신만의 삶을 살아가며, 특히 정신을 활용하는 방법은 저마다 다르다. 내가 교착 상태에 빠진 지점에서 여러분은 돌파구를 찾을지 모른다. 내가 명료하다고 느끼는 것을 여러분은 불명확하다고 느낄지 모른다. 나의 갖은 생각은 아직 덜 구워진 빵처럼 미완성의 모습을 하고 있다. 반죽이 골고루 섞이지 않았을지도 모른다. 그러니 여러분만의 방식대로 빵을 구워보았으면 한다. 물론 전혀 다른 무언가를 요리해도 좋다.

1장

공부는 우리를 어디로 데려가는가

이 작은 집단에 속하는 사람들은 이미 철학이 어찌나 달콤하고 축복받은 자산인지 맛보았으며, 동시에 대중의 광기 역시 목격한 바 있다. 요컨대 공적인 문제에 있어서는 누구도 분별 있고 건전하고 올바른 행위를 하지 않으며, 함께 힘을 합쳐 정의를 구현하고 생존을 도모할 만한 아군도 없다는 걸 알게 된 것이다. 그들은 자신의 국가나 벗들을 돕지 못하고 자신에게나 남들에게나 쓸모없는 존재로서 소멸할 운명이니, 짐승들 틈에 떨어진 사람이 불의에 가담하고 싶지 않지만 홀로 야만에 대항할 힘은 없는 것과 대동소이하다.

바로 이런 이유들로 인해 나는 철학자가 조용히 자기 앞가림을 하는 사람이라고 말한다. 모래 폭풍이나 거세게 날리는 우박을 피하기 위해 야트막한 벽 아래로 피신한 사람처럼, 그는 무법천지의 세상을 바라보면서 자신만이라도 부당하고 불경스러운 행위로부터 벗어나 현세를 살다가 부끄럼 없이 만족하여 희망을 품고 세상을 떠날 수 있다면 기뻐할 것이다.

—플라톤, 《국가》 6권

세상

공무원, 법조인, 귀족이 사는 파리의 어느 고급 아파트 건물에서 주민들이 회의가 빼곡한 일과를 준비하고 있다. 아침에 한 시간 신문을 읽는 행위는 그날 로비스트, 입법자, 이사, 고객, 사업 파트너와 나눌 대화의 서막이다. 게임판 위에서 칩이 움직인다. 승리가 패배로, 패배가 승리로 바뀐다. 모든 것을 걸었던 게임 전략이 폐기되고 새로운 전략이 채택된다. 유행어가 슬로건으로 대체되고 슬로건이 유행어로 대체된다. 누군가는 돈을 벌고, 누군가는 돈을 잃고, 누군가는 투표에서 승리하고, 누군가는 의석을 잃는다. 중요 인사가(보통 남성이다) 집으로 돌아가면 특수 식단, 요가, 심리 치료, 약물, 달리기, 불륜, 마음챙김 등 불안을 다스릴 각종 진정제를 전전하고 있는 신경증 환자 아내가 그를 맞이한다. 그들의 아이들 역시 불안하긴 매한가지다. 아이들은 우수한 성적으로 진급하기를 희망하며 교사로부터 인정받기 위해 밤낮 없이 노력한다. 그들 앞에 펼쳐진 미래는 쟁취하는 데 성공하거나 실패할 무수한 상賞들로 이루어진 연속체이며, 그 상들 사이에는 무한히 매혹적인 가치의 단계들이 끝없이 늘어서 있다. 이른 새벽이면 눈에 보이지 않는 청소부가 변기를 닦고 세탁을 하고, 배관공이 파이프를 손보고, 전기공이 전선을 점검한다. 열쇠공은 문에 기름칠을 하고 자물쇠를 바꾼다. 이름 없는 운전기사가 건물 앞에 멈추었다가 떠난다. 아파트 수위는 주민들의 심부름을 하고, 일할 사람들을 부르고, 청소부에게 지시를 내리고, 우편물을 가지러 간다.

고대 아테네는 제국의 전리품 덕분에 부를 누리고 있다. 페르시아 침공자들을 무찌르고, 과학적 추론을 발명하고, 위대한 비극을 집필한 사람들은 이미 대부분 세상을 떠났다. 그들의 부유한 자손들은 전차 경주나 승마에 시간을 허비하거나 자기 몫의 더 많은 전리품을 챙기기 위한 화법을 배운다. 한때 함께 짐을 지고 전리품을 나누었던 공동체는 이제 부유층과 빈곤층으로 갈라졌으며, 두 계층은 상대의 약점을 눈여겨보며 호시탐탐 기회를 노리고 있다.

로마제국 치하의 팔레스타인에서는 이제 막 아이를 낳을 수 있는 나이가 된 어린 여자가 결혼할 준비를 하고 있다. 그녀는 이제 부모가 아닌 남편을 섬기면서 죽는 날까지 남편의 아들을 낳으라는 요구를 받을 것이다. 그녀가 죽으면 남편은 새로운 아내를 얻을지도 모른다. 그녀가 낳은 아들들은 자라서 자기에게 아들을 낳아줄 아내를 찾을 것이고, 그렇게 같은 일이 무한히 반복될 것이다.

20세기 초 중부 유럽에서는 과학의 발전이 정점에 달한다. 세포와 박테리아를 사람의 눈으로 볼 수 있게 되었고, 다양한 질병과 쇠약을 고칠 치료제가 발명되었다. 전기와 자력이 수학적으로 이해되었으며, 물리와 화학을 통합하고 빛의 속성을 규명하겠다고 약속하는 새로운 이론들이 등장했다. 자연 구조에 대한 과학적 이해가 폭발적으로 늘면서 새로운 지식을 사용하여 한때 인간의 번성을 막는 영원한 장벽처럼 느껴졌던 건강·안전·활동의 제약을 없애는 방법도 그만큼 발전했다. 이런 작업의 결실은 점차 무르익는가 싶더니 결국은 유럽의 군대를 무장시킨다. 전례 없는 평화와 번성 속에서 인간의 문화와 음악, 예술, 문학, 학문이 이례적으로 꽃피고 있던 그때, 물밑에서는 군대가 쉼 없이 분주하게 들썩거리고 있다.

이탈리아와 스페인, 전시 프랑스를 장악한 파시스트 정권의 정치 지도자들은 방송을 두터운 안개 같은 거짓말로 채우고 있다. "적이 우리의 턱밑까지 와 있다." "전쟁이 사람을 만든다." "새로운 세계는 가능하다." 그들은 거짓말이 대화 소재가 되고, 선택지를 만들고, 시민들의 생활을 형성하기를 기대한다. 시민들이 거짓말을 믿지 않는 징후가 하나라도 보이면 그물처럼 촘촘히 깔린 정보원들이 즉시 비밀경찰에 보고한다. 정권에 반대하는 사람들은 잔혹한 교도소와 수용소에 수감되어 남들 눈에 띄지 않는 곳에서 고통받는다.

양차 세계대전 사이 미국에서 리틀이라는 성을 가진 한 젊은 아프리카계 미국인이 성공할 가망 없이 살아가고 있다. 분노하고 반항하던 그의 아버지는 그가 어릴 적 백인 손에 살해되었고, 그의 가족은 지역 복지 사무소에 의해 뿔뿔이 흩어졌다. 그는 백인 학생으로만 구성된 학급에서 성적이 가장 우수하지만 기껏해야 목수나 수위가 될 운명이라는 말을 듣는다. 아버지처럼 분노하고 반항하는 그는 뉴욕시와 보스턴의 아수라장에 뛰어들어 마약을 팔고 뚜쟁이 노릇을 하며 도박에 빠진다. 그는 결국 체포되어 교도소에 수감된다. 변기 대신 양동이가 놓인 그곳 감방에서 그는 부패한 교도관들을 구슬려 마약을 손에 넣으며 살아간다.

전쟁 후 나폴리는 잔혹한 빈곤에 시달리고 있다. 이윤을 낳는 사업은 모조리 범죄 조직의 손에 들어갔다. 한때 자신의 작품에 자부심을 품었던 장인들은 이제 가족의 생계를 부양하지 못한다는 씁쓸함에 괴로워한다. 그들의 좌절감은 아내와 자녀와 이웃에 대한 폭력으로 변질된다. 남편과 아버지가 죽거나 교도소에 가면 여자들과 아이들은 모든 종류의 약탈에 취약해진다. 여기서는 과거가 이야기되는 법이 없고, 미래가 상상되는 법도 없다. 폭력은 사람들에게 복수와 오락, 위안을 제공한다. 그리하여 폭력을 위한 폭력이 추구된다. 초등학교에서 열린 대회조차 길거리 싸움으로 번진다.

지금부터 내가 사용하는 '세상the world'이라는 단어에는 세상이 우리가 탈출해야 하는 곳이라는 의미가 내포되어 있다. 이때 세상은 동물들이 살아가는 아름다운 야생이나, 정원과 농장이 있고 가족들이 살아가는 모든 스펙트럼의 인간 공동체를 의미하지 않는다. 세상은 위에서 내가 묘사한 사례들과 비슷한 모습을 띤 사회적 정치적 세계를 뜻한다. 이런 의미의 세상은 야심과 경쟁, 게으른 전율의 추구에 지배된다. 세상은 모든 것을 돈으로 사고팔 수 있는 하나의 시장이기도

하다. 여기서는 가장 소중한 미덕조차 한낱 제품이나 구경거리로 취급받으며, 인간은 누군가의 목적을 달성하기 위한 수단으로 전락한다. 저 밑바닥을 향하는 추락의 끝에, 겉보기엔 화려한 모든 성공 뒤에 어김없이 폭력이 도사리고 있다. 이런 의미의 세상은 인간의 기본 상태이지만, 결코 인간의 가능성을 소진시키지는 않는다.

세상에서 탈출한다는 건 어떤 의미일까? 우리는 세상으로부터 어떻게 도피할 수 있을까?

독서광의 탈출

본문에 들어서자마자 세상에서 탈출하는 게 가능한지, 가능하다면 그 방법은 무엇인지 질문을 받은 여러분은 아마 짜증이 났을 것이다. 탈출할 필요가 없도록 세상을 **바꿀** 방법을 찾으면 되지 않겠는가. 지금 떠오른 그 의문을 계속 마음에 품고 있기 바란다. 하지만 지금은 잠시만 내 제안을 따라 여러분이 생각할 수 있는 변화의 경로들이 모두 가로막혔다고 상상해보기 바란다.

내가 가장 먼저 들려주고 싶은 이야기는 허구의 독서광이 세상을 탈출하는 이야기다.[1] 모나 아샤슈 감독의 2009년 영화 〈고슴도치의 우아함〉은 파리의 한 고급 아파트 단지에서 세 인물이 맺는 우정의 서사를 그려낸다.[2] 서사의 중심에 선 인물은 아파트 수위로 일하는 중년의 노동계급 여성 르네이다. 영화는 나이 든 르네의 모습을 심란할 만큼 현실적으로 담아낸다. 그녀의 묵직한 몸집과 꾸미지 않은 얼굴, 늘어난 카디건, 혼자서 초콜릿을 먹는 장면이 카메라에 가감 없이 잡힌다. 그러나 특권층 가정의 딸로 살아가며 가족들의 무의미한 삶에 대해 고민하는 열두 살 소녀 팔로마에게 르네는 묘한 매력을 발산한다. 팔로마의 아버지는 정부 관료이고, 어머니는 심리 치료사이자 '프로' 신경증 환자다. 팔로마는 혼자 있을 때면 경쟁 없는 세상을 꿈꾸고, 다소 장난스럽게 자살할 계획을 꾸민다. 건물의 새로운 입주자인 일본인 가쿠로 역시 르네에게 매력을 느끼고 연애 상대로서 관심을 보인다. 이렇게 매력 없는 인물이 로맨스의 주인공일 수 있다는 사실이 관객들을 놀라게 한다.

    이보다 앞서 르네의 선배라 할 만한 인물이 있다. 1974년 라이너 베르너 파스빈더 감독의 걸작 〈불안은 영혼을 잠식한다〉의 주인공 에미이다.[3] 오늘날 할리우드가 그려내는 중년의 이미지와 달리,—예를 들어 〈사랑할 때 버려야 할 아까운 것들〉(2003)에서 다이앤 키튼이 연기한 극작가는 부유하고, 성공했으며, 매력적이고, 여전히 섹시하다—파스빈더의 에미는 뚱뚱하고 주름살이 졌으며 사회 계층의 밑바닥에 위치한 시시한 청소부다. 에미는 젊은 모로코인 이주 노동자와 사랑에 빠지고, 그로써 외국인을 혐오하는 에미의 자녀와 이웃과 동료로부터 비난을 받는다. 〈고슴도치의 우아함〉 속 르네는 가쿠로와 사랑에 빠짐으로써 그녀와 아파트의 부유한 주민들을 분리하는 보이지 않는 장벽을 돌파한다. 이 두

편의 영화에서 주인공의 연애는 진정한 인간적 교감에 해당하며, 그 점은 사람을 겉모습으로 평가하기 쉬운 사회 환경에서 더욱 부각된다.

그런데 〈고슴도치의 우아함〉은 인간적 교감이라는 주제를 살짝 비틀어, 이들의 불편하고 진정한 교감을 배움에 대한 사랑에서 우러나온 것으로 설정한다. 추하고 사회적 지위가 낮은 중년 여인 르네의 겉모습 아래, 남들에게 드러내는 심술궂고 거친 모습 뒤편에는 비밀 하나가 숨겨져 있다. 그것은 그녀가 열렬한 독서광이라는 사실이다. 르네는 위대한 소설과 철학, 역사, 고전을 읽는다. 카메라는 이웃들이 위층 저녁 파티에서 노닥거리며 가식을 떠는 동안 방문을 닫고 혼자 식탁에서 철학책을 읽고 있는 르네의 모습을 보여준다. 독서 의자가 놓이고 책들이 가득한 주방 뒤 비밀 공간으로 숨어든 르네의 모습 역시 잡힌다. 소녀 팔로마와 일본인 구혼자 가쿠로가 르네에게 끌리는 건 이러한 르네의 숨겨진 생활 때문이다. 가쿠로는 르네가 자기처럼 고양이에게 톨스토이 소설 인물의 이름을 지어준 걸 알고 르네의 비밀을 간파한다. 팔로마는 르네가 우연히 식탁에 놓고 간 철학 논문을 보고 르네가 자신과 동류라는 사실을 알아차린다. 어느 중요한 장면에서 팔로마는 르네의 주방에 놀러 왔다가 비밀 독서실로 들어가는 닫힌 문을 발견하고 호기심이 동하여 묻는다. "저 문 뒤에는 뭐가 있어요?" 독서와 성찰에 열중하는 르네의 내밀한 생활은 다른 인물들을 르네에게로 이끌고, 이 우정은 그들을 둘러싼 특권의 울타리에서 벗어날 도피처가 되어준다.

1장 공부는 우리를 어디로 데려가는가

영화에서 묘사되는 지적인 삶에는 네 가지 특징이 있다.

- 지적인 삶은 개인에게 사회에서 물러나 성찰할 공간을 허락하는 내면의 삶이다.
- 따라서 지적인 삶은 **세상으로부터 물러나** 있다. 이때 세상은 (본래 플라톤이 의미했고 훗날 기독교에서 의미한 바와 같이) 부와 권력, 위신과 지위를 둘러싼 경쟁과 분투가 일어나는 장소다.
- 지적인 삶은 **존엄**의 원천이다. 영화에서는 이 점이 나이 많고 매력 없는 무자녀 노동계급 여성이라는 르네의 낮은 지위와 대비하여 명백하게 드러난다.
- 지적인 삶은 **교감**이 일어날 공간을 열어준다. 즉 인간과 인간 사이의 심오한 연결을 가능하게 해준다.

내면의 삶을 보살필 때 우리는 사회적 안정이나 출세에 대한 염려는 한쪽으로 치워놓는다. 우리가 꼭 해야 하는 일들이 가하는 초조한 압박감을 잠시나마 잊는다. 내면을 향하여 물러나는 행위는 공간적으로 표현되기도 한다. 한 사람의 내면의 삶을 구성하는 사유와 상상은 숨겨지고, 말해지지 않고, 보이지 않을 수 있다. 우리는 르네의 비밀 독서실처럼 실제로 남들 눈에 보이지 않는 닫힌 공간으로 물러날 수 있다. 혹은 산속 은신처나 수도원, 도시에서 떨어진 대학 캠퍼스처럼 그 자체로 하나의 세상을 이루는 장소를 찾아갈 수도 있다.

하지만 공간의 은유에 지나친 무게를 실어서는 안 된다.

어떤 공간에 있든 바깥세상에서 물러나 내면의 삶으로 들어간 사람은 둔해지고 마비되는 모습을 보인다. 플라톤은《향연》에서 그의 스승 소크라테스가 몸을 단장하고 만찬에 가는 길에 현관에서 갑자기 혼자만의 생각에 빠져들었다고 묘사한다.[4] 역사학자 플루타르코스에 의하면, 위대한 수학자 아르키메데스는 증명에 온 신경을 집중하느라 로마인들이 그의 조국을 침공하고 정복했다는 사실을 알아차리지 못했다. 그는 하던 일을 끝내겠다고 버티다가 로마 병사에게 살해되었다.[5] 후세의 작가들은 그가 이런 유언을 남겼다고 전한다. "내 원을 밟지 마시오."[6]

소크라테스는 도시에서 열리는 만찬에 참석했고, 아르키메데스가 집중하고 있던 연구 주제가 진군하는 군대 대형의 수학적 패턴이었을 수도 있다. 하지만 두 사람 다 세상에서 물러난 사람의 전형적인 모습을 보여준다. 세상에서 물러난다는 것의 핵심은 특정한 종류의 **관심사**를 제쳐둔다는 데 있다. 요컨대 세상에서 물러난다는 건 부유한 아파트 주민들이 수위에게 요구하는 것을, 지위를 의식하는 만찬 손님들의 예의 주시하는 눈길을, 자신이 처한 사회적 정치적 위기를, 심지어 삶과 죽음이 달린 필수적인 문제들을 한쪽으로 밀쳐둔다는 것이다. 공간적 장벽이나 물리적 장벽은 우리가 보고 듣는 것들로 인해 주의를 흩트리지 않고 정신을 집중하도록 돕는 유용한 수단일 뿐이다. 내면의 삶을 위해 세상에서 물러나야 하는 건 단순히 배움, 사고, 성찰이 전적인 집중을 요구하기 때문만은 아니다. 알고 익히고 이해하고자 하는 갈망과 다른 모든 것, 특히 사회적 정치적 생활과 관련된 것에 대한 갈망 사이에는 알아차리기 어렵고 설명하기는 더 어려운 근본적인 갈등이 존재한다.

세상에서 물러나는 것과 내면을 향하는 것의 조합에서 우리는 지금 우리가 보고 있는 것이 **여가**의 한 형태임을, 즉 일을 넘어서는 존재의 방식임을 알아차릴 수 있다. 우리가 보고 있는 것은 그 자체로 가치 있으며, 인생을 완성할 수 있는 유형의 활동이다. 르네는 생활에 반드시 필요한 일들을 완수한 다음 가장 좋아하는 일을 한다. 즉, 책을 읽고 성찰한다. 소크라테스와 아르키메데스는 자신의 사회적 쓸모를—타인을 가르치고, 동료 시민들에게 질문을 던지고, 유용한 기계를 짓는 일을—잠시간 잊고 자신을 가장 잘 규정하는 행동, 자신이 누구인지 다른 무엇보다도 잘 보여주는 행동을 한다.

여가에 임한 정신의 내향성은 사회적 생활과 사회적 상황으로 인해 자주 위축되고 부인되는 존엄을 다시 깨워낸다. 소크라테스는 기껏해야 가난한 맨발의 부적응자이지만, 여가 중 열렬히 탐구에 전념할 때 그는 인간을 초월한 존재처럼 보인다. 르네의 내향적 물러남에는 단순히 낮은 사회적 지위로 규정되길 거부하는 반항의 속성이 있다. 그녀의 반항은 원치 않았던 실패에 대한 반응이다. 어쨌든 아파트 수위가 되기를 꿈꾸는 아이는 없을 것이다. 그러나 르네가 지위 높은 이웃들에게 매력을 발휘하는 것을 보건대, 빈곤층이라는 사회적 지위가 인간성을 완전히 훼손하지는 못한다. 부자들은 광활한 부동산과 개인 제트기, 디자이너 의류, 정교하고도 절묘하게 요리된 음식을 가치 있게 여긴다. 하지만 아무리 성형 기술이 발달해서 외양을 바꾸더라도 인간이 유리 마천루나 번쩍이는 스포츠카가 될 수는 없다. 인간은 순전히 물질적인 것, 순전히 사회적인 것을 초월하는 무언가를 갈망하고 이루 말할 수 없이 필요로 한다. 팔로마와 가쿠로는 사회적 지위가 높은 사람들이지만, 자신이 속한 계급 바깥에 속하는 아래층의 수위를 친구로 사귀면서 자신의 존엄을 찾고자 한다.

사회생활에서 권력 다툼과 경솔한 평가에 의해 자신의 진정한 가치를 인정받지 못한 사람에게 공부는 부정당한 그의 가치를 회복시켜준다. 이것이 지적인 삶이 존엄의 원천인 이유다. 보통의 사회생활에서 우리는 지식으로 돈이나 권력, 인정이나 소속감, 우월한 지위나 중요한 사람이 된 듯한 기분을 얻는다. 이것들이 우리 사회에서 통용되는 화폐이며, 우리가 남들을 밟고 출세하는 수단이다. 하지만 사회적 쓸모가 인간의 전부는 아니므로 더 근본적으로 관계를 맺는 다른 방법들도 존재한다. 이러한 형태의 교감은 독서광들이 나누는 즐거운 우정에서, 혹은 평소라면 같이 있기조차 싫을 사람들과 함께 무언가의 진실을 밝혀가는 대담한 활동에서 발견할 수 있다.

만일 우리 모두가 인간성의 핵심을 공통으로 갖고 있지 않다면, 타인과 깊이 연결되는 경험을 이해하기란 불가능해진다. 만일 부와 사회적 지위와 정치적 성취로 정해지는 사회적 가치가 우리의 전부라면, 우리는 지금과 달리 내면의 삶을 길러낼 가치를 명백하게 느끼지 못할 것이다. 그러므로 배움 자체를 위한 배움을 추구하는 공부는 신비로운 주체의 존재를 암시한다. 그 주체는 바로 숨겨진 가치와 존엄을 지닌, 생각하고 성찰하는 사람이다. 그러나 존엄이 무엇이며 그것이 중요한 이유가 무엇인지를 구체적으로 명확히 표현하기란 쉽지 않다. 이 책에 담긴 대부분의 중요한 질문들이 그렇듯 나는 독자들이 스스로 답을 찾도록 몇 가지 가능성을 개괄할 수 있을 따름이다.

생각하는 사람이라는 신비로운 주체를, 그 찬란하고 존엄한 인간을 살펴보려면 먼저 반대 방향으로 시선을 돌려 배움 자체를 위한 배움이라는 신비로운 **대상**을 먼저 살펴봐야 한다. 내면의 삶을 기르는 일에는 사적인 고독과 침묵뿐 아니라 어떠한 대상에 대한 몰두 또한 필요하다. 소설이나 철학책을 읽는 일은 내면의 삶을 북돋우며, 기하학 문제에 흥미를 불태우거나 새들의 삶에 매혹되는 일도 마찬가지다. 하지만 무언가에 몰두하는 모든 행위가 이러한 의미에서 내면의 삶을 발달시키는 건 아니다. 혼자서 몇 시간씩 유튜브를 보는 것과 르네의 물러남은 같지 않다. 남들이 모르는 술에 대한 취향을 계발하거나 몇 시간씩 거울을 들여다보며 완벽한 헤어스타일을 시도하는 것처럼 평범한 자기 몰두적 행위들도 마찬가지다. 이런 활동은 대부분의 자기중심적 활동과 마찬가지로 내면의 삶을 길러주지 않는다. 이런 차이는 어디서 생기는 걸까? 배움과 공부하는 삶을 추구하기 위해서는 어떤 대상에 주의를 집중해야 할까? 그런 대상들의 특별한 가치는 어디서 오는 걸까? 이러한 질문에 접근하는 가장 좋은 방법은 더 넓은 이미지와 사례를 살펴보는 것이다.

내향의 이미지

지상에 속박된 인간이 꿈꾸는 고귀한 행복은
신들의 이름,
흔들리지 않는 믿음의 조화,
의심을 알지 못하는 우정,
외로이 생각하는 지혜로운 사람에게 찾아오며
아름다운 시상을 비춰주는 빛에 있으리라.
나는 나의 가장 좋은 순간들 속에서
그 모든 것을 발견했고, 나의 것으로 삼았노라.

— 괴테, 〈영원〉

스스로 지식인을 자처하거나 지식인을 지망하는 사람들은 라파엘로가 그린 상상 속 아테네 학당의 장엄한 이미지에 매력을 느낀다. 그림 속에서 수염을 기른 이교도들은 두꺼운 책을 휘두르고 여기저기 손가락질을 하면서 천상의 궁정을 자신만만하게 누비고 다닌다. 이보다 훨씬 오래되었고 유럽 미술에서 더 흔히 등장하지만 덜 알려진 이미지가 있다. 그 주인공은 독서를 사랑하는 한 십대 소녀다. 네덜란드의 거장 얀 반에이크는 〈헨트 제단화〉에서 보석으로 장식한 옷을 입고 천상의 왕관을 쓴 채 손에 쥔 책에 시선을 고정하고

1장 공부는 우리를 어디로 데려가는가

있는 성모 마리아를 그렸다. 일반적으로 (베르트람 폰 민덴의 1383년 작 〈그라보 제단화〉와 프라 필리포 리피의 1455년 작 〈수태고지〉에서처럼) 어린 마리아는 자신의 방에서 책 더미에 둘러싸여 중요한 공부에 집중한 채 천사 가브리엘을 기다리는 모습으로 그려진다. (프라 안젤리코의 1438-45년 작 〈수태고지〉에서처럼) 〈시편〉과 같은 얇은 책을 읽고 있을 때도 있다. (마티아스 그뤼네발트의 1513-15년 작 〈수태고지〉를 비롯해) 여러 회화 작품에서 가브리엘 대천사가 도착한 순간 마리아는 처녀가 수태할 것이라고 적힌 〈이사야〉의 구절을 읽으면서 왕 중의 왕을 낳으라는 제안을 받을 준비를 하고 있다.

고대의 성경 해설자 오리겐이 (〈루가의 복음서〉 6장 7절에 대한 설교에서) 처음 주장한 뒤 전통으로 굳어진 생각에 따르면, 마리아는 구약성경에 정통했다. 그녀는 율법을 공부했고 매일 예언가들에 대해 묵상했으므로, 자신이 아들을 얻게 되리라는 천사의 메시지가 인간을 구원하려는 신의 계획이라는 사실을 이해했다. 〈루가의 복음서〉에서 천사에게 고지를 받은 마리아의 미묘하고도 조심스러운 반응에서 그녀의 지혜와 학식이 드러난다. "어떻게 그런 일이 있을 수 있겠습니까?"(〈루가의 복음서〉 1장 34절) 14세기의 교부 암브로시우스는 마리아의 대답을 칭송한다. 몇 절 전에 천사에게서 자신이 아들을 얻으리라는 말을 듣고 믿지 못했던 스가랴*와 달리 마리아는 믿음을 부정하지 않았으며, 자신을 찾아온 천사

* 기원전 6세기 후반 히브리의 예언자.

에 대한 두려움에 떠밀려 조급하게 동의하지도 않았다.(《루가의 복음서》 해설서 1장 34절)

고대 사람들이 상상한 요셉과 마리아 간의 시리아어 가상 대화에서 요셉은 마리아에게 정숙하지 못하다고 꾸짖고, 마리아는 요셉이 구약성경을 자기보다 잘 모른다며 도리어 그를 질타한다.

> 요셉: 정숙한 여인이여, 그대는 물처럼 정도를 벗어났구나.
> 성경을 읽어보면 그대 말과 달리
> 성교 없이는 처녀가 아이를 배지 못한다는 걸
> 잘 알 터인데.
> 마리아: 정도를 벗어난 건 당신이지요, 요셉.
> 당신이야말로 성경을 읽어보세요.
> 〈이사야〉에 담긴 것이 바로 제 이야기라서
> 처녀가 열매를 맺는다고 적혀 있으니
> 사실이 아니라면 제 말을 믿지 않아도 좋습니다.[7]

교부들은 마리아의 학구열을 신자들의 모범으로 삼았다. 암브로시우스가 나열한 마리아의 여러 미덕에는 "학구적 녹서"가 포함된다. 그는 천사가 찾아왔을 때 마리아의 모습을 이렇게 묘사한다.

> 천사가 등장했을 때 마리아는 동무 없이 혼자 집에 머물고 있었으며 누구도 그녀의 집중을 흩뜨리거나 방해할 수 없

었다. 선한 생각이 그녀의 동무였기에 동무가 되어줄 다른 여자들은 필요하지 않았다. 혼자 있을 때에도 그녀는 혼자라고 느끼지 않았다. 그토록 허다한 책들과 대천사들과 예언자들이 곁에 있는데, 어찌 그녀가 혼자일 수 있겠는가?[8]

홀로 독서하는 마리아의 모습은 그녀가 독립적이고, 야심이 없으며, 당면한 과제에 집중하여 몰두하는 사람이라는 증표다. 천사가 나타난 순간 그녀의 이런 면모는 더욱 강조된다. 천사의 제안을 받은 마리아는 자신의 아들을 죽이라는 명령을 받은 아브라함에 견줄 만큼 심각한 난관에 처하게 된다. 살아 있는 한 사람의 여자인 마리아를 상상해보자. 그녀에겐 얼마나 많은 계획과 관심사와 염려가 있었을까? 다가오는 요셉과의 결혼, 부모님과의 관계, 마을 사람들과의 관계, 마을의 나이 지긋한 종교인들과의 관계까지 생각할 게 참으로 많았을 것이다. 복음서에는 언급되지 않지만, 당시 혼외 자녀를 출산한 여자는 죽임을 당하거나 마을에서 쫓겨날 수 있었다. 천사는 그녀에게 너무나 모질게만 보이는 운명을 견디라고 한다. 마리아가 그러한 제안에 동의할 수 있는 건 그녀가 내면의 삶에 초점을 맞추고 있고, 성경에 담긴 말씀과 가르침을 사랑하며, 자신에게 닥칠 사회적 결과에 개의치 않기 때문이다. 내면을 향하는 은둔 속에서 길러진, 사회적 생활이 제공하는 어떤 미덕보다도 중요한 미덕에 대한 심오한 신뢰를 지닌 사람만이 마리아처럼 급진적인 결정을 내릴 수 있다.

마리아의 학구적 면모에서 드러나는 내면에 대한 초점

은 마리아의 영원한 처녀성을 이루는 요소이기도 하다. 마리아는 그녀가 속한 공동체에서 여성 공통의 임무로 정해진 (남성에게 성적 쾌락을 제공하고 씨족 및 혈통을 확장시키는) 목표에 복종하지 않는다. 그렇게 마리아의 처녀성은 단순한 사회적 쓸모를 넘어서는 존재로서 그녀가 지닌 존엄을 지켜준다. 사회적 세계는 의심의 영역이다. 그곳에서 우리는 야심에 이끌려 경쟁과 다툼을 벌이고, 무언가를 도구로 이용하는 것을 동력으로 삼으며, 불안과 치졸한 양심을 달래는 일에 에너지를 허투루 소모한다. 이런 세계에서 물러나지 않고서 인간적이고 신성한 생활의 기본을 바로 세우기란 불가능하다.

그리하여 중세와 르네상스 시대부터 수태고지를 묘사한 회화들에서 마리아는 언제나 홀로 있다. 그림 속에서는 항상 그녀만의 피난처나 울타리라 할 만한 숨겨진 방이 강조되고, (카를로 크리벨리의 1486년 작 〈수태고지〉에서처럼) 번잡한 길거리와의 대비가 부각되기도 한다. 마리아의 지성은 "동떨어진 정원"에서 사적으로 발달한다. 이는 마리아가 신의 말씀을 가까이에서 만날 수 있음을 보여준다. 이때 신의 말씀이란 문자 그대로의 의미에서 신의 제안으로 이해할 수도 있고, 마리아가 태내에 품고 있는 그리스도로 이해할 수도 있다. 그래서 아우구스티누스는 이렇게 적었다. "전사가 고지하니 처녀가 듣고 믿고 잉태하는 것은 정신의 믿음이요, 태내의 그리스도이니라."[9] 이 대목은 사도 바울의 말을 연상시킨다. "믿음은 들음에서 나며 들음은 그리스도의 말씀으로 말미암았느니라."(로마서 10장 17절) 아우구스티누스는 여기서 신자들이

따를 모범을 제시하고 있다. 보통 신자들도 듣고 믿고 잉태하고 낳아야 한다는 것이다. "온 마음을 다해 믿음으로써 정의에 이를 때, 그대는 그리스도를 잉태하는 것이다. 입을 열어 고해함으로써 구원에 이를 때, 그대는 그리스도를 낳는 것이다."[10]

마리아의 이미지는 내면의 삶을 함양하기 위해 세상에서 물러나는 모습을 보여준다. 과거의 교부들은 마리아가 그리스도의 신성한 몸을 담는 육체적 수단에 불과하다고 생각했을지도 모른다. 그러나 그들에게도 마리아의 내면의 삶은 중요했다. 무엇보다도 중요한 것은 그녀가 신의 계획에 따라 아이를 가지기로 동의했다는 사실이지만, 그런 동의를 가능하게 한 (사려 깊음, 지혜, 이해심과 같은) 그녀의 지적 미덕 역시 중요했다. 마리아는 일상적 압박과 요구들을 거슬러 가장 중요한 것을 선택한다. 마리아에게 인간의 가장 높은 성장, 한껏 찬란하고 존엄한 인간성, 세계 역사를 바꿔놓은 결정적 순간의 주역인 동시에 누구나 모범으로 삼을 인물이라는 이미지가 결부된 것은 바로 그런 연유에서다.

독서광 마리아의 이미지는 옛 교부들의 신앙심에서 기원하여 수 세기에 걸친 신자들의 헌신으로 다져진 종교적 이미지다. 하지만 마리아의 이미지가 앞서 살펴본 독서광 르네, 소크라테스, 아르키메데스의 이미지와 공명한다는 점은 이 이미지에 더 보편적인 인간의 모습이 있음을 시사한다. 과연 우리는 그녀의 여러 특징을 다른 사례들에서도 찾아낼 수 있다.

알베르트 아인슈타인Albert Einstein의 이야기를 살펴보자.

물리학을 전공한 대학원 시절 낙오자로 평가받았던 그는 졸업 후 대학교수나 연구원으로 취직하는 데 실패했다. 그는 7년 동안 특허사무소 직원으로 일하면서 남는 시간에 광전자 현상, 브라운 운동, 특수 상대성 이론에 대해 물리학계를 한바탕 뒤집어놓은 중대한 논문들을 썼다. 아인슈타인은 특허사무소를 "나의 가장 아름다운 아이디어들이 알을 깨고 나온 세속의 수도원"이라고 말했다.[11]

아인슈타인에게 특허사무소가 "세속의 수도원"이었다는 건, 일반 직원들이 생계를 유지하려고 출근해 공적 서비스를 수행하는 법률 업무의 공간이 그에게는 세상을 저버리고 자기 안으로 물러나는 장소였음을 의미한다. 다른 사람에게 특허사무소는 공무원으로서 번듯한 경력을 시작할 디딤대였을지도 모른다. 하지만 아인슈타인에게 특허사무소는 잘 보여야 할 거물급 교수들도, 비위를 맞춰야 할 교직원들도, 그에게 가르칠 자격이 있는지 판단할 학생들도 존재하지 않는 수도원과 같은 장소다. 그에게 특허사무소는 배움에 대한 사랑이 시험받는 곳이다. 야심은 좌절되었고, 더는 당근을 얻거나 채찍을 피하려 노력할 일도 없다. 연구를 계속할 동력은 오로지 연구 자체뿐이다. 특허사무소의 적요한 사무실에서 자연 구조의 아름다움은 그의 정신을 사로잡고 그의 눈앞에서 명료하게 펼쳐진다.

아인슈타인은 자신이 처했던 것과는 다른 환경에서 진정한 배움에 어떠한 위협이 가해지는지 논하며, 학계 생활의 "강압"과 자연스러운 호기심을 길러주는 자유를 대조했다.

사실을 말하자면, 현대의 교수법이 신성한 탐구심을 완전히 목 졸라 죽이지 않았다는 건 거의 기적에 가깝다. 이 가냘프고 자그만 식물이 필요로 하는 건 적당한 자극 외에는 주로 자유다. 자유가 주어지지 않을 때 이 식물은 어김없이 시들고 망가진다. 관찰하고 탐색하는 즐거움이 강압과 의무감이라는 수단으로 촉진될 수 있다는 생각은 대단히 심각한 착각이다. 건강한 육식동물조차도 배가 고프지 않은데 계속 먹이를 먹으라고 채찍질당할 경우 식욕이 떨어질 수 있지 않겠는가.[12]

아인슈타인은 우리가 식물이 위로 자라나려 하듯이 자연스럽게 탐구하길 갈망한다고 생각한다. 상이나 벌을 줌으로써 억지로 이러한 갈망을 키우려는 것은 육식동물에게 억지로 먹으라고 강요하거나 식물에게 어서 자라나라고 으르는 것만큼이나 온당치 못하다.

그 자그만 식물의 자연스러움과는 별개로, 마리아가 스스로 상황을 선택한 게 아니었듯 아인슈타인의 은둔처였던 특허사무소 역시 그에게 실패의 결과로 주어진 것이었다. 아인슈타인은 몇 달 동안 생계를 유지하려고 고생하다가 취직한 특허사무소를 구원으로 여겼지만, 그 뒤로도 꾸준히 학계 일자리를 구하려고 노력한 것을 보면, 특허사무소의 일이 인정을 갈구하는 박사졸 구직자의 우선 선택은 아니었음이 분명하다.[13] 세상에서 물러난 고요한 장소를 스스로 선택할 힘이나 통찰력이 없는 보통 사람에게 실패는 아마도 우리의 내면으로 향하는 가장 잘 다져진 길일 것이다.

하지만 아인슈타인이 실패에서 그만한 생산성을 발휘한 것은 그가 이미 수학과 자연의 세계로 물러나는 일에 익숙한 사람이었기 때문일지도 모른다. 그의 여동생은 어릴 적 오빠가 "아무리 많은 사람들이 떠들썩하게 모여 있어도 손에 종이와 펜을 쥐고선 소파로 물러나 팔걸이에 위태롭게 잉크병을 세워둔 채, 주위를 둘러싼 대화 소리로 인해 방해받기보다는 깨어나는 것처럼 어떤 문제를 푸는 데 완전히 빠져들었다"라고 회상했다.[14]

어떤 관점에서 아인슈타인은 내면의 삶에서 자신이 처한 사회적 환경을 명확하게 볼 도구를 찾았으며, 일종의 시험에서 좋은 결과를 얻었다고 볼 수도 있다. 여러 해가 지난 뒤 아인슈타인은 연구 실적을 인정받아 베를린의 한 연구소에 임명되었고, 1차 세계대전이 발발한 시기에 동료들과 불화를 일으켰다. 독일 과학계의 인물들은 정부의 편으로 결집했고 자신의 과학 기술로 전쟁 준비에 기여하고자 했다. 93인의 저명한 지식인들이 독일 정부의 전시 군사행동을 지지하는 공개 성명서에 서명했다. 아인슈타인의 가장 가까운 친구였던 뛰어난 화학자 프리츠 하버는 자신의 지성을 활용하여 전투용 독가스를 발명했고, 결과적으로 수천 명의 군인을 살해하고 겁주는 데 일조했다.[15] 20세기 초 독일은 인간 문화의 정점에 도달하여 과학, 문화, 학문, 음악 모두 번영하고 있었다. 그랬던 독일이 방향을 틀어 정복과 대규모 살인을 시작했다는 사실은 고급문화가 스스로 인도적인 방향으로 나아간 다는 주장을 반증한다.

물리에 대한 애정을 규율로 삼고 있던 아인슈타인으로서는 전쟁의 압박 아래에서 분열하는 유럽 과학계를 지켜보는 마음이 당연히 고통스러웠을 것이다. 게다가 특허사무소에서 오래 고립되어 생활하는 등 사회적 학문적 실패를 겪은 덕분에 그는 전쟁의 참혹함을 알아차리고, 심한 사회적 압박에 직면해서도 전쟁에 저항할 수 있는 입장에 놓였다. 당시 그는 이렇게 적었다. "이제 나는 현실의 광기 어린 아수라장 속에서 편안함을 느끼기 시작했다. 착란에 빠진 대중을 사로잡은 모든 것에서 의식적으로 거리를 둘 수 있다. 정신병원 직원으로서도 즐겁게 살 수 있지 않은가? 내가 사는 집이 지어진 것도 그 광인들을 위해서이니 존중할 수밖에."[16] 그렇다면 파티 도중에 수학 문제를 푸는 어린이의 내향적 몰두에서 기원한 특허사무소라는 세속의 수도원은, 자신을 둘러싼 사회적 정치적 환경이 — 다른 사람 눈에는 평범하거나 심지어 웅장해 보이는 환경이 — 정신병원이라고 직시할 수 있는 인간을 낳은 셈이다.

내면의 삶으로 물러나는 방법으로는 아인슈타인이 겪은 것과 같은 실패도 있지만, 강압이라는 또 다른 방법도 있다. (철학자 시몬 베유의 오빠인) 프랑스 수학자 앙드레 베유André Weil는 1940년대 초에 입대를 거부했다는 이유로 옥살이를 했다.[17] 교도소에서 지내는 동안 그는 중요한 수학적 증명인 유한체 위의 곡선에 관한 리만 가설의 증명에 착수했다. 그는 자신이 놓인 상황의 아이러니함에 즐거움을 느끼며 아내에게 보내는 편지에 이렇게 적었다.

수학 연구가 감히 상상했던 것보다도 훨씬 잘 진척되고 있어서 약간 걱정이 들 지경이야. 교도소에서만 이렇게 연구가 잘된다면, 매년 두세 달 옥살이할 방법을 마련해야 하는 게 아닐까? 관련 당국에 이런 보고서를 써서 보낼까 고민 중이야. "과학 연구소장님께. 최근 교도 체계 산하의 시설에 체류하면서 순수하고 사심 없는 연구를 할 수 있다는 상당한 이점을 개인적으로 경험한 입장에 놓였던바, 실례를 무릅쓰고, 등등."
연구 얘기를 하자면, 정말 잘 풀리고 있어서 오늘 파파 카르탕*에게 〈콩트 랑뒤〉**에 실을 글을 보내려고 해. 이렇게 짧은 지면에 이렇게 많은 결과를 압축해 넣은 〈콩트 랑뒤〉 논문은 지금껏 써본 적이 없고, 남이 쓴 걸 본 적도 없는 것 같아. 대단히 만족스러운 결과야. 이 논문을 쓴 장소를 감안하면 더 그렇고. (수학 역사상 처음이 아닐까.) 온 세계의 수학자 친구들에게 내가 존재한다는 사실을 알리는 훌륭한 방법이라서 그러기도 해. 내 정리의 아름다움에 전율이 일어.[18]

앙드레 베유가 교도소에서 훌륭한 연구 성과를 낼 수 있었던 게 자유 시간이 더 많고 일상생활에 치여 주의를 흩트

* 앙드레 베유와 친밀히 교류했던 수학자 앙리 카르탕을 일컫는다.
** 프랑스 과학 아카데미 회보.

릴 일이 없었으니 당연하다고 생각할지도 모른다. 하지만 베유는 교도소에 "순수하고 사심 없는 연구"를 할 수 있는 이점이 있다고 농을 던지며, 아인슈타인처럼 자기 정리의 아름다움을 찬탄한다. 그러니 베유 역시 자신의 연구가 사회적 정치적 의제들, 경쟁과 사회적 위계, 야심의 대상, 타인의 기대에서 분리된 덕분에 잘 진척될 수 있었다고 주장하는 셈이다. 교도소가 아닌 여느 장소였다면, 아름다운 정리에 대한 추구는 덜 중요하지만 더 압박이 심한 일들에 밀려 후순위가 되었을 것이다.

베유는 교도소에서 연구를 진척시킨 사람은 자신이 '최초'일 것이라고 생각하지만, 그보다 앞서 19세기 수학자 에바리스트 갈루아도 교도소에서 수학을 연구했다. 알고 보면 교도소라는 비옥한 땅에서는 여러 지적 활동이 꽃을 피운 바 있다. 이탈리아 공산당 지도자 안토니오 그람시Antonio Gramsci는 무솔리니가 이끄는 파시스트 정권하에서 11년이나 투옥되었고, 옥고를 치르면서 건강을 심하게 해친 나머지 결국 46세의 이른 나이에 세상을 떠났다. 교도소에서 보낸 시간 동안 그람시는 손에 넣을 수 있는 글이라면 무엇이든 읽었으며 3천 장에 달하는 글과 편지를 써서 친구들과 추종자들에게 밀반출했다. 체포된 뒤 그는 이렇게 적었다.

> 내 마음을 괴롭히는(내 생각엔 수감자들에게 고유한 현상인 것 같은) 생각이 하나 있다. 괴테의 복잡한 신념대로, 내가 "영원을 위하여" 무언가를 해야 한다는 것. 우리의 파스콜

리*도 이 생각에 심하게 괴로워했다는 것이 기억난다. 궁극적으로 나는 미리 세워둔 계획에 따라, 나를 매료하고 내 내면의 삶의 중심을 이루는 주제를 강렬하게 체계적으로 파고드는 데 몰두하고자 한다.[19]

그리하여 그람시는 교도소에서 이탈리아 지식인들, 비교언어학, 극작가 피란델로, 연재소설, 대중의 문학 취향을 연구하기 시작했다. 암울한 환경과 신체적 고통에 떠밀려 그람시는 그가 내면의 삶이라고 부른 생활을 향해 물러났다.

그람시가 내면의 삶과 영원의 개념에 대해 호소하는 모습은 사유하고 철학하는 행위가 사회 계급 간의 권력 투쟁에 뿌리박힌 것이라는 그람시 본인의 주장과 불편한 조화를 이룬다. 지적 활동과 정치가 불가분의 관계라고 믿는 관점에서 단순한 내향성 자체에는 가치가 있을 수 없다. 그람시는 괴테의 시 〈영원〉을 언급하고 있는데, 이 시에서 영원이 신과 같은 비물질적인 초월의 존재가 아닌, 지금 여기에서 발견되는 것이라고 주장한다. 그러나 괴테가 이야기하는 영원은 개인적이고, 내면적이며, 정치적 맥락을 초월한 것으로 보인다.

그람시의 내면의 삶이 궁극적으로 그가 사회적 정치적 해방에 반한다고 생각한 힘들과 그의 정적들에 대한 의지의 표현이었다고 여길 수도 있다. 이렇게 해석할 때 그람시의 지적 활동은 실용적 정치 프로젝트를 겨냥하고 있다. 다만 그

* 이탈리아 시인. 정치적 무정부주의를 역설했다는 이유로 투옥되기도 했다.

수단이 언어였을 뿐이다. 이런 해석은 그람시를 투옥한 자들의 인식에도 들어맞는다. 오래전부터 전해 내려오는 이야기에 따르면, 그람시의 재판이 열리던 때 검사는 그를 손가락으로 가리키며 선언했다고 한다. "우리는 이 자가 20년 동안 두뇌를 사용하지 못하게끔 막아야 합니다."[20]

옥중에서 지성을 발달시킨 가장 유명하고도 극적인 인물은 아마도 맬컴 엑스Malcolm X일 것이다.[21] 맬컴 리틀이란 이름으로 태어난 그는 마약과 섹스, 경범죄에 빠져 살다가 교도소에 들어가는데, 그곳에서 문화와 역사에 통달한 존 엘턴 벰브리라는 이름의 박식한 사람을 만나 그가 온갖 매혹적인 주제들에 대해 의견을 펼치는 것을 들었다. 맬컴은 벰브리의 조언에 따라 독서를 시작했다. 처음에는 사전을 읽었고, 다음으로 어원과 언어학에 대한 책들을 독파했다. 기초 라틴어와 독일어를 독학했고 형제들의 소개로 이슬람교로 개종했다. 이어지는 몇 년 동안 맬컴은 성경과 코란, 니체와 쇼펜하우어, 스피노자, 칸트의 책을 섭렵했으며 동양 철학책도 읽었다. 그가 특별히 아껴 탐독한 책은 동서양의 고고학적 경이를 다룬 것이었다. 독서를 통해 그는 식민주의와 노예제, 아프리카 민족의 역사를 알게 되었다. 어느새 맬컴은 자신의 과거 사고방식이 "지붕 위의 눈처럼" 녹아 사라진 것을 느꼈다.[22] 그는 형제에게 보내는 편지에 시구를 빼곡 채워 넣었다. "나는 시에 빠져 있어. 우리의 지난 인생 전체를 돌이켜보면, 인간이 창조한 광활한 공허함을 알맞게 채울 수 있는 건 오로지 시뿐이야."[23] 그는 또 다른 편지에서 교도소에서 보낸 시간에 대해 "'고독'을 선사함으로써 '명상'으로 보내는 수많은 밤을 만들어주었으므로 겉보기와는 달리 축복"이었다고 표현했다.[24]

맬컴은 출소 후 이슬람 국가 운동의 지도자가 되어 인종차별 속에서 빈곤과 폭력에 시달리고 있던 아프리카계 미국인 공동체를 대변하는 강렬하고 명쾌한 연사로 명성을 얻었다. 그는 대중 앞에서 수많은 연설을 했던 인물로 잘 알려져 있지만, 공적으로 드러난 그의 모습 뒤에는 내면을 향하는 규율이 있었다. 맬컴은 사물을 있는 그대로 직시하고 자신이 관찰한 바에 의거해 중요한 일에 헌신하고자 끊임없이 고투하는 사람이었다. 자연스럽게 그는 시간이 흐를수록 백인에 반대하는 이슬람 국가 운동의 가르침을 거부하게 되었고, 더 폭넓은 인본주의를 특징으로 하는 정통 이슬람교로 두 번째 개종을 결심하기에 이르렀다. 두 번째 개종의 정점은 그가 메카로 성지순례를 가서 대모스크 한가운데에 우뚝 선 카바 신전을 본 순간이었다. "세상의 모든 성별, 체구, 외형, 피부색과 인종의 순례자 수천 명이 기도하며 그 주위를 돌고 있었다."[25] 이 고무적인 광경은 맬컴의 생각을 바꿔놓았고, 결국은 그의 목숨마저 앗아갔다. 맬컴은 그가 저버린 이슬람 국가 운동 추종자의 손에 살해당했다. 미 정부에서 반백인주의를 기틀로 삼는 이슬람 국가 운동이 위협적이라는 판단에서 그의 암살을 지원했다는 설이 있다.[26] 그러니 맬컴은 두 차례의 개종에 매번 목숨을 걸어야 했던 셈이다.

맬컴이 교도소에서 길러낸 내면의 삶은 가장 중요한 것

들에 집중하겠다는 그의 의지와, 현실을 직시하고 현실과의 연결을 유지하려는 그의 노력과 뗄 수 없는 관계로 보인다. 맬컴이 아주 어려운 상황에서도 삶의 초점을 유지할 수 있었던 것 역시 그의 내향성 덕분일 것이다. 맬컴은 사회적 격식을 중시하고 점진적 변화를 추구했던 1950년대와 1960년대 민권 운동에 순응하지 않고 그 테두리 바깥에서 목소리를 냈다. 그는 어떠한 사회적 결과나 입법적 성과를 거두기 위해 발언하지 않았으며, 특정한 효과를 만들어내기 위해 신중하게 단어를 선별하지도 않았다. 도리어 다들 신경을 끄고 싶어 하는 주제에 대해 직설적인 주장을 펼쳐나갔다. 그는 아프리카계 미국인들에게 부당한 폭력에 맞서 자신을 방어할 권리가 있다고 역설했다. 법적 차원에서 인종 정의를 구현하려는 운동이 성공을 거두더라도 도시 하류층 아프리카계 미국인들은 소외될 것이 뻔했던 그 시대에, 그는 모두가 그저 잊고 싶어 한 사람들의 존엄을 선언했다. 불편한 진실과 사회적 정치적 차원의 대실패를 서슴없이 지적한 맬컴의 행동은 예언이라고 불리기에 부족함이 없다. 이스라엘의 예언자들이 그랬듯이 맬컴은 정치적 목적을 위해 일부러 전략을 세우지 않았고, 얼른 현실에 안주하라고 우리를 압박하는 이기적인 현실 부정에 빠지지 않았으며, 누구에게 이득을 안기기 위해서가 아니라 오직 진실을 위해 세상의 잘못들을 폭로했다.

내향성, 깊이, 자연 연구

우리의 생각은 하늘의 성채를 부수고 나아가며, 알려진 것을 아는 데 만족하지 않는다.

―세네카,《여가에 관하여》

조금 전 우리가 살펴본 사례들은 내향성이라는 개념과 세상에서 물러난 모습을 더욱 생생하게 보여주었다. 내면 세계는 사무실이나 교도소에서 발견될 수 있다. 내면 세계의 대상은 수학일 수 있고, 교리일 수 있고, 자기 민족의 역사일 수 있다. 그러나 우리가 다양한 사례를 살펴보는 동안 관조의 대상을 규정하는 일은 한층 더 어려워졌다. 인물들이 처해 있던 상황은 서로 얼마간 닮아 있지만, 그들이 읽고 생각하고 있던 **대상**을 어떻게 일반화할 수 있을까? 마리아는 성경에 대해 관조하고, 아인슈타인은 자연의 수학적 구조를 연구한다. 앙드레 베유는 기하학적 대상을, 그람시는 문학과 정치를, 맬컴 엑스는 역사와 철학과 종교를 연구한다. 이런 활동들에 무슨 공통점이 있단 말인가? 그렇다고 해서 우리가 흥미를 가진 종류의 지적 활동이 아무 대상이나 향하는 것은 아니다. 이를테면 소파 위에 늘어져 쉼 없이 텔레비전 채널을 바꾸는 행위는 여기서 우리가 다루는 지적 활동에 해당하지 않는다. 지적 활동은 내향성과 복잡성으로 인해 표면에 머무르기보다 **깊이**를 향하게 된다.

신학자이자 철학자였던 성 아우구스티누스는 지식이 사

적이고 덧없는 것으로부터 구체적이고 영속적인 것으로의 탈출을 가능하게 해준다고 적는다.

그렇다면 우리가 지혜를 얻고자 부지런히 노력할 때, 우리가 하는 일은 무엇인가? 우리는 있는 힘껏 기운을 모아 정신의 힘으로 가닿는 그곳에 우리의 영혼 전체를 단단히 뿌리내리려 하지 않는가? 그로써 덧없는 것들과 결부된 우리의 사사로운 소유물을 즐기는 대신, 시간과 공간의 속박을 전부 벗어던진 채 유일불변의 무언가를 이해하려는 게 아닌가?[27]

아우구스티누스의 관점에서 우리의 관습적 생활은 표면에서 영위된다. 우리는 아름답거나 유쾌한 경험을 추구하고, 집단 내에서 인정받는 명예를 추구한다. 하지만 지적인 노력은 우리를 사물의 표면이 아닌 안쪽 깊은 곳으로 데려간다.

자신이 깊이 마음을 쓰는 주제에 대해 강하게 주장을 펼칠 때 생겨나는 자의식을 생각해보자. 자신이 틀렸을지도 모른다는 사실을 알아차렸을 때 느끼는 갑작스러운 방향 상실감을 생각해보자. 특히 어려운 순간들에 이런 자의식은 우리 중심에 존재하는 빈 공간을 열어서 우리가 확신하고 감각하고 갈망하는 광범위한 임의의 대상들을 보게 해준다. 또는 위대한 소설가의 작품을 생각해보자. 소설가는 일상의 가장 단조로운 요소들을 연결하여 특정한 인간 공동체의 깊이와 높이를 드러내고, 독자 자신의 경험과, 수 세기의 역사와, 동물이나 화학 물질이나 채소나 먼 은하계의 천체를 비롯한 무언가와 공명하는 위대한 작용을 일으킨다. 이러한 두 사례는 지성이 어떻게 깊이까지 가닿는지 보여준다. 우리가 찾을 수 있는 사례는 그뿐만이 아니다.

아우구스티누스는 자전적 성격의 저서 《고백록》에서 무한히 풍부한 자기 성찰을 해나간다. 그는 유치한 장난에서 아담의 원죄를, 어릴 적 놀이에서 야심과 타인을 만족시키는 것에 대해 인간이 느끼는 황홀감을 발견한다. 자신이 품었던 강박적 정욕과 명성에 대한 갈망에서는 사회생활과 그것이 잘못되는 방식의 윤곽을 발견한다. 무엇보다도 아우구스티누스는 인간 정신의 역량에 매혹된다.

신이시여, 기억의 힘은 이렇듯 참으로 대단하여 제 안에서 무한한 내면의 공간을 열어줍니다. 그 가장 깊은 곳까지 가본 사람이 누가 있겠습니까? 그러나 기억이란 제 영혼의 힘이며, 저의 본성에 속해 있습니다. 실은 제가 저라는 존재를 온전히 파악할 수 없습니다. 그러니 저의 정신은 저의 정신을 전부 담아내기에는 크기가 부족한 셈입니다. 하지만 저의 정신이 담아내지 못한 그 부분은 어디에 있을 수 있단 말입니까?······

이런 질문이 떠오르자 저는 경이에 압도되어 거의 말문이 막혔습니다. 사람들은 먼 곳으로 떠나 높은 산과 파도치는 바다를, 굽이쳐 흐르는 커다란 강을, 끝없이 펼쳐진 망망대해를, 별들의 운행을 보며 놀라움을 금치 못하지만 정작 자기 자신은 눈여겨보지 않습니다. 제가 그 모든 것을 눈으로 보지 않고도 이야기할 수 있다는 사실 또한 놀랍게 여기지 않습니다. 제가 보았던 높은 산과 바다와 강과 별들에 대해, 그리고 제가 남들에게 들어 알게 된 망망대해에 대해 이야기할 수 있는 것은 그것들을 저의 기억 속으로 불러와 그것들이 저의 바깥에 존재하는 양 먼 거리에서 볼 수 있기 때문인데도 그 점에 대해서는 놀라지 않습니다.[28]

아우구스티누스는 드넓은 자연 세계를 기억하고, 상상하고, 정신 속으로 불러올 수 있다. 그러나 그의 내적 자아에는 그 이상의 능력이 있다. 내면의 깊은 곳에서 그는 행복의 속성, 신 자체, 모든 것의 출처와 기원, 이 모든 것에 다가갈 수 있다.

아우구스티누스의 《고백록》도 천 년이 넘는 세월 동안 독자들에게 무한한 깨달음을 주는 원천이 되었으며, 오늘날에도 여전히 사물의 본질을 알고자 하는 사람들을 매료시킨다. 독자는 이 책에 대한 자신의 부정적인 반응을 실마리 삼아 무언가를 알아낼 수도 있고, 아우구스티누스의 이야기를 따라가다가 어느 지점에선가 둘러가는 길로 빠질 수도 있고, 처음부터 끝까지 아우구스티누스를 따라간 다음 그보다 더 멀리 나아갈 수도 있다. 혹은 과거의 여러 독자들처럼 자기 자신을 위해 아우구스티누스라는 사람을 이해하려고 노력하면서 평생을 보낼 수도 있다.

지성이 우리에게 불가해한 깊이와 넓이를 열어준다는

사실에 의구심이 든다면, 잠시만 시간을 내어 자연 애호가들의 연구를 살펴보았으면 한다. 자연의 존재들은 어쨌든 구체적이고, 외적이며, 물질적 실재에 뿌리내리고 있으므로 변덕스러운 인간 마음과 무한한 인격적 창조주인 신 그리고 날카로운 존재론적 질문보다는 단순하고 다루기 쉽다.

18세기 천재 아마추어 천문학자였던 윌리엄 허셜William Herschel과 그의 여동생 캐럴라인 허셜Caroline Herschel은 자연 속에서 발견할 수 있는 깊이를 보여주는 훌륭한 증인이다.[29] 윌리엄은 28세의 나이로 영국 바스에 살면서 오르간 연주자이자 음악 교사로 활동하던 중 천체 관측에 푹 빠져 보퍼트 광장의 정원에서 몇 시간이고 밤하늘의 달과 별을 바라보곤 했다. 그는 천문학적 계산과 추측에 관해 탐독하더니 이내 직접 망원경을 만들기 시작했다. 그렇게 5년을 보낸 뒤 그는 독일에 살던 여동생을 영국으로 불러 점점 커져가는 천문학 사업과 살림을 돕게 했다. 캐럴라인은 성장이 일찍 멈추어 키가 매우 작았고, 어릴 적 앓았던 질병으로 인해 얼굴엔 흉터가 남아 있었다. 어머니와 큰오빠는 캐럴라인을 학대하고 방치했으며 그가 공부하는 걸 못마땅하게 여겼지만, 캐럴라인은 굴하지 않고 있는 힘껏 배우려 애썼다. 천문학을 만나고는 비로소 날개를 펴기 시작했다.

윌리엄과 캐럴라인은 힘을 모아 왕립 천문대의 망원경을 비롯해 영국에서 알려진 어떤 것보다 더 크고, 더 강력하고, 더 정교한 망원경을 제작했다. 그러기 위해 여러 날 많은 시간 끊임없이 렌즈를 연마하는 고통스러운 작업에 몰두해야 했다. 캐럴라인이 윌리엄의 입에 음식을 넣어주면서 16시간 동안 쉬지 않고 연마 작업을 진행하기도 했다. 그런 노력 끝에 완성된 망원경을 이용해 윌리엄은 1781년 해왕성을 발견했다. 두 사람은 훗날 더 작은 이동식 망원경을 만들었고, 그 망원경을 사용하여 캐럴라인은 뛰어난 혜성 발견자의 소명을 완수할 수 있었다.

윌리엄과 캐럴라인은 밤하늘을 속속들이 알았고, 천문도를 보지 않고도 별과 행성을 찾을 수 있었으며, 누구도 보거나 알지 못했던 대상들을 발견할 수 있었다. 윌리엄은 당시로서는 드물게도 우주에 깊이가 있다고 상상했다. 고대인들이 고정된 별들의 구체라고 생각했던 우주를 보면서, 그는 별들이 빛나는 광활하고 공허한 공간을 그려낼 수 있었다. 18세기만 해도 사람들은 은하수가 우리 눈에 보이는 것처럼 납작한 표면이라고 생각했다. 하지만 윌리엄은 우리가 은하수를 옆에서 보고 있기 때문에 둥근 형태가 가려졌을 뿐, 실제 은하수는 헤아릴 수 없이 깊은 우주를 향해 바깥으로 뻗어나간다고 상상했다.

허셜 남매와 대략 동시대를 살았던 독일 낭만주의 시인 괴테는 이십대 후반부터 몇몇 자연 현상에 관심을 기울이기 시작했다.[30] 그의 제일가는 관심사는 지질학과 광물이었으며, 그 결실로 탄생한 글이 화강암에 대한 논문이다. 그는 미생물을 연구했고, 훗날에는 구름과 박무, 기상으로 관심을 넓혔으며, 빛과 색의 속성에 대해서도 폭넓게 탐구했다. 괴테가 서른일곱의 나이에 떠나 기록한 이탈리아 여행기에는 이러한 관심사가 모두 담겨 있다. 그는 암석층, 특수한 광물, 산 정상을 에워싸는 안개, 그리고 새로운 열정의 대상인 식물에 대해 글을 썼다.

이탈리아에서 괴테는 식물원을 방문했고, 야생 나무와 농경법을 관찰했으며, 견본과 흥미로운 사례들을 수집했다. 파두아의 한 식물원을 방문한 뒤에 적은 글에서 그는 모든 식물이 단 한 종류의 식물에서 기원했다고 추측했다. 이탈리아에 체류한 2년 동안 그는 자신이 찾아낸 증거들을 바탕으로 좀 더 소박한 새로운 이론을 주장했다. 그리고 1790년에 쓴 에세이 《식물변형론 The Metamorphosis of Plants》에 한해살이 식물의 근원이 잎이라는 이론을 담아냈다.[31] 그가 관심을 가졌던 식물의 부위와 형태의 기원 및 속성을 연구하는 식물학 분야를 '형태학 morphology'이라고 한다.

괴테는 각종 한해살이 식물의 성장과 발달을 관찰했고, 꽃의 가장 바깥에 위치한 꽃잎의 적어도 일부는 잎이라는 사실에 주목했다. 연구 결과 그는 꽃받침이 작은 줄기잎들이 모여 만들어졌음을 알게 되었다. 한때 잎이었던 꽃잎은 수축하여 생식기관(꽃밥, 암술대, 암술머리)이 되기도 하고, 반대로 생식기관이 다시 꽃잎이 되기도 한다. 씨앗에서 처음으로 생성되는 부위인 잎은 직접 씨앗을 만들어내는데, 이 사실을 가장 극명하게 보여주는 부위는 홀씨가 가득 들어 있는 양치식물의 잎이다. 더 작은 마디들이 돋아나는 마디의 눈은 그 지점에서 온전히 식물 하나가 돋아날 수 있다는 점에서 씨앗과 유사하다. 괴테는 식물의 생장과 재생산 전체를 잎을 기준으로 일어나는 확장, 수축, 융합, 분열, 그리고 씨앗에서 마디를 거쳐 잎을 향하는 순행적 변형과 그 반대 방향으로 이루어지는 역행적 변형이라는 일련의 변화들로 설명한다. 식물의 각 부위는 어떤 의미에서 그 자체로 하나의 식물이다. 그럼에도 여러 부위로 이루어진 식물은 조화로운 하나의 전체를 이루고 있다.

이탈리아 여행기에서 괴테는 한해살이 식물의 원리를 발견했던 일을 이렇게 설명한다.

팔레르모의 공공 수목원을 거닐다가 불현듯 우리가 흔히 **잎**이라고 하는 식물의 기관에 어떠한 식물의 형태로든 자기 모습을 숨기거나 드러낼 수 있는 진정한 프로테우스*가 깃들어 있다는 깨달음을 얻었다. 처음부터 끝까지 식물은 다른 무엇도 아닌 그저 잎일 뿐이다. 잎은 훗날 식물이 새로이 틔워 올릴 싹과 뗄 수 없는 관계라서 둘을 따로 생각할 수 없다.[32]

괴테와의 첫 만남에서 그의 식물론을 들은 시인 프리드리히 실러는 탄복했다. "그건 한낱 관찰이 아니라 하나의 사상입니다!"[33] 하지만 괴테 본인은 현실의 많은 부분이 한눈에 보이는 사물의 표면 아래 숨어 있다고 생각했다. 다음 글에서 그의 생각이 드러난다.

---

* 그리스신화에서 자유자재로 모습을 바꾸는 변신술을 지닌 바다의 신.

어떤 현상의 고유한 개념을 인식하려 할 때, 우리는 그것이 우리의 감각과 모순을 일으키는 일이 잦다는—심지어 일반적이라는—사실에 혼란을 느낀다. 코페르니쿠스의 천동설은 이해하기 어려운 개념을 바탕으로 하며 지금까지도 우리가 매일 느끼는 감각과 모순을 일으킨다. 그러니 우리는 우리가 보지도 이해하지도 못하는 무언가를 그저 흉내 낼 뿐이다. 식물의 변형 역시 같은 방식으로 우리의 감각과 모순을 일으킨다.[34]

지구가 태양을 공전한다는 사실이 우리 눈에 전혀 보이지 않는다면(괴테가 지적하듯 우리는 여전히 해가 뜨고 진다고 말한다), 우리는 현실이 많은 경우에 우리에게 보이지 않으며, 감각적 지각을 넘어서는 인지 능력의 소유자가 아니라면 현실을 제대로 볼 수 없다고 짐작해야 마땅하다.

하지만 그럼에도《식물변형론》은 분명히 두 눈을 상상하기 어려울 정도로 신중하고 엄격하게 활용하여 만들어낸 결과물이다. 이탈리아 여행 초기에 괴테는 이렇게 말했다. "우리가 익히 아는 식물은 다른 익숙한 사물들과 비슷하다. 결국 우리는 그것에 대해 아예 생각하기를 그만둔다. 하지만 생각하지 않고 보는 것에 어떤 의미가 있겠는가?"[35] 우리는 관찰이 단순히 현실과 접촉하는 행위라고 생각한다. 하지만 무언가를 반복적으로 보다가 익숙해지는 지경에 이르면, 그것은 더 이상 우리 눈에 보이지 않게 된다. 그것을 있는 그대로 보기 위해서는 두 눈과 더불어 정신을 활용해야만 한다.

괴테는 식물에 대해 열렬한 관심을 품고 식물학 연구를 시작했으나, 그의 인생을 통틀어 볼 때 식물학을 연구한 기간은 길지 않았다. 이탈리아 여행에 오른 시점부터 형태학 논문을 출간하기까지 걸린 시간은 고작 4년이었다. 괴테의 이탈리아 여행기에도 식물학과 무관한 여러 관심사가 적혀 있다. 현대의 전기 연구가들은 괴테가 식물학을 비롯해 전반적인 과학에 품었던 관심에 대해 거의 언급하지 않으며, 그의 저작과 활동을 다루는 수천 쪽의 책에서 고작 한두 문장으로 짚고 넘어갈 따름이다.

어쩌면 18세기가 아마추어 자연 연구의 황금기였던 건지도 모르겠다. 오늘날의 아마추어가 당시와 같은 성취를 이루는 것은 불가능해 보인다. 그러나 깊이 있는 자연 경험은 우리의 생각보다 가까이에 있다. 1967년 경이로운 연구서 《송골매를 찾아서》를 펴낸 존 베이커John Baker를 생각해보자. 베이커는 영국 에식스에서 사무직으로 일하면서 10년 동안 송골매를 따라 자전거와 도보로 온 나라를 돌아다녔다.[36] 근시가 있고 류머티즘성 관절염을 앓는 사람에게 신체적으로 상당히 부담이 되었을 것이다. 그러나 베이커는 그 결과로 송골매의 먹이와 비행 패턴, 복잡한 사냥법, 송골매가 인간에게 느끼는 두려움을 누그러뜨리는 방법을 익힐 수 있었다. 베이커는 그렇게 10년 넘게 기록한 방대한 일지를 압축하여, 한 남자가 6개월의 이동철 동안 매일 송골매 한 마리를 뒤쫓는 허구의 이야기를 담은 한 권의 얇은 책으로 펴냈다.

베이커가 송골매에게 대단히 열중했다는 사실은 자연

세계의 아름다움과 두려움을 동시에 환기하게끔 신중하게 세공된 그의 문장에서 가늠할 수 있다.[37] 베이커는 냉혹한 자연을 있는 그대로 포착하려 노력하되 인간의 방식대로 해석하는 일은 지양한다. 하지만 물론 그 역시 인간이기에 다른 방식은 알지 못한다. 그가 사용할 수 있는 유일한 도구는 인간에게 양립 불가능하게 느껴지는 의미들을 병치함으로써 독자를 불편하게 만드는 것이다. 어느 대목에서 그는 평화롭고 전원적인 뒤뜰을 배경으로 펼쳐지는 폭력 행위를 묘사한다. "부리로 벌레를 쪼고 달팽이를 내리쳐 부수는 잔디밭의 생기 넘치는 육식동물인 서늘한 눈빛의 개똥지빠귀를 생각해보자. 우리는 그의 노랫소리를 감상적으로 들어서도, 그의 노래를 지탱해주는 살해를 잊어서도 안 될 일이다."[38] 그는 야외와 자연을 평화롭게 묘사하면서 독자를 안심시키다가 불현듯 눈앞에 펼쳐진 장면에서 살육이 일어나고 있음을 폭로하여 독자를 놀라게 한다.

강어귀로 밀물이 들고 있었다. 잠든 섭금류 새들이 염습지를 가득 메웠고 물떼새들은 쉼 없이 들썩거리고 있었다. 나는 매가 창공에서 하강하길 기다렸지만, 매는 반대로 내륙에서 낮게 날아왔다. 새카만 초승달 모양의 매가 염습지를 가로지르자 민물도요 한 무리가 벌 떼처럼 빽빽하게 날아올랐다. 매는 은빛 물고기 떼 사이의 검은 상어마냥 민물도요 무리를 뚫고 날아올라 요동치고 거꾸러졌다. 별안간 아래로 찌르듯 내려오더니 빙글빙글 돌던 새들을 걷어내고는 홀로 떨어져 나온 민물도요 한 마리를 쫓아 하늘 높이 치솟았다. 민물도요는 마치 천천히 매를 향해 돌아가는 것처럼 보이더니 매의 어두운 윤곽으로 들어가서 다시는 나타나지 않았다. 어떠한 잔혹함도 폭력도 없었다. 손가락으로 벌레를 짓이기는 인간처럼 간단하게 매가 발을 뻗어 민물도요의 심장을 움켜잡고 쥐어짰다. 매는 나른하고 편안하게 활강하여 섬의 느릅나무에 앉더니 먹이의 깃털을 뽑고 먹기 시작했다.[39]

베이커는 그가 세운 원칙에 따라, 자신의 감정과 반응 역시 급강하하는 새의 날갯짓과 다름없이 신중하게 보고한다. "나의 눈은 매를 한없이 갈망한다. 매의 눈이 갈매기와 비둘기 같은 유혹적인 먹잇감을 향해 휙 돌아가고 확장되는 것처럼, 나의 눈은 황홀한 격정에 차서 매를 향해 깜박거린다."[40] 이 표현은 단순히 은유로 의도된 것이 아니다. 베이커가 송골매에 보이는 관심은 송골매가 먹이에 보이는 관심과 닮아 있다. 이야기가 진행될수록 베이커는 점점 더 송골매와 비슷해진다. "피의 하루. 태양과 눈과 피의 하루. 붉은 핏빛이라니! 이 어찌나 쓸데없는 형용사인지. 흰 눈 위를 흐르는 피처럼 아름답고 풍부한 붉은색은 존재하지 않는다. 정신과 몸이 혐오하는 것을 눈은 사랑할 수 있다니 기묘한 일이다."[41] 송골매의 방식으로 송골매를 이해하고, 송골매의 세계에 몸소 들어가려 한 베이커의 노력은 사냥하는 송골매와 자신을 동일시하고, 송골매가 사랑하는 살생을 받아들이는 것으로 끝난다.

평론가 조지 스타이너는 우리에게는 우리가 받아들이거나 이해하는 것에 대해 책임지거나 답할 의무가 있다고 썼다. 어떤 예술 작품이나 인간 문화를 접했을 때 우리의 적절한 반응은 그것을 개인적으로 받아들이고 자신을 몰입시키는 것이라는 주장이다.[42] 자유로운 성인으로서 독서하고 탐구하는 일은 곧 자신의 변화를 허락하는 근사한 책임을 지는 일이다. 이때 일어나는 변화가 틀림없이 긍정적인 것이라면 무릇 독서와 사유에는 어떠한 위험도 따르지 않을 것이며, 사유의 자유가 지니는 의미도 지금처럼 묵직하지 않을 것이다. 스타이너가 의미하는 바에 따르면, 베이커는 송골매에 대해 "답할 수 있는" 독자다. 그는 송골매를 자기 존재 안으로 끌어들이고, 가능한 한 그들과 하나가 된다. 목숨을 걸고 개종한 맬컴 엑스나 고고학적 유물을 지켜낸 칼레드 알아사드와는 아주 다른 방식이긴 하지만, 베이커 역시 송골매 연구에 인생을 걸었다.

10년 동안 한 종류의 새를 바라본다. 3년 동안 한해살이 식물의 정수가 자라나는 모습을 지켜본다. 20년 동안 밤하늘에 심취한다. 자연에 대한 연구는 확실히 여가의 한 유형일 수 있다. 허셜 남매는 연구하며 지낸 여러 해 동안 단 한 사람의 전문 천문학자와도 접촉하지 않았으며, 그들의 작업을 인정하고 격려하고 지원하는 사람은커녕 단순히 그들이 무얼 하고 있는지 아는 사람도 없었다. 대조적으로 괴테는 그와 뜻을 같이하는 유명하고 명망 있는 지식인 공동체에 속해 있었지만, 그의 연구에는 오늘날 전문가들이 부러워할 법한 자유가 있다. 베이커는 출판사에서 선금을 받거나 학계의 지원을 받는 일 없이 매를 연구했다. 그의 연구를 지원한 사람은 오로지 그의 아내 한 사람이었고, 그를 이끈 건 매혹과 고립과 도덕적 분노가 전부였다. 자연을 공부하는 사람들은 세상 밖으로 나아간 것처럼 보이지만, 알고 보면 독서광이나 교도소에 갇힌 수학자 못지않게 세상에서 물러나 여가를 누리고 있다.

진실을 향한 탈출

자연 세계가 인간의 영역 못지않게 풍요로운 깊이를 드러낸다면, 그 역시 틀림없이 지적 관조의 대상으로서 적합할 것이다. 허셜 남매, 괴테, 베이커는 각각 천체, 식물, 새라는 구체적인 대상을 관조했다. 그런데 전통적으로 자연에 대한 탐구는 진리에 대한 탐색으로 여겨지기도 한다.

이탈리아의 유대계 작가 프리모 레비 Primo Levi는 갈수록 억압이 심해지던 2차 세계대전 직전과 아우슈비츠에 수감되었던 시절, 그리고 종전 후 점령된 이탈리아에서 화학 연구가 어떻게 자신을 지탱해주었는지에 관해 글을 썼다. 그가 무솔리니 정권하에서 자신과 산드로라는 건장한 시골 청년이 화학과 물리 연구에 어떤 영향을 받았는지에 관해 적은 글을 살펴보자.

마지막으로 근본적인 질문이 남는다. 정직하고 마음이 열린 사람이었던 산드로가 파시스트들이 주장하는 진실의 악취가 온 하늘로 퍼져나가고 있다는 걸 알아차리지 못했을까? 인간은 생각하는 존재이거늘, 생각하지 않고 믿게끔 강요받는 것이 치욕스럽진 않았을까? 그 모든 독단과 증명되지 않은 확언과 명령에 혐오감을 느끼지 않았을까? 틀림없이 느꼈을 것이다. 그런 그가 어떻게 우리의 학문에서 새로운 존엄과 당당함을 느끼지 않을 수 있었겠는가? 우리를 살아가게 하는 화학과 물리가 그 자체로 우리가 살아가는 데 반드시 필요한 자양분을 제공할 뿐 아니라, 그와 내가 찾고 있던 파시즘의 해독제이기도 하다는 사실을 어떻게 무시할 수 있었겠는가? 우리의 학문은 명료하고, 뚜렷하며, 모든 단계에서 증명이 가능하므로 거짓말과 공허함으로 점철된 라디오와 신문과는 다르다는 사실을 어떻게 간과할 수 있었겠는가?[43]

레비는 과학적 진실을 추구하는 행위가 파시스트 정권이 자기 이익을 위해 꾸며내는 거짓말, 뉴스와 '정보'를 퍼뜨리는 기관들뿐 아니라 학교에서도 공포하는 거짓말에 대적할 필수 해독제라고 받아들인다. 누군가에게 거짓말을 한다는 건 그 사람이 세상에 대해 취하고 있는 열린 태도와 인식하고 이성적 판단을 내리는 힘을 자신이 원하는 것을 쟁취하는 수단으로 이용하는 행위다. 아내와 정부 둘 다를 원하는 사람은 둘 다를 얻기 위해 거짓말을 한다. 아침을 평화롭고 고요하게 보내고 싶은 사람은 직장이나 집에서 분란을 일으킬 만한 진실을 은폐한다. 사적 거짓말은 청자의 이성적 판단 뿐 아니라 어려운 진실로 인해 심란해지고 싶지 않다는 청자의 갈망에도 호소한다.

공적 거짓말도 규모가 더 커졌을 뿐 원리는 동일하다. 정치 지도자는 위협을 과장함으로써 자신의 중요성을 증대시킨다. 청자들이 자신의 안녕과 이를 좌지우지하는 사실들에 염려를 품고 있다는 점을 이용하고, 불확실성과 약함에 대한 자연스러운 두려움과 힘에 대한 환상 둘 다에 호소한다. 성공한 지도자일수록 거짓말 의존도는 더 높아진다. 전쟁의 모호한 가능성은 이내 적이 이유 없이 공격을 시작했으며 이미 우리 목전까지 들이닥쳤다는 직접적 거짓말로 바뀐다. 말과 이야기는 거짓된 현실을 보여주는 수단으로 사용될뿐더러 방송 내용을 채워서 다른 현실이 알려질 여지를 몰아낸다. 이러한 거짓말은 청자인 우리 안에서 공명을 일으키고 굳건히 자리를 잡는다. 우리가 겪고 있는 박탈이 일시적인 것이라고, 고통을 없앨 방법이 있다고, 군사행동이 우리의 정당성과 힘을 보여주었다고 가장하는 거짓말은 우리의 귀에도 달콤하기 때문이다.

비천한 목적을 섬기는 거짓말은 이성적 믿음이라는 인간의 존엄한 능력을 부정한다. 반대로 어떤 대가를 치르더라도 진실을 추구하는 행위는 부정당한 존엄을 회복시키고, 세상의 기반이 거짓말보다 더 단단하다는 사실을 기억하게끔 한다. 그래서 레비는 화학으로 도피한다. 그에게 화학은 마음대로 굽혀지지도 왜곡되지도 않음으로써 인간의 환상을 허물어뜨리는 가차 없는 현실이다. 레비의 저서 《주기율표》에는 그가 학생 시절 물리학 조교의 보조로서 벤젠을 증류했던 경험이 묘사되어 있다. 증류의 마지막 단계에서 사용되는 칼륨은 극미량이라도 물과 접촉할 경우 연소한다. 레비는 마지막 남은 칼륨 덩어리를 제거했다고 생각하지만, 플라스크는 그의 손안에서 폭발한다. 아주 작은 칼륨 입자가 플라스크 바닥에 남아 있었던 것이다. 화합물의 속성은 매정하리만큼 현실적이다. 진실을 숨길 수는 있을지 몰라도 인간이 뜻하는 대로 바꿔놓을 수는 없다.

그런데 거짓말이 횡행하는 사회 환경이 세상에 얼마나 흔할까? 전체주의 정권이 아니라면 찾기 어려운 게 아닐까? 프랑스 정치철학자 이브 시몽Yves Simon은 전체주의 환경에서 진실을 추구하는 것이 중요하다는 레비의 통찰을 더 일반적으로 적용해야 마땅하다고 주장했다. 어느 사회 집단에서나 거짓말에 대한 끊임없는 감시가 필요하다는 것이다. 가톨릭 신자이자 반나치주의자였던 시몽은 전시 망명자의 관점에서 프랑스 비시 정권이 나치에 부역하는 참혹한 광경을 지켜보았다. 그는 자신이 처한 환경이 얼핏 특이해 보이지만—조국에 대한 그의 깊은 충성심에 내적 분열을 일으키고 세계 역사에 남은 전쟁의 한복판이었다—사실은 대단히 평범하다는 사실을 알아차렸다. 사유와 사회적 생활 사이의 긴장은 언제 어디에서나 발견된다. 시몽은 말했다. "나는 어떤 사회 집단의 지배적 사고방식에 막대한 양의 거짓말이 내포되어 있지 않은 경우를 알지 못하며 상상할 수도 없다. 그러므로 어찌할 도리 없이 선택은 둘 중 하나다. 거짓을 좋아하거나, 그럴 수 없다면 일상생활의 친숙한 환경을 싫어해야 한다."⁴⁴

시몽은 사회적 생활에 거짓이 만연한 반면, 한 사람의 온전한 인간성을 지켜내는 데 반드시 진실이 필요하다면, 사실상 인간은 타인과 함께하는 일상생활을 견딜 수 없다고 보았다. 결국 사회적 일상생활이라는 것은 무엇으로 구성되는가? 다른 집단을 폄하하는 발언들, 분노를 유발하는 소문이나 이야깃거리, 빨치산들이 정치적으로 유리한 여론을 조성하기 위해 발굴해낸 뉴스, 비방의 대상이 되는 라이벌보다 딱히 나을 바 없는 조직에 대한 조악한 충성 서약. 이 모든 것이 사회적 생활이라는 직물을 이루는 근본적 요소이며, 시몽이 살았던 시대나 지금 우리가 살아가는 시대처럼 사회적 생활이 고도로 정치화된 시대에는 더욱 그러하다. 우리가 말하는 것은 어떠한 이득을 얻기 위해서다. 우리는 편안함을 느끼기 위해, 불안을 다독이기 위해, 우리를 둘러싼 권력과 지위 싸움에서 어떠한 역할을 해내기 위해 말한다. 우리가 어떤 진실을 소통하려는 목적으로 말하는 일은 드물다.⁴⁵ 이렇게 우리의 말은 청자를 폄훼하고, 도구화하며, 그의 존엄을 부정한다.

시몽은 우리가 아끼는 친구와 가족의 거짓말과 허위를 직면하는 것은 어렵다고 말한다. 우리는 거짓말과 허위를 우리 자신에게서 분리하고 우리와 정반대인 사람들에게, 예를 들어 (우리가 가난하다면) 부자에게, (우리가 부자라면) 빈자에게, (우리가 진보 정당을 지지한다면) 보수 정당 지지자에게, (우리가 보수 정당을 지지한다면) 진보 정당 지지자에게 결부한다.

그로써 우리는 거짓에 빠져 살아가는 다른 사람들과 달리 거짓에서 탈출한 행세를 한다. 우리가 속한 사회 계층이나 집단으로 인해 우리에게는 특별히 진실에 대한 접근권이 주어졌다고 믿고자 한다. 따라서 진실과 허위에 초점을 맞추는 작업은 우리 자신에게서 시작해야 한다.

> 반대하고 반항하는 태도는 그 대상과 나 사이에 안전한 거리가 존재할 경우 매력적으로 느껴진다. 하지만 내가 '아니요'라고 말하는 대상이 거짓이라면, 나의 주위에서 만들어지고 전파되는 거짓은 물론이고 내 안에서 솟아오르는 거짓이기도 하다면, 내가 향하는 목적지는 두려운 고독이며 물도 길도 없는 사막의 나라다. 그곳에서 가장 소중한 동반자들은 나를 떠날 것이다. 나의 습관과 취향과 열정은 나를 배반할 것이다. 오로지 진실 외에는 어디도 의지할 곳 없이 맨몸으로 덜덜 떨면서 나는 앞으로 나아갈 것이다.[46]

남들과 달리 자신은 거짓과 허위의 힘에서 자유롭다고 믿는 만족스러운 자기기만에서 벗어난 사람은 "사막의 나라"에서 고립되고 길 잃은 자신을 발견하게 된다. 여기서 시몽은 경제적 상황의 불운한 변동이 아닌 인간 조건에 의한 빈곤, 즉 사회적 위안을 얻기 위해 진실과 존엄을 포기해야 하는 빈곤에 대해 이야기하고 있다. 이러한 빈곤은 지적인 삶이 요구하는 고독과 내향성과 물러남의 귀결인 소외라고도 할 수 있다. 시몽은 진실을 찾고자 하는 갈망이 어떠한 희생을 요구하고 얼마나 외로운 것인지 우리에게 환기시킨다.

　밀물처럼 밀려오는 거짓과 허위에서 도피하는 또 다른 길은 벌을 기르거나 토마토를 키우거나 뜨개질을 하거나 숲속을 산책하거나 기도를 드리는 것과 같은 단순한 행동에 있다. 지적인 삶은 여러 도피처 가운데 하나일 따름이다. 하지만 단순한 행동으로 도피하려 할 때조차 우리 대부분은 지적 극기라는 버거운 훈련과 엄격하고도 내밀하게 자기 영혼을 탐구하는 과정을 거쳐야 한다. 빛나는 명확성을 지닌 지적 대상들과 과거를 살아가며 글을 써서 남긴 수많은 인간 영혼들이 우리를 인도하고 도울 것이다.

금욕주의

제우스께서 인간을 지혜로 인도하시되
괴로움을 통해서만 배움을 얻는 법칙을 주셨으니
잠들지 못한 마음 앞에 방울져 떨어지는 것은
고통을 깨워내는 번민이라. 지혜는
원치 않는 자에게도
고고한 왕좌 위 신들의
가혹한 은총으로 내려오는 법.
　　　　　　　　　―아이스킬로스, 《아가멤논》

　프리모 레비와 이브 시몽의 사례는 세상으로부터의 탈

출이 단순히 숨겨진 공간으로 물러나거나, 내면 세계에 집중하기 위해 외부 세계에 대한 주의를 거둬들이는 문제가 아님을 보여준다. 지적인 삶은 우리 안에 존재하는 것들로부터 등을 돌리는 금욕주의의 일종이다. 진실을 알고 이해하고 통찰을 얻고자 하는 우리의 갈망은 다른 갈망들과 끊임없이 충돌한다. 사회적으로 수용되거나 편안하게 살고 싶은 갈망, 특정한 개인 목표를 이루거나 바람직한 정치적 성과를 내고 싶은 갈망은 지적 갈망과 상충한다. 그러므로 지적 활동을 위한 후퇴에는 단순한 탈출 이상의 기능이 있다. 뒤로 물러남으로써 우리는 세상과의 사이에 유익한 거리를 확보하고, 우리의 다른 안건들을 제쳐두고 사물을 있는 그대로 고찰할 공간에 머무르게 된다. 사유하고 성찰할 때, 우리는 진실과 상충하는 우리의 다른 갈망들보다 진실에 대한 갈망을 앞세우려고 노력한다. 부드러운 장벽들을 옆으로 밀치고, 비현실적 기대들이 켜켜이 쌓여 만들어낸 단단한 막을 깎아낸다. 바로 이런 이유로 인해 지적인 삶은 곧 규율이자, 계속해서 자신을 극복해나가는 고된 노력과 연습의 산물이다. 정신의 삶에 잠시라도 관심을 가져보았다면 누구나 환상과 현실의 충돌을 느꼈을 것이다. 학문을 정복하겠노라 꿈꾸며 기말 보고서를 쓰기 시작하지만, 결과물은 주제에 내포된 현실적 문제들과 복잡하게 얽힌 하찮은 글이기 마련이다.

비현실적 기대가 현실에 부딪혀 허물어지는 현상이야말로 프리모 레비가 화학을 사랑한 이유였다. 실험은 성공하거나 실패한다. 소립자 이론은 증명되거나 증명되지 못한다. 특정 물질을 특정 방식으로 제조하는 것은 가능하거나 불가능하다. 결과를 정하는 건 우리 자신이 아니라 물질과 도구다. 어떤 단어나 역사 속 사상의 기원을 설명한 어느 학자의 몇 권짜리 저서가 우연히 발견된 한 단락의 글로 인해 모조리 무의미해질 수 있다. 어디 구석진 박물관의 유물 아래에 숨겨진 필사본, 천 년 전 어느 동굴에 새겨진 몇 개의 문장, 우리가 잘 안다고 생각했던 글이 적히기 전에 같은 자리에 적혔다가 지워진 글이 하나의 이론을 순식간에 허물어뜨릴 수 있다. 현실을 결정하는 건 우리 자신이 아니다.

 심지어 문학 역시 금욕적이다. 우리는 소설 속 인물이 아무리 좋아도, 예를 들어 제인 오스틴의《오만과 편견》속 엘리자베스 베넷이 아무리 마음에 들더라도 그녀가 실수하고 있다는 사실을 인정해야 한다. 우리는 윌라 캐더의 소설《우리 중 하나》의 결말이 해피엔딩이길 바라지만, 주어진 현실에 비추어 볼 때 그것이 불가능하다는 걸 안다. 이런 방식으로 문학 작품 역시 세상에 대해 우리가 알고 싶지 않은 사실을 밝혀준다. 시카고 가축 사육장에서 일하는 노동자들의 처우를 폭로한 업턴 싱클레어의 1906년 작《정글》은 상업용 육류가 어떠한 비인간적 이윤 추구의 체계에서 생산되는지 낱낱이 보여준다. (당시 미국 대통령 시어도어 루스벨트가 이 소설을 읽고는 아침으로 나온 소시지를 치우며 "지금까지 독을 먹었군!"이라고 말했다는 설이 있다.)[47] 별다른 생각 없이 베이컨을 먹어 치울 수 있는 편안한 삶에 대한 우리의 갈망은 우리와 더불어 살아가는 사람들이나 우리 자신의 건강에 대한 기본적 존중과 양립할 수 없는 것으로 밝혀진다.

지적인 삶의 금욕주의는 우리가 인생 전반의 금욕주의라고 부르는 것과도 관계된다. 암 치료제가 효과를 발휘할 수도 있고 발휘하지 못할 수도 있다. 목공이나 엔지니어는 언제나 그럴듯한 포부를 안고 작업을 시작하지만, 결국은 재료의 한계를 받아들여야만 한다. 아무리 소중한 옷이라 해도 지워지지 않는 얼룩은 어찌할 방도가 없다. 회사는 얼마든지 직원을 고용하고 해고할 수 있지만, 결국 회사의 일을 해줄 사람은 회사에서 일하는 사람뿐이다. 우리에게 주어진 현실과 만나는 것, 그 만남으로 우리의 갈망과 희망을 허물어뜨리는 것은 인간으로 존재하는 일의 핵심적인 부분이다. 배움은 언제나 역경이라는 학교에서 이루어진다.

난제: 억압은 필수인가?

특히 우리 영어 화자들 사이에서 다시 한번 대담하게 가난을 찬양할 필요가 있다. 우리는 문자 그대로 가난해지는 것을 두려워해왔다. 우리는 자기 내면의 삶을 단순화하고 구원하기 위해 가난을 선택한 사람들을 경멸한다. 돈벌이의 아수라장에 뛰어들지 않으면 무기력하고 야심이 부족한 사람으로 취급한다. 우리에게는 고대에 가난이 안겨준 해방이 어떤 의미였는지 상상할 힘조차 남아 있지 않다. 물질적 속박으로부터의 자유로움, 매수되지 않는 영혼, 대담한 무관심, 우리가 소유한 것이 아닌 우리의 존재 자체로 자기 삶의 길을 헤쳐나가는 힘, 언제라도 책임 없이 우리의 삶을 내던질 권리. 가난한 삶은 요컨대 더 강건한 재질과 투지 있는 형태의 삶이다.

—윌리엄 제임스, 《종교적 경험의 다양성》

다른 어떤 목적도 아닌 배움 자체를 위해 배움을 추구하는 진실하고 진정한 공부가 빈곤과 결핍, 감금, 심각한 정치적 억압에서만 발견된다고 상상해보자. 그렇다면 지적 생활의 진정성에 이끌리는 사람들은 어떻게 행동하는 게 좋을까? 학계라는 그물망의 바깥에서 진리를 추구하겠다는 희망을 품고 일부러 시험을 망쳐야 할까? 우리의 존엄을 지키기 위해 교도소에 들어갈 방법을 찾아야 할까? 관계자들이 우리의 고귀한 야심에 공감해주지 않는다면, 일부러 경범죄라도 저질러야 할까? 프랑스 비시 정권이나 이탈리아 파시스트 정권처럼 극악한 정치적 상황이 닥치기를 기다려야 할까? 안락함과 지위를 추구하는 버릇을 고치기 위해 번듯한 직장을 그만두고 건물 관리인이나 폐품 수집가로 전직해야 할까?

지난 시대에는 이런 모험들이 지금만큼 드물지 않았다. 시몬 페트르망이 집필한 철학자 시몬 베유의 전기(《불꽃의 여자 시몬 베유》)에서 인상적인 한 장면을 살펴보자. 1930년대 초 파리의 좌파 정치집단 내에서는 소책자, 원칙, 사상을 무기 삼아 서로 공격하는 내분이 분주하게 일어났다. 한동안 이에 휘말려 있던 베유는 한 해 동안 철학을 가르치는 일을 쉬고 공장에서 일한다는 결단을 내린다. 그렇게 1년 동안 그는 오로지 자신의 수입에만 의존해 살아가며, 노동 할당량을 채우지 못했다는 이유로 한 차례 이상 해고된다. 쉽게 아프고, 허약하며, 존중받는 삶에 익숙했던 베유는 가난한 보통 사람들이 하는 고된 노동 속에서 자신의 생각들이 먼지처럼 스러지는 것을 목격한다. 그는 친구에게 보내는 편지에 이렇게 적었다. "저번에 말하는 걸 잊었는데, 우리 공장 얘기야. 여기 온 뒤로 **단 한번도** 누가 사회 문제에 대해 이야기하는 걸 들은 적이 없어. 노동조합에 대해서든 당에 대해서든 아무도 얘기하지 않아."[48]

일부러 가난해지려고 노력했던 사람이 베유 혼자는 아니었다. 20세기의 많은 헌신적인 좌파 활동가들이 부와 지위를 포기하고 노동자들과의 연대를 추구했다. 백인이었던 존 하워드 그리핀은 피부에 어두운 색소를 주입하고 자신이 모르는 1959년 미시시피의 이면을 경험하고자 했다.[49] 영성 작가 캐서린 도허티는 자발적 가난을 선택한 자신의 삶을 왕실이나 귀족 가문을 버리고 가난한 자들 가운데서 살아 있는 그리스도의 모습을 찾고자 했던 조국 러시아의 순례자와 은둔자, 거룩한 천치들과 비교했다.[50] 이렇듯 속세를 포기하고 누군가를 발견하는 여정이 다시 한번 매력적이고 흥미롭고 멋지게 여겨진다면, 이 또한 나쁘지 않을 것이다.[51] 하지만 그렇다고 해서 이런 희생이 반드시 필요하다는 뜻은 아니다.

여기서 다시 한번 소크라테스의 사례가 우리에게 유익해진다. 플라톤은 자신의 스승을 부에 철저히 무관심하고 철학적 논의에만 빠져 있는 사람으로 묘사한다. 플라톤은 소크라테스의 입을 빌려 지금껏 인류가 쓴 글 가운데 가장 고매한 지성 세계의 묘사를 전한다. 그가 그리는 지성 세계는 일상 경험의 대상을 초월하고, 진실과 미덕의 원천이 태양처럼 빛나며, 그것들을 한번 만나면 다시는 떠나고 싶지 않은 곳이다. 하지만 소크라테스는 이렇듯 지성과 지적 활동에 헌신했음에도 결국은 자신의 국가에 속한 사람이다. 그는 화려한 만찬에 참석하고, 심지어 상황에 맞게 옷을 차려입기까지 한다. 요직에 있는 관리들과 유명 지식인들과 논쟁을 벌이며, 언제나 친구들과 추종자들에게 둘러싸인 모습으로 묘사된다.

    플라톤의 설명에 의하면, 신을 믿지 않는다는 이유로 아테네에서 재판에 회부된 소크라테스는 배심원들에게 자신이 전쟁 중 아테네를 위해 용맹하게 싸웠으며 짧았던 독재 정권 동안에는 불법적 명령에 저항했음을 상기시킨다.[52] 게다가 소크라테스는 동료 시민들에게 끊임없이 철학적 질문을 던지고, 등에처럼 시민들을 귀찮게 건드려서 그들이 가진 삶의 가치관에 의문을 제기하게끔 한 자신의 행동이 시민에 대한 봉사라고 주장한다. 스스럼없이 권력자들의 신경을 긁는 모습을 보건대, 소크라테스는 그들 사이에서 자신의 평판이 어떨지 개의치 않는다. 자연스럽게 우리는 소크라테스가 비겁하게 타협하라는 유혹을 뿌리치고 그를 꼬드기는 방향의 반대로 나아가는 힘의 근원이 지적 헌신, 열정적 철학 활동, 탁월한 논리에 있다는 결론에 이른다. 소크라테스가 사회생활에 거리를 두고 지성에 헌신하고 있다는 사실이 명확히 드러나는 순간은 철학을 포기하지 않으면 사형이나 추방형을 당할 거라고 위협받았을 때다. 재판, 투옥, 처형은 소크라테스에게 주어지는 마지막 시험이다. 그는 국가에 속한 사람이지만 다른 무엇보다도 철학을 사랑한다. 철학이야말로 그의 인생을 조직하는 궁극적 목적이다.

중세의 신비주의 신학자였던 십자가의 성 요한은 영혼이 모든 감각의 일에서(즉 욕망의 대상이 되는 모든 신체와 세속의 대상에서), 신이 아닌 모든 것에서 떨어져 나오는 과정을 묘사했다.[53] 신을 향해 나아가는 영적 여정의 3단계 중 첫 단계는 그가 묘사한 "감각의 밤"에 들어서는 것이다. 감각의 밤 다음으로는 신앙의 밤이 찾아오고, 마지막으로 영혼의 어두운 밤에 영혼은 신과 가장 긴밀하게 결합된다. 그가 이야기한 감각에서의 분리는 내가 세상으로부터 물러난다고 표현한 것과 닮아 있다. 둘 다 우리가 평소에 주의를 기울이는 것들과의 연결을 끊고, 그것들이 의식을 지배하지 못하도록 하는 것이다. 성 요한은 금욕적이고 엄격한 사상가였지만, 감각에서 분리되는 길이 단지 감각의 대상을 실제로 박탈하는 것이라고 믿지는 않았다. 어쨌든 욕망의 대상이 되는 모든 신체적 세속적 대상을 완전히 포기하는 것은 불가능하다. 인식하고 욕망하는 인간의 동력을 전원을 끄듯이 꺼버릴 수는 없는 법이다. 원하는 쪽을 향하도록 다이얼을 돌려놓을 수는 있겠지만, 그래도 수신은 계속된다. 다행히 우리 영혼에는 어떤 대상이 현실에 존재하더라도 그 대상에 집착하지 않는 능력이 있다. 영혼의 초점과 갈망이 다른 곳을 향하고 있을 때, 우리는 거부해야 마땅한 대상들에 궁극적으로 집착하지 않으면서 그것들을 소유할 수 있다.

십자가의 성 요한이 인식과 갈망에, 나아가 모든 신체적이고 세속적인 것들에 기괴한 적의를 품었다고 여길 수도 있다. 무엇 하러 우리 자신을 차단하길 원해야 한단 말인가? 하지만 맨 처음 살펴보았던 사례들을 잠시만 떠올려보자. 독서광 르네에게 숨겨진 독서실이 있는 건 무엇 때문인가? 초라한 감방이나 소박한 특허사무소 사무실이 우리에게 유용한 건 무엇 때문인가? 지치고 마음이 어지러울 때 우리가 산이나 바다로 떠나는 이유는 무엇 때문인가? 단언컨대 이것들은 우리의 감각 경험을 제한함으로써 규율하는 흔한 해법이다. 감각은 우리에게 아름다움과 즐거움을 선사하지만, 감각이라는 경로를 통해 공허한 쾌락, 강박적 흥미를 일으키는 행동, 부와 지위를 과시하는 부속물들 또한 우리에게 도달한다. 우리 눈은 플라톤의 대화와 기하학 도해를 자세히 들여다본다. 뾰족한 얼음과 별이 빛나는 밤하늘과 갓 태어난 아기를 본다. 우리 눈은 도넛과 다이아몬드, SNS, 스포츠카를 탄 유명 인사들 역시 본다. 감각에 지배된다는 것은 감각이 우리에게 보여주는 것 앞에서 무력해진다는 것, 불행하게도 한 대상에서 다음 대상으로 가없이 끌려다닌다는 뜻이다.

그렇다면 십자가의 성 요한에게 시각적 대상을 부정하고 거부한다는 건 어떤 의미였을까? 예를 들어 내가 남들의 선망에 얽매이는 사람이라면, 선망을 사기 위한 목표들에 끌려다닐 것이다. 링컨 차를 산 다음엔 페라리를 원할 것이고,

젊은 트로피 와이프와 결혼한 다음엔 더 젊은 트로피 와이프를 원할 것이다. 하지만 나는 남들의 선망과는 무관한 다른 이유로 내가 소유한 링컨 차나 내가 결혼한 여자를 사랑할 수 있다. 장난기 많은 옆집 소녀와 사랑에 빠져 결혼했고, 그녀가 끔찍한 병에 걸려 외모가 변해도 그녀의 곁을 변함없이 지켰다면, 그 점을 확실히 증명할 수 있을 것이다. 자동차의 경우, 차라면 무엇이든 환영이었을 시기에 우연히 내게 링컨 차가 주어졌을 수도 있다. 내가 링컨 차를 좋아하는 이유가 남들의 시선이 아니라 견고한 부품과 편안한 장거리 주행 능력 때문일 수도 있다. 혹은 링컨 차를 모는 게 나 자신을 다스리는 규율일 수도 있다. 이 차로 허세를 채우고 더 나쁜 것들에 마음이 끌리지 않길 희망하는 것이다.

어떤 사치품을 소유한다는 게 반드시 사치를 중하게 여긴다는 뜻은 아니듯, 십자가의 성 요한은 무언가를 본다고 해서 반드시 시각에 지배받는 건 아니라고 주장한다. 그 근거로 그가 제시하는 인물은 바로 다윗 왕이다. (전통적으로 〈시편〉의 저자로 여겨지는) 다윗 왕은 자신이 가난한 사람이라고 거듭 말한다. 그런데 이스라엘의 왕이 어떻게 가난할 수 있단 말인가? 성 요한은 다윗 왕의 가난함은 그의 의지에 있다고 주장한다. 그의 마음은 부를 "열망하지" 않는다. 그는 부의 추구에 얽매이지 않는다. 그는 부를 소유하고 있지만, 그에 대해 크게 신경 쓰지 않는다. 링컨 차에 집착하지 않는 운전자의 링컨 차처럼, 다윗 왕에게 부는 단지 목적을 위한 수단일 뿐이다. 마찬가지로 부를 사랑하고 중하게 여기는 사람은 가난하더라도 자신의 가난에서 어떠한 이득도 얻지 못한다. 성요한은 영적 규율의 목표가 결핍 자체가 아니라 초연함이라는 결론에 이른다.

그런 까닭에 우리는 이러한 초연함을 영혼의 밤이라고 부른다. 여기서 우리가 다루는 것은 대상의 부재가 아니기 때문이다. 대상이 부재하더라도 영혼이 여전히 그 대상을 바란다면, 이를 진정한 초연함이라고 부를 수는 없다. 우리가 다루는 것은 대상에 대한 선호와 갈망으로부터의 초연함이다. 초연함 덕분에 영혼은 어떤 대상을 소유하고 있더라도 그 대상으로부터 자유롭고 텅 빈 상태가 될 수 있다. 세속적 대상은 영혼 안으로 들어올 수 없으므로 영혼을 옭아매고 해칠 수 없다. 영혼을 옭아매고 해칠 수 있는 것은 그 안에 들어와 머무르는 의지와 욕망이다.[54]

다윗 왕이 자신을 가난한 사람이라고 칭할 때, 그가 의미하는 바는 자신이 부를 가볍게 대하며 부는 그에게 궁극적 목적도 가장 소중한 소유물도 아니라는 것이다. 그는 부에 대한 사랑과 신에 대한 사랑 사이에서 선택해야 하는 상황에 놓일 경우 자신이 신을 택하리라는 희망을 피력하고 있다.

중요한 건 우리가 사랑하는 대상이 무엇이고, 그것을 사랑하는 이유가 무엇인지다. 외적인 생활 방식, 문자 그대로의 결핍, 네 개의 시멘트벽 안에 감금된 상태, 미사여구로 방송 전파를 채우는 독재자는 우리가 사랑하는 것이 무엇인지 밝혀주므로 유용하지만 본질이 아니다. 우리는 지독한 자기기만에 빠질 수 있다. 자신에 대해 실제보다 위안이 되는 이미지를 믿고, 자신이 어디에 집착하거나 초연하는지에 대해 멋대로 상상의 나래를 펼치곤 한다. 하지만 진정한 고통 앞에서 환상은 산산이 깨어진다. 물리적 가난, 실패, 굴욕, 투옥, 정치적 억압은 우리를 가혹한 시험에 들게 하며, 이러한 심판대에 올랐을 때 비로소 우리가 궁극적으로 헌신하고자 하는 바가 드러난다.

무엇을 위해서인가

인간은 자연에서 가장 약한 한 줄기 갈대에 불과하다. 그러나 인간은 생각하는 갈대다. 그를 부수기 위해 온 우주가 무장할 필요는 없다. 한 줄기의 수증기, 한 개의 물방울이면 충분히 그를 파괴할 수 있다. 하지만 우주가 인간을 으스러뜨린다 해도 인간은 그를 죽인 우주보다 존귀할 것이다. 자신이 죽는다는 사실을, 우주가 자신보다 훨씬 힘이 세다는 사실을 알고 있기 때문이다. 그러나 우주는 아무것도 모른다.
생각하는 갈대. 나의 존엄은 공간에서 찾을 것이 아니라, 내 생각을 다스리는 일에서 찾아야 한다. 온 세상을 가진다 해도 나의 수중에는 더해지는 것이 없다. 공간으로써 우주는 나를 원자처럼 둘러싸고 삼킨다. 생각으로써 나는 세상을 이해한다.

—파스칼,《팡세》

배움 자체를 위한 배움을 금욕주의의 한 유형으로 설명할 때 중요한 질문 하나가 제기된다. 고통과 희생은 그 자체로 미덕일까? 우리는 정확히 무엇을 위해 이런 형태의 희생을 실천하며, 어떤 목적으로 괴로운 규율을 감내하는가? 지금까지 내가 묘사한 인물들이 영위한 내면의 삶은 음陰의 공간, 즉 그것이 무엇인지가 아니라 무엇이 아닌지에 의해 규정되는 공간이다. 내면의 삶은 경쟁과 순위, 이용과 도구화라는 개념에서 벗어나 있고, 빈곤과 단조로움, 괴로움, 감금, 지루함, 굴욕에서 멀리 떨어진 탈출의 공간이다. 비인간적 대우에 저항하고 반항하는 공간이기도 하다. 하지만 그게 **전부**일까? 공산주의자와 반공산주의자, 신자와 무신론자를 막론하고 사실상 모든 유형의 사람이 내면의 삶을 도피처로 삼는다는 사실에는 상당한 의미가 있다. 그 뜻인즉 내면의 삶은 심지어 지적인 삶조차도 정해진 내용을 갖지 않는다는 것이다. 의지의 힘으로 자신의 환경을 거스르고, **어떤 일이든** 뭔가를 해내는 것은 인간의 능력이다.

하지만 무엇이든 지적인 삶의 대상이 될 수 있다는 설명은 정확하지 않다. 세상에는 자신을 둘러싼 환경을 거부하고 헤로인이나 비디오게임에 빠져드는 사람도 있으며, 그의 행동은 자신의 존엄을 드러내기보다 자신의 가치를 저하시키는 것으로 여기는 편이 합당하다. 지금까지 우리가 살펴본 모든 사례에서 개인이 탈출하여 향하는 **목적지**에는 무언가 구체적이고, 실질적이고, 비인격적이며, 미덕인 것이 존재한다.

마리아가 관심을 품는 대상은 처음에는 구약성경에 담긴 이야기와 가르침이고, 다음으로는 신과의 만남이다. 아르키메데스, 아인슈타인, 앙드레 베유가 관심을 가지는 대상은 자연의 형태와 구조다. 그람시의 관심은 정치적 헌신과 그 뒷받침이 되는 사상들이다. 맬컴 엑스의 경우는 자신의 존엄을 보여주는 인류의 비전과 그 역사다. 소크라테스의 경우는 인간 존재의 본성에 대한 탐구다. 이런 다양한 대상들을 아우르는 공통점이 있을까?

어쩌면 지적인 삶에 **대상**보다는 **방향**이 있다고 생각하는 편이 옳을지도 모르겠다. 그 방향은 구체적인 것을 넘어 일반적인 것, 개별적인 것을 초월한 보편적인 것, 환상 뒤의 현실, 추함 아래의 아름다움, 폭력에 가려진 평화를 향해 나아가는 것이다. 우리는 사례에서 패턴을 찾고, 패턴에 가려진 사례를 찾는다. 한편으로 이로써 시인이자 평론가 매슈 아널드가 "인생에 대한 비평"이라고 한 지적 활동의 부정적 성향 역시 설명할 수 있다.[55] 공부에는 "이만하면 충분한" 것은 없고 언제나 "더 나아간" 것이 존재할 따름이다. 대조적으로 망상이나 기분 전환은 주어진 현실을 비판하지 않으며, 현실보다 덜한 것으로 만족하고 대체물을 제공할 뿐 현실을 넘어서려고 시도하지 않는다.

지적인 삶이 정해진 대상 없이 방향을 지닌다는 말은 역설일지도 모른다. 우리가 배움을 그 자체로 사랑할 때, 우리가 사랑하는 "더 나아간" 것이란 무엇일까? 다른 모든 것에 규율과 질서를 부과하는 이 갈망의 속성은 무엇일까? 돈이나 쾌락에 대한 강박적 갈망과 비슷해서 끝을 모르고 더 많은 것을 원하는 걸까? 아니면 최종 목적지라 부를 만한 종결점이 있는 걸까? 조지 스타이너는 모든 예술과 사상은 초월을 목표로 한다고, 즉 신이나 신의 부재에 가닿는 것을 목표로 한다고 주장한다.[56] 나로서는 이 주장이 지적인 삶이라는 현상을 적절하게 설명한다고 여겨진다. 물론 다른 설명도 가능할 것이다.

지적 활동을 할 때 지성은 즉각적 경험으로 주어진 것을 넘어서 뻗어나간다. 그러므로 비디오게임, 텔레비전 채널 돌리기, 포르노그래피처럼 그 자체로 추구되는 단순한 경험은 공부의 대상으로 간주되지 않는다. 그렇다면 지성은 우리를 '세상'으로부터 탈출하게 하기보다 우리 자신으로부터, 다시 말해 우리의 즉각적 경험과 그것이 일으키는 갈망과 충동으로부터 탈출하게 하는 셈이다. 사회적 순응은 남들과 어울리고 싶은 갈망에서 우러나온다. 사회적 경쟁은 남보다 우월해지고 싶은 갈망에서, 신체적 괴로움은 고통에 몸을 내맡기고 싶은 갈망에서 기인한다. 빈곤과 결핍은 우리에게 만족과 안락함과 쾌락을 느끼고 싶은 강렬한 갈망을 주입한다. 그 결과 우리는 앞에서 본 마틴 에덴이나 아마존 창고 노동자처럼 술 생각이 나고 오락거리를 찾게 된다.

우리가 처음에 탈출하고자 했던 '세상'은 알고 보면 우리 안에 있었다. 세상은 우리 외부에 존재하는 것이 아니라,

우리 안에 내재된 동기들에 존재한다. 배움에 대한 사랑을 실천한다는 것은 우리 안에 존재하는 최악의 자아를 탈출하여 더 나은 자신이 되는 것, 충분하지 않은 것과 마주쳤을 때 더 나은 것을 향해 손을 뻗는 것이다.

배움의 존엄

> 그들은 물으리라. 무엇이 우리를 살게끔 했느냐고
> 편지도 뉴스도 없이 벽만이 존재하는
> 차디찬 감방에서, 어리석은 공적 거짓말과
> 구역질 나는 배신의 약속 앞에서.
> 그러면 그들에게 나는 감옥 안에서 발견한 첫 아름다움에
> 대해 말해주리라.
> 서리로 뒤덮인 유리창! 밖을 내다볼 구멍도 벽도
> 창살도 기나긴 괴로움도 없이
> 작디작은 유리에 서린 푸르른 빛깔뿐.
> ─이리나 라투신스카야, 〈나는 살아내리라······〉

배움에 대한 사랑은 평범한 일상생활에서 숨겨질 수 있으며, 일반적 경험으로는 접근하기 어려운 인간성의 차원들을 열어준다. 공간과 시간의 구조나 수학적 정리를 이해할 능력, 아름다운 구절과 이미지와 풍경에 대한 감상, 지금 여기가 아닌 다른 시공간으로 건너가는 능력, 성찰하고 사유하고

망상을 꿰뚫어보는 역량, 이 모든 것이 인간성의 광휘를 이룬다. 정신적 탁월성, 즉 어떤 대상을 인식하고, 인식한 대상을 의식하고, 연구하고, 새로 상상하는 역량이 성장하면서 인간성은 찬란한 빛을 발한다. 허셜 남매의 눈은 밤하늘 전체를 받아들인 덕분에 남들과는 다르게 볼 수 있었다. 소설가 필립 로스는 프리모 레비가 근무했던 페인트 공장을 견학하면서 화학 물질의 냄새를 맡고 레비에게 그 냄새의 정체가 무엇이냐고 물었던 일을 회상한다. 레비는 미소를 띠고 말한다. "저는 개처럼 냄새를 알아차리고 이해합니다."[57] 그의 코는 물질과 그 조합들의 비밀을 알아내도록 훈련되어 있다.

인문학적 배움은 또한 (예컨대 인간적 반응이나 인간적 사건에 대한) 인식력의 탁월성을 기르는 것을 목표로 한다. 이를테면 문학을 연구한 결과, 자신이 엘리자베스 베넷처럼 자존심을 세우느라 타인을 있는 그대로 인식하지 못하고 있었다는 사실을 깨달을 수도 있다. 25세기 전 벌어진 아테네의 시라쿠사 침공이라는 우행을 공부한 결과, 현재 벌어지고 있는 국가 간 침공이 우행임을 알아차릴지도 모른다. 그러나 올림픽 다이빙 경기가 우리에게 경외심을 자아내는 이유가 실용성이 아니듯, 탁월한 인식력의 진정한 찬란함 역시 실용성에 있지 않다.

정신의 능력은 주위 환경에 의해 빚어진 우리의 동기들과 묘한 긴장 관계에 놓인다. 서비스 노동자나 젊은 고성취자에 대한 사회적 기대, 결혼을 준비하는 젊은 여성에게 지워지는 요구, 인종 분리와 차별, 수감 생활에 의한 고의적 인간성

위축에서 그러한 예를 찾을 수 있다. 다른 사람들이 우리를 대하는 방식은 우리가 생각하는 우리 자신의 이미지를 만들어낸다. 그 이미지는 통제해야 할 동물, 거래되는 소유물, 육체적 쾌락의 도구, 순위를 매기거나 밟고 올라가야 할 사회적 사다리의 발판일 수도 있다. 이런 이미지들에서 벗어날 때 우리는 자신에 대해 더 충만하고 진정한 사고를 회복하고, 그로써 더 충만하고 진정한 존재의 방식을 발견할 수 있다.

앞에서 내향성이 외적인 상황을 뚫고 빛을 발하는 존엄이라고 설명한 바 있다. 죽음 앞에서 농담을 던지는 소크라테스, 감옥에서 시들어가면서 자신을 언어로 쏟아내는 그람시, 시카고에서 안락한 생활을 하는 동안 마음속 사막에 고립된 이브 시몽. 이들을 볼 때 존엄이란 무엇이며, 그것이 지적인 삶으로 향하는 특별한 방식에 속하는 이유는 무엇인지 알아볼 의의가 있을 것이다.

이리나 두미트레스쿠*의 글에는 루마니아 정치범들이 서로에게 모스 부호를 가르치고 벽을 두드려 옆 감방으로 시를 전달했다는 이야기가 나온다. 끈에 매듭을 짓는 암호를 알려주는 사람들도 있었다. 시베리아로 유배당한 어느 루마니아 장교는 블랙베리 열매로 잉크를 만들어서 학창 시절 익힌 프랑스어 시를 적었다. 한 명 이상의 죄수가 교도소에서 보낸 시간이 "대학" 같았다고 묘사했다.[58]

러시아 반체제 인사인 이리나 라투신스카야Irina Ratushin-

---

* 독일 본대학교 중세영문학 교수.

skaya는 소련 당국에 의해 수감되었던 1980년대 초에 시를 저항의 수단으로 사용했다.[59] 교도소로 이송되는 열차 안에서도 라투신스카야는 다른 죄수와 접촉할 수 있을 때마다 시를 암송했다. 그가 직접 지은 시도 있었고, 고전 시도 있었다. 그가 외운 시는 글로 적히고 죄수들의 손에서 손으로 전해졌다. 글을 쓸 도구를 빼앗겼을 때는 비누 토막을 성냥으로 긁어서 시를 썼고, 시를 모두 외운 뒤에는 물에 씻어 없애버렸다. 라투신스카야는 가능할 때마다 담배 종이에 시를 옮겨 적었으며, 그 종이는 밀반출되어 서구에서 출판되었다. 석방되고 몇 년 뒤에 한 인터뷰에서 그는 말했다. "어떤 면에서 격동의 삶을 사는 건 행운입니다. 모든 게 너무 쉬워지면 삶에 대한 사랑과 열정을 잃기도 하거든요."[60] 과연 교도소 경험에 대한 그의 글에서는 남들을 뒤흔드는 열정이 환히 빛난다. 그의 열정은 자신을 수감한 사람들에게 저항하고, 다른 죄수들과 공동체를 이루고, 박탈과 모욕 앞에서 자신과 동료들의 존엄을 지키려는 것이다.

인간의 존엄이 난관에 처했을 때 가장 선명하게 빛나는 건 어째서일까? 교도소에 갇힌 여자가 비누에 시를 새겨 넣은 행위가 우리를 감동시키는 건 왜일까? 앞에서 이미 금욕주의가—어떤 미덕을 위해 희생하고 고통받는 것이—우리가 지닌 존엄의 핵심이라고 주장했다. 우리에겐 수많은 욕망과 충동과 염려가 있다. 그것들은 저마다 선하고 건전한 정도가 다르다. 그중 더 따르기 쉬운 목표는 덜 선하고, 이기적이고, 시시하고, 피상적이고, 심지어 잔인한 목표다. 우리는 노력하지 않아도 자연스럽게 그런 목표를 향해 떠내려간다. 반면 이해하고, 직시하고, 배우고, 감탄하려는 갈망을 따라 살기 위해서는 개인의 결의와 노력, 또는 외적인 강압에 의한 박탈이라는 행운이 필요하다.

피상적인 것과 자신에게만 유용한 것에 이끌리는 경향은 특정한 상황이나 개인의 성격으로 국한되지 않는다. 내 생각에 그 뿌리는 인간의 연약함 자체에, 그리고 우리의 연약함과 잠재적 탁월성 사이에서 일어나는 혼란스러운 충돌에 있다. 우리는 어둠의 장막 속에서 살아간다. 우리는 태어나고 죽으며, 파스칼이 말하듯 한 방울의 물도 우리의 생명을 끝내기에 충분하다. 우리는 피타고라스 정리를 증명하고, 빛의 무게를 측량하고, 달까지 갈 수 있지만, 뭉툭한 물건에 맞으면 으스러지고, 날카로운 것에 찔리면 우리 생명을 지탱하는 장기가 노출되며, 보이지 않는 전염의 분주하고 냉혹한 작용에 의해 안으로부터 녹아버릴 수도 있다.

인생은 공허하고 짧기에 우리는 상상과 환상의 영역에 이끌린다. 우리는 꼬리에 꼬리를 무는 승리와 잇따른 업적을, 고통 없는 무한한 쾌락을 상상한다. 죽음은 우리보다 열등한 존재에게만 찾아오는 것이라고 상상한다. 우리의 가치가 건강이나 남들에게 보여주는 건강에, 쾌락이나 남들에게 전시하는 쾌락에 있다고 상상한다. 우리의 가치는 극적이고 화려한 방식으로 일을 처리하는 모습과 남들의 칭찬과 군중의 찬사에 있다고 상상한다. 이런 것들로 우리가 보통 사람과는 다른 존재가 된다고, 피와 살로 만들어진 존재가 아니라 더 빛나고 내구성 있으며, 심지어 형언할 수조차 없는 비물질적 존재가 된다고 생각한다.

언젠가 호텔에 투숙하는 중 한밤에 화재가 난 적이 있다. 전에 나는 그런 상황이 오면 내가 곧바로 행동에 나설 거라고, 꼬마 아이들을 품에 안은 채 샹들리에를 붙들고 탈출할 거라고 상상했다. 상상 속 나는 아이들을 불타는 건물 밖으로 안전하게 내보내고 감사 인사를 받으면 소매에 묻은 재를 툭툭 털어내며 "천만에"라고 답한다. 상상 속 나는 적어도 몇 년을 거듭한 화재 훈련을 기억하고 내가 해야 하는 일을 똑바로 해낸다. 하지만 현실에서 나는 화재 경보에 짜증을 내고 다시 잠을 청했다. 그러다가 게슴츠레 눈을 떠보니 동행인이 정신을 바짝 차린 채 옆방 젊은 가족의 상태를 확인하고 (나를 포함해) 모두를 안전한 곳으로 이끄는 모습이 보였다. 재난은 즉시 우리를 정지시키고, 우리가 자신에 대해 품은 환상 역시 정지시킨다. 우리가 한껏 억누르고 있던 취약성이 표면으로 떠오른다. 우리는 우리가 우리라고 믿고 있던 그 사람이 아니다.

언젠가 보스턴 레드삭스의 투수 커트 실링이 플레이오프 경기에서 뉴욕 양키스를 상대로 승리를 거두는 모습을 보면서 눈을 뗄 수 없었던 기억이 난다. 임시로 봉합한 발목에서 피가 흘러나오는 게 뚜렷이 보였다. 실링은 고통과 약함에 맞서고 신체적 한계에 의도적으로 저항하면서 존엄이 어떠한 모습으로 나타날 수 있는지 보여준다. 한번은 동상으로 두 팔뚝을 못 쓰게 된 산악가의 이야기를 들은 적이 있다. 그는 팔뚝이 있던 자리에 아이스픽을 보철로 박아 넣은 뒤 사고 전보다 더 왕성하게 산에 올랐다. 테르모필레 전투에서 수천 명의 페르시아 군을 상대했던 300명의 스파르타 병사는 머리를 빗고 전투에 나가 마지막 한 사람까지 싸웠다. 그들의 존엄을 망상이나 현실 부정의 유형이라고 볼 수 있을까? 그들은 뼈와 육신으로 만들어져 언젠가는 먼지와 재가 될 운명이면서 그렇지 않은 척 허장성세를 부리는 것일까?

위에서 든 사례와 대조적으로 긴 투병 끝에 죽음을 마주한 어떤 사람을 생각해보자. 그는 명료한 시선으로 삶에 감사하며 괴로움을 솔직하게 받아들인다. 환상에 빠지거나 미래에 이런저런 일을 할 거라며 자신을 위안하지 않고, 죽음을 이겨낼 수 있는 시늉을 하지 않고, 인위적 연출로 삶을 끝맺을 시기나 방식을 통제하려 하지 않는다. 그의 태도에는 세상을 있는 그대로 마주하는 존엄이 있다. 이것이 파스칼이 말한 '생각'의 존엄이다.

아인슈타인이나 아리스토텔레스가 지닌 지적 탁월성의 존엄조차도 궁극의 존엄은 아니다. 아마 뛰어난 지성을 지녔지만 질환과 쇠락을 받아들이지 못해 유독 괴로워하는 사람을 본 적이 있을 것이다. 탁월해지기 위한 금욕적 규율 너머에는 우리 자신에게 품은 환상이 조용한 죽음을 맞도록 내려두고 현실을 있는 그대로 직면하는 규율이 존재한다.

인간의 연약함은 일종의 벌거벗음과 비슷하다. 아담과 하와처럼 우리는 우리가 벌거벗었고, 천 가지의 우발성에 노출되어 있으며, 우리가 존재하고 있는 것 자체가 우연이나 섭

1장 공부는 우리를 어디로 데려가는가

리 덕분이라는 것을 안다. 애써 벌거벗지 않은 것처럼 위장하려는 건 참으로 인간적인 행동이다. 하지만 여기에도 역설이 숨어 있다. 어차피 완벽하게 설득력 있는 위장이란 존재하지 않는다. 그래서 우리는 때때로 스스로에게 우리가 두른 것이 위장일 뿐이라는 사실을 상기시켜야 한다. 아무리 많은 산을 등정하고 무안타 투구를 펼치고 적을 무찔러도 이 사실은 달라지지 않는다. 언젠가 우리는 물처럼 쏟아지거나 벌레처럼 으깨어질 것이다. 파스칼은 이 사실을 인식하는 것이야말로 우리가 세상에 대해 거두는 궁극의 승리라고 단언한다.

    스파르타인의 존엄과 인간의 연약함을 정직하게 인정하고 현실을 직면하는 종류의 존엄에 공통점이 있다면, 그것은 **충동에 대한 저항**일 것이다. 커트 실링은 고통에 굴복하려는 충동에 저항한다. 스파르타인은 죽음의 두려움에 저항한다. 자신이 죽어간다는 사실을 솔직하게 인정하는 사람은 인간이 모든 것을 정복할 수 있다는 환상에 저항한다. 한데 고통과 두려움에 저항하는 미덕은 언젠가는 만만찮은 적수를 만나게 된다. 반대로 가장 겸허한 사람에게 주어지는 정직한 인식력의 미덕은 어떤 상황이든 정복할 수 있다.

    앞으로 나는 피상의 것을 추구하는 우리의 부정적 측면에 대해 더 파헤쳐보려 한다. 지금까지 우리의 긍정적 측면이 대략적으로나마 명확히 그려졌기를 바란다. 배움에 대한 사랑을 실천할 때 드러나듯이, 우리의 정신 혹은 지성의 능력은 알고 이해하고 진리로 향하는 길을 가로막는 방해물을 제거하고, 아름답거나 감탄스러운 대상을 관조하고, 심지어 우리 자신의 유한성과 연약함이라는 단순한 사실을 있는 그대로 인식하는 데까지 이른다.

이 책에서는 부득이하게 아인슈타인과 그람시, 앙드레 베유와 시몬 베유, 윌리엄 허셜과 캐럴라인 허셜, 괴테처럼 지적인 성취를 이뤄낸 인물들을 예로 들었다. 그러나 여가에 임하는 정신에서 탁월함은 전혀 중요하지 않다고는 할 수 없으나 기껏해야 일부에 지나지 않는다. 사실 무언가를 발견하는 능력이 남다르지 않아도 누구나 타인의 통찰을 자신의 정신으로 불러들여 자기 것으로 만들 수 있다. 아주 평범한 생활을 영위하면서도 자신이 질병과 죽음에 취약한 존재임을 상상하고 성찰하고 숙고할 수 있다. 우리 모두 환상에 빠지기 쉬우며, 따라서 망상에도 취약하다. 하지만 우리에게는 환상이 현실에 의해 깨지는 것을 보고 세상을 직시할 역량도 있다. 요컨대 인간성이란 결코 높은 성취를 이뤄낸 소수의 전유물이 아니다.

공동체와 인간의 핵심

어떠한 좋은 것, 무언가보다 더 나은 것에 집중할 때 우리는 우리 개인의 존엄을 드러내는 동시에 내가 '교감 communion'이라고 하는 깊은 인간적 연결이 이루어질 기틀을 쌓는다. 정치적 사회적 생활은 인간을 사회적 기대에 의해 한계 지어지는 존재로 폄훼하며 그 잣대는 주로 유용성이다. 그러나 지적인 삶은 유용성이 아닌 다른 기준으로 새로운 관계 맺기의 방식을 열어준다. 지적인 삶에서는 공통된 목표를 지닌 사람들 사이에서 생겨나는 상호 존중을 기반으로 새로운 인간관계가 맺어진다. 지금까지 우리가 살펴본 사례들에서 지적인 삶이 매우 고독했음을 감안하면, 이 주장이 뜻밖으로 느껴질 수 있다. 앞에서 본 배움에 대한 진정한 사랑의 실천은 우연히 처하게 된 고립 상태에서 이루어졌거나, 이브 시몽 또는 소크라테스처럼 동료 인간들에게서 소외되는 순교의 길로 내몰지 않았는가. 그러나 우리가 제일 먼저 살펴본 영화 〈고슴도치의 우아함〉에서는 지적 활동으로 가능해지는 특별한 형태의 인간적 연결을 발견할 수 있다. 향락으로 소일하던 맬컴 엑스를 처음 일깨운 것 역시 산처럼 쌓인 책이 아니라 통찰력을 품고 성찰하는 한 사람의 독서가였다.

 조너선 로즈Jonathan Rose는 2001년 저서 《영국 노동계급의 지적 생활The Intellectual Life of the British Working Classes》에서 18세기 말부터 20세기 초까지 빈곤층 남녀에게 독서와 공부가 미친 영향을 무수한 사례들로 소개한다. 이 책에 소개된 대부분의 사람들이 풀뿌리 운동에 참여했으며, 일부는 중산층이 주체가 된 지원 활동에서 혜택을 받았다. 1900년에 목축업자의 아들로 태어난 리처드 힐리어는 시인 앨프리드 테니슨의 작품을 읽는 경험을 이렇게 묘사한다.

색채를 띤 단어들이 번득이며 황홀한 공상을 자아냈다. 머릿속에 그림이 그려졌다. 단어들이 마법의 아브라카다브라

주문처럼 혼을 불러냈다. 잠들어 있던 상상력이 햇빛 아래 꽃처럼 피어났다. 집에서의 생활은 칙칙하고 단조로웠으며, 천편일률적인 일상에 빛을 밝혀줄 것이라곤 전무했다. 그러나 책 속에는 온전히 나의 것으로 누릴 수 있는 무한한 세상이 펼쳐져 있었다. 바다 깊은 곳에서 수면으로 올라와 처음으로 세상을 보는 기분이었다.[61]

힐리어는 "칙칙하고 단조로운" 천편일률적 일상생활과 책 속에서 발견되는 "무한한 세계"의 대조를 강조한다. 하지만 그의 관심사가 단순히 현실 세상을 탈출하거나 부정하는 것은 아니다. 오히려 그는 일상생활의 거짓된 단조로움과 위축을 뚫고 처음으로 현실을 보았다고 말한다. 그가 발견한 것은 덜 현실적인 것이 아닌 더 현실적인 것이다. 정신이 "햇빛 아래 꽃처럼" 피어났다는 것은 그의 내면에서 공명이 일어났고, 책 속에서 자신의 깊은 부분을 이해하는 느낌을 받았다는 뜻이다.

시와 문학이 이런 효과를 내는 건 어째서일까? 다른 글에서 힐리어는 시와 문학의 세계에 존재하는 보편성을 이야기하면서 문학의 효과를 설명한다. 책을 읽을 때 그는 그가 처한 특정한 상황을 벗어나 다른 시공간에 존재하며, 어디서든 가닿을 수 있는 더 광범위하게 인간적인 것과 접촉한다. 따라서 힐리어는 '계관시인'에 대한 선생님의 설명을 들으며 자신이 문학의 세계와 처음 조우하던 순간을 이렇게 묘사한다.

그렇게 10분 동안 [선생님은] 계속 ['계관시인'이라는 단어의 의미를] 설명했고, 그로써 나의 교육이 시작되었다. 벤 존슨과 카나리아제도산 포도주통,* 생일 기념 시, 그 밖의 모든 것들이 존재하는 세계에 나는 매혹되었다. 나의 정신이 껍데기를 깨고 나오기 시작했다. 여기, 내가 알아갈 수 있는 근사한 것들이 있었다. 지금까지 학교에서는 생활에 필요한 실용적이고 사소한 것들을 가르치는 데에만 집중하는 것 같았지만, 이제는 그것을 초월한 세계가 열리고 있었다. 새로운 종류의 지식은 나를 모든 시간과 공간으로 데려가주었다. 나는 어떤 사람이든 될 수 있었고, 모든 사람이 될 수 있었지만, 동시에 여전히 나 자신일 수 있었다.62

힐리어는 자신이 특정 시공간에 놓인 하나의 개인에서 모든 시공간에 연결될 수 있는 인간으로 확장되는 것을 느낀다. 우리는 다른 시대를 살다 간 시인들의 목소리를 직접 듣는다. 그들이 우리에게 직접 말을 건다고 느끼고 인식한다. 이런 교감은 오늘날의 독자들이 과거의 작가들, 그리고 그들이 쓴 인물과 주제와 상황에 깊은 친밀감을 느낄 때에만 가능할 것이다. 조너선 로즈의 연구에서 1822년 제화공의 딸로 태어난 메리 스미스는 이렇게 표현했다. "[셰익스피어, 드라이든, 골드스미스는] 인류를 위해 가슴으로부터 글을 쓴 사람들이고 나는 그저 어린아이일 뿐이지만 기쁜 마음으로 충분히

* 영국에서 전통적으로 계관시인에게 주어지는 선물이다.

그들을 뒤따를 수 있었다. 그들은 내 안에 잠들어 있던 청춘을 깨워주었고, 나는 사색하는 나의 마음이 인류 전체의 마음과 비슷하다는 사실을 처음으로 알아차렸다."[63] 스미스와 힐리어는 인간의 삶에 대한 문학적 성찰, 이야기, 노래, 서사시가 생사를 넘어 다른 인간과 유대하게 해준다는 사실을 발견했다. 공부로 인해 드러난 우리의 존엄은 타인과 공유되고, 우리를 다른 시공간의 타인과 연결하므로, 우리는 더 넓은 인간 공동체의 구성원이 되어 개인성을 보존할 수 있다.

스미스의 주장은 책 속에서 인종적 편견이라는 장막을 뛰어넘어 전 인류의 유대가 이루어진다는 W. E. B. 듀보이스*의 유명한 호소를 연상시킨다.

내가 셰익스피어의 곁에 앉아도 그는 놀라지 않는다. 피부색의 선을 넘어, 나는 미소 짓는 남자들과 환대하는 여자들이 유유히 거니는 금칠된 무도회장에서 발자크와 뒤마와 팔짱을 끼고 돌아다닌다. 강인한 대지와 별로 장식된 밤하늘 사이를 오가는 저녁의 동굴 바깥에서, 나는 아리스토텔레스와 아우렐리우스 그리고 내가 원하는 어떤 영혼이든 불러내고, 그들 모두가 조롱하거나 무시하는 기색 없이 친절하게 나를 찾아온다. 그렇게 진리와 하나가 되어 나는 장막 위에서 살아간다.[64]

* William Edward Burghardt Du Bois(1868-1963). 미국의 사회학자, 역사학자, 인권운동가. 흑인 해방을 위한 잡지 《크라이시스》를 주재하고, 흑인 해방운동과 평화운동에 힘썼다.

단순한 사회적 생활이 제공하는 것을 초월한 (진리라는) 목표에 헌신하고 있는 듀보이스는 책 속에서 인종 분리와 혐오로 분열된 지역의 인간 공동체와 달리 활짝 열린 공동체를 발견한다. 죽은 작가들은 인간성과 진리에 대한 관심이라는 공통분모를 지닌 듀보이스를 동료로 맞아들인다.

나는 세상에서 물러난 지적인 삶이 고독하다고 묘사했지만, 이제 보니 그 고독에는 이면이 있다. 지적인 삶이 고립되는 건 폄하와 유용성이라는 사회 세계의 기준을 거부하기 때문이다. 그러나 본질적으로 지적인 삶에서는 유용성을 기반으로 하지 않는 진정한 교감이 이루어지며, 그 상대는 살아 있는 동료 탐구자일 수도 있고 이미 세상을 떠난 작가일 수도 있다. 그리하여 공부는 메리 스미스가 작가들에게서 알아보고 자기 안에서도 발견한 "인류 전체의 마음"이나 "전 인류와의 유대감"에서 엿보이는 진정한 형태의 공동체를 키워낸다.

독자가 작가들에게 느끼는 인간적 교감은 함께 지적 활동에 참여하고 있는 피와 살을 지닌 사람들을 향한 인간적 교감으로 이어진다. 로즈의 책에서 1920년대에 교도소 수감자들에게 셰익스피어를 가르쳤던 강사는 셰익스피어의 희극 덕분에 수감자들이 다른 사람들과 공통점을 찾았을뿐더러 교사와 학생 사이의 거리가 좁혀졌다고 평한다.

희극을 공부하는 동안 내가 받은 교육으로 인해 학생들보다 내가 우월해지는 일은 없다 해도 무방했다. 우리의 토론거리였던 인생과 인물의 문제들에 있어 그들은 나 못지않게,

아니 나보다 더 지식과 경험이 많았다. 희극 중에서도 특히 셰익스피어의 작품에서 우리는 사회적 관습과 교육 기회의 차이에 의해 세워진 장벽을 모조리 무너뜨릴 수 있는 경험과 인간성이라는 공통의 근간을 찾게 되는 것 같다.[65]

강사는 공통의 인간성을 기반으로 함께 인생의 핵심 요소들을 탐구하면서 수감자와 봉사자 사이의 사회적 장벽이 사라졌다고 적는다. 누구에게나 비슷한 공통의 인생 경험 앞에서 전문가(교사)와 비전문가(학습자) 사이의 장벽은 허물어진다.

어떠한 일이든 의미 있는 작업을 하는 사람들 사이에서는 순수한 교감이 일어난다. 집을 짓는 건축자들은 누군가에게 주거지를 제공한다는 공동 프로젝트를 위해 서로 협력한다. 그들이 지은 집의 모양과 구조로 인해 집의 내부에는 생활할 공간이 만들어지고, 집의 외부는 어떤 동네의 풍경에 녹아들 것이다. 건축자들은 이 작업을 완수하기 위해 서로에게 의존한다. 공통의 목표 앞에서 그들 사이에 존재하는 정치, 종교, 사회 계급, 성격 차이는 모두 수그러든다. 여가 활동에도 이와 유사한 통합의 힘이 있다. 최근에 일식이 일어났을 때, 나는 델라웨어주의 어느 바닷가에 있었다. 서서히 태양이 사라져가는 장관 앞에서 서로 일면식도 없던 사람들은 하나가 되어 서로에게 안경을 빌려주고 밀짚모자의 구멍을 통해 일식의 이미지를 보여주었다. 극장, 콘서트홀, 영화관에서도 우리는 경이와 슬픔, 웃음, 긴장감과 두려움으로 하나가 된다.

배움 자체를 위한 배움에도 이러한 인간 공동체의 일반적 특징이 녹아 있다. 구성원들이 공통의 미덕과 대상을 향해 같은 쪽을 바라볼 때 공동체가 형성된다. 배움에 대한 사랑에 빠져 우리는 언어나 인공물의 아름다움을 추구하고, 진리를 위해 진리를 탐구하며, 경이롭고 궁금한 것을 찾으려 한다. 배움에 대한 사랑을 추구할 때 우리는 축적되고 공유된 경험의 대상에 대해 곰곰이 숙고한다. 세미나 자리에서 묵직한 질문이 나올수록 우리 사이의 장벽은 허물어지고, 우리는 생각지 못한 곳에 숨겨진 답을 찾고자 하나로 힘을 모은다.

이 지점까지는 배움이 여타의 일이나 여가 활동과 다르지 않다. 어떠한 대상에 함께 몰두할 때, 우리는 남들과의 차이를 잊는다. 모든 의미 있는 활동은 단순히 사회적 차원에서 타인의 인정과 호의를 얻고 권위, 명성, 지위를 추구하고 강화하는 것을 넘어 타인과 교감할 공간을 허락한다. 하지만 의미 있는 일 또는 여가 활동과 달리, 지성의 영역에서 우리에게 주어지는 것은 비단 이러한 공동체만이 아니다. 책, 사상, 인생에 대한 평범한 성찰, 이것은 모두 우리가 인간이기에 공통으로 지닌 것들에 대해 사유하는 방식이자, 우리 자신에 대해, 그리고 우리가 세상에 존재하는 방식에 대해 사유하는 방식일 수 있다. 인간의 강함과 약함에 대해, 사랑과 지식의 속성에 대해, 가족과 공동체와 권위에 대해, 인간 존재의 의미(그런 것이 있다면)에 대해 사유하는 방식일 수 있다. 우리 자신이 연구의 대상이 될 때, 전문성은 그 의미를 잃으며 도리어 걸림돌이 된다.

여가에 임한 정신이 소설, 영화, 역사, 철학, 또는 우리가 아는 사람들에 대한 신중한 탐구를 통해 우리 자신을 인간적으로 이해한다는 목표를 추구할 때, 우리가 공통으로 지닌 인간성의 문이 열리고 인생의 수많은 근본적인 질문과 원칙들이 덩달아 모습을 드러낸다. 바로 이런 원리로 인해 인문학적 배움에는 보통의 공동 작업이나 목표에서 우러난 교감에서 한 걸음 나아가 특별하고 희귀한 인간적 교감을 일으키는 힘이 있다. 〈고슴도치의 우아함〉은 경제 계급이 아니라 우리 인간성에 대한 공동의 성찰로 만들어진 대안으로서의 사회적 생활을 그린다. 그렇게 피어난 유대감은 사회 계급과 인종 집단, 남녀노소 사이의 장벽을 허물어뜨린다. 우리가 유대하는 상대는 죽은 작가와 살아 있는 세미나 구성원을 가리지 않으며, 그것은 우리 모두에게 공통의 본성, 인간으로서 공유하는 경험, 함께 지향하는 목표가 있기 때문이다.

지적인 삶의 소용은 무엇일까

지성은 우리를 역사와 국가를 초월하여 드넓은 인간 공동체로 이끎으로써 우리에게 삶의 지침을 준다. 배움에 대한 사랑은 우리가 지닌 인간성의 근본 요소이기에 우리는 여기서 다른 사람과 접점을 찾을뿐더러 인간으로 존재한다는 의미 지체를 이해하게 된다. 이는 포괄적 형태의 자기 이해이기도 하다. 듀보이스는 책 속에서 피부색으로 선이 그어지지 않은 세상을 발견한다. 메리 스미스가 표현했듯이 책 속에서 "인류 전체의 마음"을 찾은 사람도 있다. 하지만 때로 우리는 책을 읽으면서 우리가 인류 전체로 보았을 때 작은 하위 집단에 속해 있다는 걸 실감하기도 한다. 나는 소녀 시절 시작된 두 여자의 평생 우정을 그려낸 엘레나 페란테의 소설 나폴리 4부작에서 내가 다른 여자들과 나눈 우정의 요소들을 발견한다. 내가 알기로 남성 작가들은 포착해내지 못하는 면모들이다. 반대로 내가 열아홉 살에 처음 읽고 사랑하게 된 책 《맬컴 엑스 자서전》은 미국에서 인종차별의 대상이 되는 사람, 뒷골목의 삶을 사는 사람, 교도소에 갇힌 사람에게 나와는 전혀 다른 의미로 다가올 거라 확신한다.

세상에는 자신이 속한 국가, 인종 집단, 사회적 지위를 칭송하며 자신이 적으로 상상하는 존재들을 폄하하는 맹목적인 애국주의 문학과 철학, 과학도 존재한다. 그러나 훌륭한 책이라면 무릇 우리를 우리 안에 존재하는 인류 공통의 인간성으로 인도하고, 인간을 현실적 형상으로 그려낸다는 기준에 부합해야 할 것이다. 이런 형상은 나폴리 4부작의 특정 여성 인물이나 맬컴 엑스의 자서전 속 아프리카계 미국인 인물을 통하여, 그리고 그들을 초월하여 나타난다. 문학비평가 조지 스타이너는 예술가의 작업이 "명료히 표현되지 않는 사적인 것을 인간이 인식하는 일반의 문제로 번역해내는 일"이라고 적는다.[66] 과연 위의 작품들은 사회적으로 폄하되는 소수 집단의 독자를 겨냥하고 있지만, 그 집단의 경험을 "인간이 인식하는 일반의 문제", 즉 우리가 공통으로 지닌 경험과 존엄이라는 인간적 광휘와 연결하지 않았더라면, 지금처럼 감동을 주지 못할 것이다.[67] 이런 종류의 책에서 우리는 인간적 광휘와 사회적 폄하 사이에 존재하는 긴장을 느끼고 비통해진다. 물론 작가와 젠더나 인종이 같은 독자에게는 그 긴장이 더 첨예하게 느껴지고 세부분이 더 현실적으로 다가올 것이다.

그래서 가장 정치적인 책은 가장 마음 아픈 책이기도 하다. 호메로스의《일리아스》에서 우리는 작가가 속한 민족의 손에 파괴될 사람들의 용맹과 선함을 속절없이 지켜볼 수밖에 없다. 그리스인들이 문화적 통합을 이뤄내는 결정적 순간, 그 배경에는 학살의 강이 흐른다. 시인은 죽은 사람을 하나하나 헤아리며 그의 부모와 신부를 기억하고 짓밟힌 희망의 총계를 낸다. 현대 문학에서 비슷한 사례를 찾으라면 스페인 내전을 다룬 호세 마리아 히로네야José María Gironella의 소설《사이프러스 나무는 신을 믿는다The Cypresses Believe in God》를 들 수 있다.[68] 독자는 전시 바르셀로나에서 차츰 고조되는 폭력으로 인해 친구, 이웃, 가족 간의 인간적 유대가 천천히 해어지는 것을 목격하게 된다. 잇따르는 참극 속에서 개인은 차츰 분쟁의 어느 편에 서야만 한다. 한쪽 사람들은 오만한 태도로 가난한 사람들을 방치한다. 다른 쪽 사람들은 종교를 혐오하며 개인적 혼돈에 빠져 있다. 거창한 용어들을 남발하는 냉혹한 파시스트보다 어수선하고 인간적인 좌파에게 더 공감하던 독자는 좌파가 행하는 살인 행위의 범위와 속성을 직시하고 난처해진다. 좋은 문학은 인간이 냉혹한 현실 앞에서 우리의 당파적 신념을 깨뜨린다.

지적인 삶은 보통 인본주의에 전념하므로 정치를 초월한다. 아무리 훌륭한 정치에도 파벌의 존재는 불가피하다. 정치에는 분열과 동맹, '우리 대 남들'의 대립 구도가 일으키는 감정적 동력이 필요하기 때문이다. 그러나 공통된 문화, 공통의 헌신, 공통으로 선택한 삶이 수반되지 않는다면, 분열은 정치적 유용성을 잃고 그저 유해해질 수 있으며, 목적을 이루기 위한 여느 수단과 마찬가지로 그 자체로 만족스럽게 느껴질 수 있다. 그래서 우리는 소셜 미디어가 주도하는 정치에서 세상을 피상적으로 살아간다. 겉으로 드러나는 승리에 도취되고, 겉으로 드러나는 차질에 격분하며, 우리가 인식하는 것들이 현실 세계에 실제로 미치는 영향에 대해선 모르고 지나간다. 하지만 정치는 올바로 작동하고 있을 때조차 함께하는 노력보다는 경쟁의 성격을 띤다.

지적인 삶의 초점이 더 넓은 층위의 인간적 관심사라는 사실은 과학자들이 국경을 초월하여 협력하는 모습으로 오랫동안 증명되어왔다. 국제적 학자 공동체나 '학문 공화국'이라는 개념은 배움의 공동체가 국경도 군대도 없는 단일한 국가임을 암시한다. 유럽이 종교 전쟁과 종교 박해로 떠들썩했던 17세기에도 지식인들 사이에서는 분쟁을 초월한 유대가 이루어졌다.

르네상스 시대 후기의 교황청 도서관 사서 루카스 홀스테니우스Lucas Holstenius는 가톨릭으로 개종한 인물로, 필사본을 확보하고 성경 판본을 제작하는 문제에서 개신교도들과 영역 다툼을 벌였다.[69] 그러나 그러한 다툼은 어디까지나 부수적이었다. 홀스테니우스는 본질적으로 드넓은 아량을 베풀었다. 개신교 학자들과 친분을 유지하며 그들에게 책을 빌려주었고, 귀한 장서들이 소장된 바티칸의 넓은 도서관에서 그들이 필요한 책을 찾도록 도왔다. 개신교도였던 시인 존 밀턴도 홀스테니우스의 손님 중 하나였다. 그는 《실낙원》에서 악마의 무의미한 궤변을 가톨릭 학자들의 개똥철학과 비교하고(2권), 지옥에 떨어지게 될 가톨릭 신자들에 대한 그의 묘사에서는("태아와 천치, 은자와 수사들", 3권) 숨길 수 없는 즐거움이 느껴진다. 그러한 밀턴이 홀스테니우스에게 깊은 감사를 전하는 편지를 쓴 적이 있다.

> 박학다식한 홀스테니우스께, 당신께 이토록 후한 환대를 받은 우리나라 사람이 저 혼자인지, 아니면…… 이것이 당신의 분명한 습관인지 저는 알지 못합니다. 만일 전자라면 당신께서 저를 친분이라는 유대를 쌓기를 바랄 만큼 가치 있는 사람으로 남들과 다르게 특별히 여기신 것이니 이러한 뜻에 대해 스스로 자랑스럽게 여기지 않을 수 없으며, 저의 공로보다는 당신의 훌륭한 인품을 기릴 것입니다.[70]

함께 배우고 이해하고자 하는 탐구의 여정은 대학살과 거리의 싸움과 입씨름보다 높은 층위에서 이루어진다.

지적인 삶에는 어떤 소용이 있을까? 지적인 삶은 고통으로부터 도피처가 되어주고, 개인의 존엄을 상기시키며, 통찰과 이해의 원천이자 인간의 열망이 자라나는 정원이다. 지적인 삶은 벽의 움푹 파인 공간과 같아서 그 안으로 들어가는 사람은 눈앞의 논쟁에서 잠시나마 한 발짝 물러나 시야를 넓히고, 자신이 상속받은 보편 인류의 유산을 기억해낼 수 있다. 이 모든 사실로 미루어 볼 때, 배움은 인간의 유일한 미덕은 아니더라도 핵심 미덕인 것이 분명하다.

배움 자체를 위한 배움

만일 인간이 서로에게서 아무것도 배우지 못하는 존재라면, 우리를 하나로 묶어주는 사랑 자체에도 영혼을 다른 영혼에 부어 서로 섞을 수단이 없었을 것이다.

—아우구스티누스, 《기독교 교양》

이 책의 도입부에서 나는 배움으로 얻는 결과를 걷어내고 오로지 배우는 사람에게 미치는 영향만을 살펴볼 때 배움이 어떤 모습일지 물었다. 이렇게 물은 것은 배움이 어째서 그 자체로 중요한지 탐구하기 위해서였다. 하지만 '배움 자체를 위해'라는 말과 '배움이 배우는 사람에게 미치는 영향에 의해'라는 말의 의미가 동일하다면, 우리는 배우는 사람, 즉 생각하는 주체의 정확히 어떤 점으로 인해 배움이 그 자체로 의미를 지니는지 명료하게 답할 수 있어야 할 것이다.

우리가 지금까지 이 질문에 접근해온 방식을 살펴보면 작은 역설이 존재함을 발견하게 된다. 인간의 존재가 귀결되는 방식은 한 가지가 아니라 두 가지다. 하나는 인간의 가장 높고 깊은 가능성인 이해할 능력을 실현하는 것이고, 다른 하나는 사람 사이에서 일어나는 유대, 즉 위의 인용한 글에서 아우구스티누스가 '사랑 자체'라고 표현했으며, 내가 '교감' 이라고 부르는 것이다.

아우구스티누스는 다른 사람을 사랑하는 능력이 다른 사람에게서 배우는 능력에 의지한다고 말한다. 그 말은 우리가 사랑하기 위해 배워야 한다는 뜻이다. 그렇다면 우리가 배우는 것은 배움 자체를 위한 것이 아니라 사랑할 능력을 기르기 위한 것일 테다. 배움은 사랑할 능력을 기르는 유일한 수단일 수도 있고, 여러 수단 중 하나일 수도 있다. 둘 중 어느 쪽이든 우리가 다른 사람과 형성하는 유대의 가치에 비하면 배움의 가치는 부수적이다.

그렇지만 한편으로 앞에서 묘사한 배움의 공동체들이 단순히 함께 있기 위해 모인 것은 아니다. 이들은 우애를 느끼고 싶어서 형제자매가 되지 않았다. 이들이 한데 모인 까닭은 지식, 진리, 이해, 아름다움, 경이, 탁월함과 같은 제삼의 무언가를 추구하는 동료 학습자들이기 때문이다. 이 사실을 보건대, 인간에게 가장 중요하고 인간을 그 자체로 의미 있는 존재로 만드는 것은 이해이며, 사랑은 이해에 동반되지만 더 높은 목적으로서 이해를 지배하지는 않는다. 대상이 없다면 단순한 사랑 자체는 공허하거나 순환적인 것이 된다. 그렇다면 우리는 정확히 어떤 이유에서, 무엇을 위해 우리의 이웃을 사랑하는 걸까?

마침내 모든 원인의 궁극적 원인을 이해한 개인의 고독한 탁월함은 어딘지 불완전하게 느껴진다. 이해한다는 경험은 아름답거나 매혹적인 무언가를 보는 것과 마찬가지로 다른 사람과 나누고자 하는 욕구를 일으킨다. 가장 고독한 독학자조차 타인과 소통하기를 원한다. 그 수단은 대화가 아닌 글일 수도 있다. 그 글을 읽을 사람을 영영 만나지 않을 수도 있다. 그럼에도 우리는 소통하기를 원한다. 이해가 흘러넘쳐 사랑이 되는 것인 양, 혹은 이해가 본디 관대한 것인 양 배우는 기쁨은 흘러넘쳐서 자연스럽게 가르치는 기쁨이 된다.

지금까지 배움이 명성, 위신, 부, 사회적 유용성이라는 곁가지들을 쳐냈을 때 어떤 모습인지 그려보았다. 배움은 개인 층위와 집단 층위 둘 다에서 우리에게 인간성의 광휘를 선사한다. 배움이 배움 자체를 위해 이루어진다는 건, 우리가 배움을 추구하는 이유가 배움의 외적 결과가 아니라 배움이 배우는 사람에게 행하는 일 때문이라는 의미다. 그런데 배움이 배우는 사람에게 발휘하는 효과란, 단지 그가 알고자 욕망했던 대상을 순수하게 이해하게 해주는 것이 다일까? 혹은 배움 자체를 위한 배움의 목적은 다른 사람 또는 초월적 존재에 연결되는 것, 다시 말해 자신을 넘어선 더 넓은 지성인들의 공동체에 연결되는 것일까? 솔직히 말해 나는 이 문제에 대해 만족스러운 답을 찾을 수 없었다. 독자 여러분 앞에 이 질문을 내놓은 것으로 충분하리라 믿는다. 배움이 그 자체로 의미 있는 건 인간이 본질적으로 알려는 사람이거나 사랑하려는 사람이거나, 혹은 둘 다이기 때문이다.

2장

배움의 상실과 발견

행동은 저울의 눈금을 가리키는 바늘이다. 바늘을 움직이려는 사람은 바늘이 아니라 추를 건드려야 한다.

―시몬 베유, 《중력과 은총》

나의 무게는 나의 사랑입니다.

―아우구스티누스, 《고백록》

지적인 삶과 인간의 마음

우리가 그토록 벗어나고자 했던 세상은 알고 보니 우리 마음속에 있었다. 배움에 대한 사랑을 오롯이 찬란하게 실천하려면, 우리는 내면의 전쟁이나 화해를 통해 배움에 대한 우리의 사랑이 여타의 모든 동기를 정렬시키고 규율을 부여하게끔 해야 한다. 지적인 삶은 금욕주의의 한 형태이자 자신을 일구는 일이라서, 식물을 기를 때 햇빛과 토양과 씨앗이 필요한 것처럼 우리의 일부를 뿌리째 뽑아내고 말리는 작업이 반드시 수반된다.

배움에 금욕주의가 필요한 까닭은 배움이 우리가 히말라야산맥이나 하와이에 가듯이 훌쩍 떠날 수 있는 고상한 영역에만 존재하지 않기 때문이다. 배움은 사회적 세계의 일부이며, 그 세계의 악덕에 참여하고 스스로 걸림돌을 만들어낸다. 우리의 학문 기관에서는 배움에 대한 사랑을 실천할 기회뿐 아니라 부와 지위를 쟁취할 기회 역시 제공한다. 그렇게 배움이 아닌 다른 대상에 대한 사랑이 활용될 때, 배움을 부차적 목표로 삼는 지식인들이 탄생한다. 심지어 어떤 부패한 정신적 습관들은 우리를 배움에 등 돌리게 할 수도 있다.

1장에서 소개한 사례들이 지나치게 심원하고 의아할지도 모르겠다. 무엇이 이런 사례들에 지적인 삶을 정의할 독점적인 힘을 부여하는 걸까? 우리가 아는 배움의 삶에는 우리가 살펴본 것과 달리 배움이 야심과 성공과 혼재된 삶도 있다. 스티브 잡스나 빌 게이츠가 본보기를 보였듯 인문학을 공부하는 것이 사업가로 성공하는 최고의 지름길이라는 말도 있다. 반면 배움의 길을 걷다가 평범한 인간의 삶에서 심하게 유리된 나머지 신경질적이 되거나 최악의 경우에는 잔인해지기까지 하는 지식인의 이야기도 널리 알려져 있다. 앞에서 나는 잭 런던이 만들어낸 반쯤 자전적 인물 마틴 에덴을 소개했다. 그는 독서에 지나치게 열중한 나머지 자신을 다른 모든 인간에게서 고립시키며 그가 사랑하는 여자에게서도 멀어지고 만다. 우리는 프리츠 하버처럼 자신의 지적 재능을 인류를 파괴하는 데 활용한 사람도 얼마든지 알고 있다.

　하지만 지적인 삶이라는 큰 그림을 완성하려면, 앞에서 소개한 것과 반대로 지적 활동이 잘못될 수 있는 사례들을 열거하는 것만으로는 부족하다. 독자 여러분에게 배움이 내가 그리는 배움 자체—내향적이고, 세상에서 물러났으며, 개인의 존엄을 드러내고, 인류의 마음과 교감하는 배움의 이미지가—이상으로 의미가 있다고 설득하려면, 지성에 흔히 일어나는 병증을 진단하는 것은 물론, 어떤 길이 좋은 형태의 지적 활동과 나쁜 형태의 지적 활동을 향하거나 벗어나는지 역시 설명해야 할 것이다. 다시 말해 우리에겐 설득력 있는 타락과 구원의 이야기가 필요할 것이다.

지적인 삶은 정말로 무용한가

우리 둘 다 화학자가 될 거라고 확신했지만, 우리가 품은 기대와 희망은 전적으로 달랐다. 엔리코는 지극히 이성적으로 화학이 그가 생계를 꾸리고 안정된 생활을 하게 해줄 도구가 되기를 바랐다. 나는 화학에서 전혀 다른 것을 바랐다. 내게 화학은 미래의 가능성을 담은 무한한 구름과 같았다. 화학은 시나이산을 온통 가렸던 검은 소용돌이 모양 구름처럼 이따금 번쩍이는 불꽃에 찢기며 앞으로 펼쳐질 나의 삶을 에워싸고 있었다.

—프리모 레비, 《주기율표》

지적 역량이 정치나 사업을 할 때 유용하다는 주장은 그보다 역사가 길고 훨씬 일반적인 관점을 논박한다. 그것은 지적인 삶이 티끌만큼도 유용하지 않다는 솔직한 믿음이다. 지적인 삶은 그저 쓸데없는 사치로 보인다. 어째서일까? 우리 안의 무엇이 지적인 삶을 내향적이고, 세상에서 물러났으며, 우리를 존엄하게 하고, 사람과 사람 사이에 교감이 이루어지는 토대로 보지 못하도록 가로막는 것일까? 지적인 삶이 우리를 바꾸고 구원하며 행복하게 하는 핵심이라는 사실을 보지 못하도록 우리 눈을 가리고 있는 것은 무엇일까?

사실 지적인 삶을 쓸모없는 것으로 보는 관점은 전연 새롭지 않다. 고대 그리스 최초의 철학자였던 탈레스는 밤하늘의 별들을 바라보다가 우물에 빠지는 바람에 하인에게 비웃음을 샀다고 전해진다. 고대의 문헌들은 지적인 삶이 무용하다는 비난에 신중히 답하고자, 탈레스가 천문학 지식을 활용하여 올리브가 대풍작을 거둘 것을 예견하고 압착기를 전부 사들여 큰돈을 벌었다고 적고 있다.[1] (이 일화는 나와 고전 수업을 같이 듣고 지금은 성공한 투자 은행원이 된 동기를 소개하는 최근 뉴스에서도 언급되었다.) 아르키메데스는 수학적 정리를 마무리하겠노라 고집하다가 목숨을 잃었다고 전해지지만, 한편으로는 조국 시라쿠사를 위해 놀랄 만한 전쟁 기계를 설계하여 시라쿠사가 로마군의 침공을 장기간 막아내는 데 일조했다.[2] 우리는 앞에서 천문학자이자 전쟁 영웅이었으며, 관조적인 사회 부적응자인 동시에 동료 시민들을 염려하는 잔소리꾼이었던 소크라테스의 복잡한 초상 역시 살펴보았다. 플라톤이 스승이 사회적으로 쓸모 있는 사람이었다고 언급한 건, 자칫하면 무의미하거나 유치하거나 심지어 자기 파괴적으로 보일 수 있는 삶의 방식을 정당화하고 옹호하기 위해서였을 것이다.

 우리가 배움에 대한 사랑을 보는 관점은 경제적 주체이자 시민으로서 우리가 지녀야 할 유용성에 대한 관념들에 의해 왜곡된다. 좀 더 직설적으로 말하자면, 우리가 지적인 삶을 있는 그대로 명확하게 보지 못하는 건 우리가 풍요로운 물질적 안락과 사회적 우월성을 누리는 생활양식에 전념하고 있기 때문이다. 우리는 찬란하게 빛나는 소크라테스의 사고력을 원하지만, 소크라테스의 빈곤은 원하지 않는다. 우리는 소크라테스가 권력자들에게 진실을 고하는 순간의 전율을 원하지만, 그런 행위를 가능하게 하는 정신의 삶에 온전히 뛰어들고 싶지는 않다. 우리는 탈레스가 천문학 연구로 얻은 막대한 이윤을 원하지만, 탈레스처럼 조롱받고 싶지는 않다. 우리는 아인슈타인의 탁월한 통찰을 원하지만, 그가 구직에 실패하며 느낀 굴욕과 특허사무소에서 무명의 직원으로 보낸 세월은 원하지 않는다. 요컨대 우리는 현실을 직시하고 어떠한 삶에 수반되는 대가를 받아들이기로 선택하지 못한다. 우리는 선택할 필요가 없는 시늉을 한다. 지적인 삶이 부와 높은 사회적 지위를 보장할 수 있다고, 우리가 모든 걸 다 가질 수 있다고 스스로를 속인다. 그렇게 우리는 지성의 영역에 진심으로 관심이 있다는 거짓말을 하지만, 실제로는 우리가 떠받드는 안락함과 부와 지위라는 우상 앞에서 지적인 삶을 순식간에 희생시킬 의향이 있다.

우리가 이렇듯 우리의 목적에 대해 스스로를 기만하기 때문에 세상에는 희석되고 도구화된 형태의 지적인 삶이 범람한다. 대학에서는 배움에 대한 사랑의 가치와 다른 이유로 가치 있는 것들 사이의 선을 흐리려는 시도가 남발된다. 그렇게 '싱크 탱크'가 만들어지고, '사업가처럼 생각하기' 내지는 '정의 투쟁을 위한 사고'와 같은 특수 학위가 만들어진다. 돈을 버는 일은 유용하고, 정의를 위해 투쟁하는 일은 반드시 필요하지만, 이 두 행위의 가치는 배움에 대한 사랑을 실천하는 행위의 가치와는 다르다. 그렇다면 진심으로 사업가나 정의 투사가 되려는 포부를 안고 학업에 임하는 사람들은 그 일에 전문적인 공부가 필수라는 거짓말에 속은 셈이다. 한편 배움 자체를 위해 배움에 대한 사랑을 실천하는 일은 변두리로 밀려나고 구석으로 밀쳐진다. 지금 교육계에서는 경제적 정치적으로 잘살기 위해 실리적인 관심을 품는 걸 상식으로 받아들이지만, 알고 보면 이는 진실을 가리는 이기적이고 비현실적인 기대다.

그 안개를 돌파해가고자 한다면, 우리의 왜곡된 정신적 기틀이 어디서 기인하는지 그 출처를 밝히고자 한다면, 우리는 일반적으로 중첩되어 있기 마련인 우리의 다양한 동기들을 다소 인위적으로 구별해내야 한다. 부에 대한 탐욕은 어떤 자기기만을 낳고, 사회적 우월성에 대한 욕망은 또 다른 자기기만을 낳는다. 한편 정의에 대한 사랑은 우리에게 저만의 난제를 던져주므로 이에 대해서는 다음 장에서 따로 떼어 살펴보겠다.

부의 눈가리개

어른들은 자신들이 빈둥거리는 건 일하는 거라고 하면서 아이들이 자신들과 조금도 다름없이 빈둥거리고 있으면 벌을 줍니다. 누구도 이런 어른들이나 아이들을 측은하게 여기지 않습니다. 어느 한쪽을 편들지 않고 이를 지켜보던 사람은 내가 공부는 하지 않고 공놀이나 하고 있으니 벌을 받은 게 온당하다고 말할지도 모릅니다. 공부를 해야 어른이 되어서 공보다 더 지저분한 것을 가지고 놀 기회가 생길 거라고 말할지도 모릅니다. 하지만 내게 회초리를 댄 교사와 내가 무엇이 다르단 말입니까? 그는 어떤 시시한 문제를 두고 동료 교사와 심하게 언쟁을 벌이다가 내가 공놀이에서 졌을 때보다도 더 자존심이 상해서 화를 냈습니다.

— 아우구스티누스, 《고백록》

부와 그로 인한 사회적 출세가 조장하는 자기기만에 대해 정확한 진단을 내린 사람이 있다. 기원전 5세기 아테네의 희극작가 아리스토파네스는 《구름》에서 소박한 농가 출신의 시골 노인 스트렙시아데스의 이야기를 들려준다. 아테네 제국의 무역로가 열리자 양털을 모으는 사람들은 돈방석에 앉게 되고, 새로 거머쥔 부에 힘입어 스트렙시아데스는 귀족 여인을 아내로 맞는다. 극이 시작되는 시점에 스트렙시아데스의 가족은 법적으로 파산할 위기에 처해 있다. 취향이 고급한 아내와 값비싼 전차 경주 취미에 푹 빠진 아들이 도무지 감당할 수 없을 만큼 큰 빚을 진 탓이다. 절박한 상황에 몰린 스트렙시아데스는 소크라테스가 운영하는 '사색장Thinkatorium'이라는 학교에서 빈약한 논리를 강해 보이게끔 포장하는 법을 배우면 채권자들을 부당하게 이길 수 있다는 이야기를 듣고 아들을 입학시키려고 한다.[3] 하지만 아들이 말을 듣지 않자, 스트렙시아데스는 자산을 지키고 현재 생활양식을 유지하겠다는 일념으로 법적 채무를 교묘하게 면피하는 법을 알려준다는 어둠의 기술을 배우고자 몸소 사색장에 등록한다.

사색장에 도착한 스트렙시아데스가 제일 먼저 맞닥뜨리는 광경은 반쯤 굶어 죽어가는 파리한 학자들이 벼룩의 보폭을 재고 있는 모습이다. (그들이 찾은 방법은 벼룩의 발을 녹인 밀랍에 넣었다 뺀 다음 벼룩이 뛰면서 남긴 발자국 사이의 거리를 재는 것이다.) 학자들은 각다귀가 윙윙 소리를 내는 기관이 입인지 엉덩이인지를 탐구한다. (그들이 내린 결론은 엉덩이다.) 사색장을 세운 장본인인 소크라테스는 "생각을 텅 빈 공기와 뒤섞은 채" 높이 매달린 광주리에 들어가서 태양에 대해 관조하고 있다.[4] 사색장에서 이루어지는 연구는 그저 연구 자체를 위해 이루어지는 것임이 자명해 보인다. 누가 보아도 무의미한 연구들이다.

첫눈에 스트렙시아데스는 양치기 출신답게 그저 단순한 사람으로 보인다. 학자들이 지옥 타르타로스 아래에 살고 있는 신들을 찾겠다면서 몸을 구부리고 땅을 들여다보는 모습을 목격한 스트렙시아데스는 그들이 송로버섯이나 다른 버섯을 찾고 있는 거라고 생각한다. 수확하고 이윤을 거두려는 용도로 토지를 측량하는 데 익숙한 스트렙시아데스는 지구 전체의 크기를 측정할 방법을 모색하는 학생들을 보면서, 땅에 작물을 심거나 땅을 팔 수 있는 것도 아닌데 측정해서 뭘 하겠다는 건지 의아해한다. 단순하고 실용적인 것에 몰두하는 시골 사람에게 지적인 삶은 그저 어리둥절하고 하찮아 보인다. 탈레스를 비웃는 하인은 하늘의 별을 바라보는 것보다 땅에 발을 단단히 붙이고 사는 것이 낫다고 생각한다. 시골 생활이란 강건한 인간의 존재 방식이라서 그것이 주는 몰입감과 만족감에 익숙한 사람에게 지적인 문제들은 이질적이고 이해하기 불가능한 것으로 보인다.

하지만 스트렙시아데스가 우리에게 보여주는 것이 때 묻지 않은 시골 생활의 단순함만은 아니다. 극의 앞부분에서 스트렙시아데스는 시골에서 꿀과 올리브, 양 떼와 함께 지저분하고 자유롭게 보낸 청년 시절을 찬미하며, 아내의 향수와 사프란 향기 같은 감각적인 부의 유혹에 넘어간 것을 한탄한다. 그를 사색장으로 내몬 것은 결국 결혼 생활과 거기서 비롯한 과중한 채무다. 그것이 스트렙시아데스가 시골 사람답게 지적인 삶을 경멸하는 동시에 학자들의 영리함을 지나치게 칭송하는 이유다. 그는 지체 높은 가족을 만족시키고 빚에서 벗어나기 위해 자신의 단순한 인간성에 맞서 싸우고 있다.

스트렙시아데스는 지성을 활용한다는 위신 높은 활동에 매혹되고, 따라서 벼룩과 각다귀에 대한 이론 연구와 재판에서 승리하게 해주는 궤변 논리에 대한 지식이 모종의 방식으로 연결되어 있을 거라고 맹목적으로 믿는다. 그런데 대관절 그것들이 어떻게 연결된단 말인가? 실질적 목적을 달성하고자 마음이 급해진 그는 가능한 한 빨리 궤변을 배우고 싶다고 우긴다. 스트렙시아데스가 오늘날의 대학 학부생이나 주요 기부자였다면, 행정 직원이 그를 돕고자 '법적 채무 탈출의 과학과 철학'이라는 과정을 만들어주었을 것이다.

사색장의 학자들은 농작물을 보호하고, 전쟁을 승리로 이끌고, 바람직한 배우자를 맺어주는 전통적인 신들을 숭배하지 않는다. 그들이 섬기는 대상은 '구름'이라는 야릇한 신들인데, 이 신들은 보는 사람에 따라 모양이 달라져 겁쟁이들에겐 사슴 모양으로 보이고 부패한 정치인들에겐 늑대로 보인다. 이런 식으로 구름은 보는 이의 감정을 반영하고, 그가 마음속에 품은 진정한 동기와 성품을 드러낸다. 구름의 대변인은 극작가 아리스토파네스 본인이다. 철학자의 신들은 희극임이 당연하다. 희극 역시 인물의 진정한 동기를 드러내며, 나아가 관객의 진정한 동기 역시 밝혀줄 수 있다.

결국 극의 결말부에서 스트렙시아데스가 궁극적으로 가치를 두는 대상과 새로운 형태의 배움('신학습') 사이의 긴장이 부각된다. 스트렙시아데스는 사색장 공부를 포기하고 자기 대신 아들을 입학시킨다. 하지만 사색장에서 공부를 마친 아들은 아버지를 폭행하면서 자신이 배운 '열등한 논리'에 의하면 아버지를 폭행하는 게 합당하다고 우쭐댄다. 그렇게 스트렙시아데스는 청년기의 소박한 전원적 가치들을 거부하고, 정의의 울타리 안에서 누리는 수수한 즐거움과 공동체를 유지시키는 성실함을 저버린 대가를 치르게 된다. 가족을 지키려는 그의 노력으로 인해 가족은 오히려 파괴되었다. 그러나 스트렙시아데스는 여전히 자신을 직시하지도 자신의 선택을 성찰하지도 못한다. 그는 소크라테스가 아들을 타락시켰다고 탓하며 사색장에 불을 지른다. 학교가 불타고 학자들이 도망치는 장면을 끝으로 극은 막을 내린다.

《구름》은 보통 소크라테스를 공공연히 비판하고, 새로운 형태의 학문이 전통적 가치를 약화시키는 현상을 비난하는 내용이라고 해석된다. 따라서 이 희곡은 기원전 399년 소크라테스가 아테네 청년들을 타락시킨 죄로 기소, 재판, 처형을 당하게끔 만든 여론을 형성하는 데 일조했다고 여겨지기도 한다. 그러나 극에서 가장 심하게 풍자되는 대상은 스트렙시아데스와 그의 가족으로 대표되는, 제국의 세력과 부로 인해 타락한 아테네인들이다. 아리스토파네스의 무자비한 시선 속에서 스트렙시아데스는 모순되는 충동에 끌려다니는 인물이다. 별안간 거머쥔 부와 그에 결부되는 사회적 지위를 어떻게 다뤄야 할지 모르는 시골내기 스트렙시아데스는 대가 없이 호화로운 생활을 누리길 원하고, 싼값으로 정의의 철퇴를 피하고자 하며, 동시에 아들에게는 존중과 존경의 대상으로 남으려 한다. 신학문이 등장하고 그로 인해 사회적 규범이 약화되는 건, 스트렙시아데스 본인이 부와 지위를 욕망한 결과이지 외부인이 침공한 탓이 아니다. 만일 아테네 사람들이 스트렙시아데스 안에서 자기 모습을 알아보지 못하고 《구름》을 소크라테스를 탓할 구실로만 여겼다면, 그들이 눈멀고 자기기만에 빠져 있다는 극작가의 진단은 정확한 것이리라.

    스트렙시아데스와 그 가족의 관심사는 재산을 획득하여 즐거움을 추구하는 것이다. 그 즐거움은 시골 생활의 즐거움일 수도 있고, 세련된 식사, 신분이 높은 상대와의 섹스, 명문가의 자제들과 함께하는 전차 경주와 같은 귀족적 즐거움일 수도 있다. 이런 즐거움을 추구하는 사람에게 지적 활동은 어떻게 보일까? 머릿속이 전차 경주와 돈과 지위로—혹은 지난날의 군사적 승리와 이제는 사라진 시골의 소박함에 대한 회상으로—가득한 사람에게 철학은 각다귀의 방귀를 탐구하는 일과 진배없다. 지적 활동을 벼룩의 보폭을 재는 일 정도로 취급하는 스트렙시아데스의 관점은 '실용적'이지 않은 가치를 보지 못하는 사람의 왜곡된 인식이다.

《구름》의 렌즈를 통해 우리 자신을 보는 것은 어렵지 않다. 우리 역시 경제적 부와 그로써 가능해진 생활양식이 만들어낸 물질적 목적들을 위해 교육을 추구한다. 이런 목적들이 우리의 다른 욕구와 충돌하거나 우리의 역량을 벗어날 때, 우리는 눈을 감고 타협이 불필요해 보이는 다른 해법들을 찾아 나선다. 이러한 맹목적 고투 속에서 우리는 우리에게 가장 의미 있는 것을 불태워 없애고 만다.

스트렙시아데스처럼 우리 역시 시골 생활이라는 우리의 뿌리에서 떨어져 나왔다. 소박하고 자연스러운 덕목, 근면한 노력, 몸에 배인 실용적 탁월성, 간소한 즐거움에서 너무나 멀어졌다. 지금의 안락한 생활양식을 유지하고 개선하려는 조바심은 예술과 지성의 인간적 광휘에 대한 우리의 시각을 왜곡하고 축소시킨다. 그렇게 우리는 도시 생활과 부와 사치가 낳는 최고의 결실을 누리지 못하게 된다. 우리의 소박한 뿌리를 뒤덮고 자라난 부와 사치는 그 위에 희극과 비극, 예술과 조각, 역사와 철학을 꽃피운다.

《구름》은 바로 이러한 부의 양면성에 주목한다. 부는 인간 문화가 최고로 발달할 조건이지만, 동시에 인간의 건전한 소박함을 파괴한다. 《구름》은 우리에게 왜곡되지 않은 형태의 철학이 어떤 모습인지 보여주지는 않는다. 극 중에서 철학은 농담거리에 지나지 않는다. 그러나 인간적 요소들을 해체하고 우리 자신에 대해 폭로하는 이 희극은 스트렙시아데스가 청년기를 보낸 투박한 초원에서는 결코 탄생할 수 없었을 것이다. 인간 공동체를 타락시키는 부와, 자유로운 상상의 유희와 자기 이해가 일어날 터전으로서 부 사이에 존재하는 긴장을 해소할 방안이 있을까? 지혜를 얻되 타락은 면할 방법이 과연 존재하는 걸까?

부의 두 얼굴

《구름》이 쓰이고 몇 십 년이 흐른 뒤 플라톤 역시《국가》에서 부와 사치 덕분에 빛을 발하는 인간의 광휘와 전원적 소박함이 인간에게 주는 혜택 사이의 긴장에 대해 성찰한다. 소크라테스와 대화자들은 정의가 무엇인지 이해하고자 공정한 정치 공동체의 모습을 상상하고 있다. 제일 먼저 소크라테스가 정의로운 공동체의 모범으로서 농사짓는 사람, 신발 만드는 사람, 옷감 짜는 사람, 대장장이가 서로 자기 노동의 산물을 공유하는 단순한 전원적 공동체를 상상한다. 그들은 공통의 필요를 충족하기 위해 노동하고, 휴식을 취할 때는 연회를 벌이고 노래를 부른다. 공동체 구성원들이 상호 의존하고 있으며, 각 개인의 노동이 다른 개인의 요구를 채워준다는 점에서 이 공동체는 정의롭다.[5]

하지만 소크라테스와 대화를 나누는 글라우콘은 이러한 모습의 인간적인 정의가 만족스럽지 않다. 그는 정의롭고 온

건한 보통 사람들은 침상에 기대어 식사하지 못하고, 세련된 미식의 맛이 부족한 음식을 먹으면서 돼지같이 살지 않느냐고 불평한다. 글라우콘의 푸념을 진지하게 받아들인 소크라테스는 그가 꿈꾸는 안락과 유혹이 만들어낼 "과열된" 도시를 상상한다. 이 도시에는 자수와 장식, 음악이 가득하며 아름다움과 즐거움이 넘쳐흐른다. 이런 부유한 도시는 다른 도시의 질시를 살 것이 분명하므로 부를 지켜내기 위한 무력이 필요할 것이다. 소크라테스의 상상 속 새로운 도시에서 미용실과 기녀와 예술과 군대는 동시에 등장한다.

    실제 역사 속 아테네에서처럼 제국과 무역의 팽창, 인간의 여러 사치와 더불어 철학과 정신적 삶이 등장하리라 짐작할 수도 있다. 그러나 《국가》의 서술에서 철학은 (그리고 지적인 삶은) 과열되고 사치스러운 도시가 규율로 정화된 뒤에야 비로소 생겨난다. 그 수단은 도시의 군인과 지도자를 엄격하게 교육하고, 체력 및 품위를 정교하게 훈련시키고, 인간의 탁월성과 덕목을 길러주는 음악을 가르치는 것이다. 철학, 천문학, 수학은 사유 재산이 폐지된 후에 등장한다.[6]

    《국가》의 대화자들이 설명했듯 지적인 삶은 부와 사치에 기대어 영위된다. 지적인 삶은 노동에 압도당하는 환경에서 결코 발달하지 못하며, 여가 생활이 가능해진 경제에서만 나타날 수 있다. 하지만 지적인 삶이 부와 사치가 낳는 직접적 결과물이라고 할 수는 없다. 지적인 삶은 부유하되 규율이 있고, 부와 야심의 유혹을 두려워하며, 청년들에게 정말로 의미 있는 것을 택하게끔 훈련시키는 사회에서 생겨난다. 지적 성장에는 스스로 선택한 금욕주의가, 즉 자신이 누릴 수 있는 사치를 의식적으로 거부하는 의지가 필요하다. 이로써 전원의 소박함과 부의 타락 둘 다를 피해갈 수 있는 외길이 모습을 드러낸다. 《국가》의 소크라테스는 아리스토파네스와 달리, 인간의 단순한 욕구에 부응하면서 인간의 탁월성을 드높일 수 있는, 진정한 인간적 존재 방식의 희망을 이야기한다.

진정한 인간성에 대한 희망을 키우는 것은 의미가 있다. 《국가》에서 제시한 진정한 인간성의 구체적 형태는 결국 지나치게 공상적이거나 지나치게 전체주의적인 모습을 띠지만, 우리 인간은 실제로 아테네 제국을 지배했던 소박하고 현실적인 삶의 방식과 세련되고 존엄한 삶의 방식 둘 다에서 최고의 상태에 도달할 수 있다. 그런데 이 두 풍조는 서로 충돌하는 공간에서는 모두 약해지고 만다. 두 세계를 타협시키려 할수록 각자 단점만 부각되기 때문이다.

우리는 시골 생활의 소박한 즐거움과 세련된 생활의 환히 빛나는 통찰을 받아들이는 대신, 스트렙시아데스처럼 음식과 술과 섹스에 대한 저급한 취향과 명예, 지위, 우월성, 지배력에 대한 고급한 욕구를 뒤섞는다. 우리는 (그 자체로는 단순함의 층위에 놓인) 먹는 즐거움을 값비싼 레스토랑에서 추구한다. 음식의 양을 보건대 그곳에서 우리가 섭취하는 주된 영양분은 덧없는 우월감일 것이다. 태양, 하늘, 구름은 어디에나 존재하며 우리에게 찬란한 야외 공간을 선사하지만, 우리는 근사한 사진을 찍어 남들에게 전시하기 위해 아낌없이 큰돈을 지불하고 이국적 풍경의 산이나 야생의 사막으로 향한다. 한편 우리의 육체는 우리를 둘러싼 화려한 환경이 요구하는 성생활에 비해 너무나 초라해서, 성적 지위의 서열에서 한 자리를 차지하기 위해 우리는 몸매를 가꾸고, 털을 뽑고, 화장을 하고, 광을 내야만 한다. 사회적 입지를 높이고 지켜야 한다는 불안한 요구에 끌려다니다 보면, 우리의 은행 계좌와 더불어 마음과 정신마저 망가지고, 그 결과 우리에게 진정으로 중요한 것들이 불필요해 보이는 지경에 이른다.

부는 다른 유형의 문화와 마찬가지로 지적인 삶과도 양면적 관계를 맺고 있다. 부는 여가를 가능하게 함으로써 지적인 삶이 꽃피울 토양이 되지만, 다른 인간적 미덕을 얻기 위한 조건이나 수단이 아니라 그 자체로서 추구될 경우, 도리어 다른 미덕들을 망치고 파괴한다. 여기서도 관건은 수단과 목적, 도구와 목표를 구별하는 것이다. 부는 도구이자 수단이다. 부가 그 자체로 인생의 궁극적 목적이 되면, 우리가 소중하게 여기는 다른 것들은 파괴된다.

우리를 망가뜨리는 사회적 야심

지금껏 알려진 가장 강한 독은
카이사르의 월계관에서 나왔다
—윌리엄 블레이크, 〈순수의 전조〉

지적인 삶이 금욕의 실천이 아니라 세련된 즐거움이라

고 상정해보자. 그렇다면 지적인 삶은 사치의 일종일 것이다. 시골의 신사는 오전에는 가죽으로 장정된 책의 책장을 넘기고, 오후에는 여우를 사냥하거나 골프를 친다. 도시의 힙스터는 싱글오리진 원두로 내린 커피를 마시며, 니체나 셰익스피어를 읽다가 지루하고 입이 궁금해지면 한창 유행하는 디저트를 먹으러 간다. 그렇게 우리는 우리의 지적 속물근성을 정당화한다. 대중이 최신 리얼리티 프로그램으로 만족할 때 우리는 예술영화를 본다. 통조림에 든 음식보다는 신선한 유기농 채소를 먹는다. 우리는 손을 더럽히지 않고도 땅에서 난 것들로 살아간다. 지적인 삶은 정신을 위한 장인의 수제 토스트 요리다. (우리의 학문 기관들이 결과적으로는 어떠한 한도 내에서 불평등을 정당화하고, 선의인 척하면서 권력 구조를 정당화하는 게 과연 우연일까?)

피에르 부르디외가 《구별짓기》에서 주장했듯 취향과 문화의 문제는 사회적 경계를 결정한다. 취향과 문화는 그 속성상 사회적 지위를 표시하기 때문이다.[7] 그러나 그것이 지적인 삶의 전부라면, 즉 지적인 삶이 고급한 생활양식을 뒷받침하는 무언가에 의해 유지되는 세련된 즐거움에 불과하다면, 지적인 삶은 우리를 바꿀 수 없다. 이때 지적인 삶은 자기 성찰이나 개인적 변혁의 수단이 아닌, 한낱 엔터테인먼트의 일종으로 머물게 된다. 부와 안락을 누리는 상태가 사라질 경우, 우리가 그런 상태에 도달하지 못할 경우, 우리의 생활양식을 뒷받침하는 제도가 무너질 경우, 혹은 우리가 심한 정치적 경제적 변화의 피해자가 될 경우, 이러한 지적인 삶은 도피처가 되지 못한다. (장인의 수제 토스트와 싱글오리진 커피가 과연 그런 도피처가 될 수 있을까?)

지적인 삶의 적들은 실용적인 일거리에 연연하느라 탐구의 정교한 양식을 이해하지 못하는 어리석은 사람들이 아니다. 우리가 앞에서 보았듯 진정으로 어리석은 사람은 순박한 시골 사람이 아니라, 자신이 치러야 할 대가를 무시하고 무작정 부와 지위를 추구하는 사람이다. 실은 우리 자신이 그렇게 어리석다. 지적인 경향이 있는 사람들의 관점에서, 스트렙시아데스처럼 지적인 삶을 영위하지 않는 사람들이 지닌 부와 지위에 대한 과도한 욕망을 알아보기는 상당히 쉽다. 하지만 그러한 욕망이 구체적으로 지적 존재 양식과 깊숙이 엮여 있을 경우에는 알아보기가 매우 어렵다. 지적 활동을 (더 높은 경제 계급이든 우월한 엘리트 계층이든) 더 우월한 집단에 합류하기 위한 수단으로 볼 때, 배움에 대한 사랑은 부나 지위에 대한 사랑과 결합된다.

조너선 로즈는 노동계급의 지적 생활에 대해 대체로 아름답고 고무적으로 설명하지만, 그 가운데 위와 같은 맥락에서 해석될 수 있는 심란한 일화 몇 개가 있다. 웨일스의 광부 D. R. 데이비스(1889년생)는 연극 관람에 대한 열정을 키우게 되었다. 그의 설명에 따르면, 그는 탄광으로 돌아갔을 때 연극이라는 새로운 관심사로 인해 "더 이기적으로 변하고 자만심이 부푼" 자신의 모습을 발견했다고 한다. "이제는 내가 필요에 의해 어쩔 수 없이 어울리는 사람들이 마음에 들지 않았고 경멸스럽기까지 했습니다. 더 나은 교육으로 나는 덜 사교적인 사람이 되었어요."⁸ 승강기 조작원의 딸로 태어났지만 장학금을 받아 좋은 학교를 다녔고 마침내 옥스퍼드 대학교에 진학한 캐슬린 베터턴(1913년생)도 비슷한 경험을 했다. 그는 집에 돌아온 심경을 이렇게 묘사한다. "내가 속한 흉물스러운 노동계급 동네가 그 어느 때보다도 혐오스러웠고…… 심지어 그 안에 사는 사람들에게도 혐오감을 느꼈습니다. 머리에 헤어롤을 말고 불룩한 망태기에 물건을 담아 다니는 여자들, 길거리 시장에서 쉰 목소리로 외쳐대는 매점 상인들, 술집 바깥에 세워둔 유아차 안에서 혼자 울어대는 꼬질꼬질한 아기들. 옥스퍼드를 겪고 나니 모든 게 너무 **흉측**했어요."⁹

많은 전문 지식인과 학자들이 이 이야기를 친숙하게 느끼리라 생각한다. 어려운 환경에서 탈출하기 위해 독서나 공부를 시작하고 학문의 삶을 통해 기존 환경에서 벗어날 길을 찾지만, 그 후로 영원히 자신의 출신을 경멸하게 되는 사람이 허다하다. 아리스토파네스가 주장했듯, 지식인들이 자신의 본원인 노동계급에 대해 느끼는 경멸의 뿌리에는 지성이 문을 열어준 안락하고 지체 높은 삶에 대한 사랑이 존재하는 게 아닌지 의심스럽다. 같은 맥락에서 우리가 공공연히 야심을 드러내는 사람들에게 경멸을 느끼는 이유는 그들이 뛰어든 지위 경쟁에서 우리 방식대로 이기려는 욕망 때문이 아닐까? 이런 방면에서 보았을 때 지적인 삶은 경쟁으로부터의 도피처이기는커녕 다소 기만적 형태의 경쟁 그 자체가 된다.

배움에 대한 사랑 안에도 이렇듯 우월성에 대한 욕망과

배타적인 엘리트 계층에 속하고자 하는 동기가 존재하는 듯하다. 스티브 마틴이 처음 철학에 끌리게 된 이야기를 다시 생각해보자. 그는 보편적이고 절대적인 지식이라는 개념에도 끌렸지만, "마술사처럼 극소수만 아는 비밀을 가질 수 있다는 생각"에도 매력을 느꼈다.[10] 영화 〈고슴도치의 우아함〉의 원작인 뮈리엘 바르베리의 동명 소설에서 주인공은 영화에서와 달리 좌절된 야심을 드러낸다.[11] 원작 소설의 르네도 영화 속 르네처럼 아름다움과 책을 사랑하긴 하지만, 그로써 타인에 대해 압도적인 우월감을 느낀다는 점이 다르다. 소설 속 르네와 팔로마의 목소리에서는 무지몽매한 상류층에 대한 경멸이 배어난다. 이러한 경멸과 "극소수만 아는 비밀"을 가지는 매력으로 인해 지적인 삶은 가난한 상태에서 영위될 때조차 사회적 분투와 경쟁에서 동떨어진 내면의 섬이 되는 데 실패할 수도 있다. 지적인 삶은 기준이 다를 뿐 결국은 경쟁이다. 그 기준이 지적인 성향의 사람들만 인정하는 것이라 해도 마찬가지다.

배움에 대한 사랑이 부와 지위에 대한 욕망과 혼동되거나 결합되기 쉬운 것이라면, 우리가 우리 자신에게서 벗어나 더욱 온전한 인간성에 이를 방법은 무엇일까? 지금부터 나는 두 가지 가능성을 보여주려 한다. 첫째는 아우구스티누스의 《고백록》에 나타난 바와 같이 철학적 통찰이 담긴 자기 성찰을 통한 벗어남이고, 두 번째는 엘레나 페란테의 나폴리 4부작에 나타난 바와 같이 예술적 창작을 통한 벗어남이다. 이 두 가지 방법이 지적인 삶에 변혁적 규율을 제시하고 배움에 대한 사랑을 실천하게 해줄 가능성이 큰 것으로 보인다. 물론 다른 방법도 있겠지만, 이 두 가지만으로도 자신에게서 벗어나기에 충분하리라 믿는다.

철학적 규율을 통한 정신의 구원

세상을 있는 그대로 직시하는 것은 하나의 **과제**다.
— 아이리스 머독, 《선의 군림》

무엇보다도 보기 어려운 것은 실제로 존재하는 것이다.
— 존 베이커, 《송골매를 찾아서》

아우구스티누스의 《고백록》은 아마도 역사상 유일하게 철학적 탐구로서 쓰인 자서전일 것이다. 더욱 놀라운 것은 이 글이 아포리즘 형식을 취하고 있다는 점이다. 라틴어 원문 200쪽에 걸쳐 아우구스티누스는 700개의 질문을 던진다.[12] 그중에는 해결되지 않은 질문들도 있다.

고대에 자기 이해는 주로 우리 자신의 개인적 특성과 기벽, 성향에 대한 이해가 아니라, 인간 본성에 대한 이해로 여겨졌다. 델피의 신전에 새겨진 벼락같은 한마디 '너 자신을 알라!'는 '네가 아침 식사로 무얼 먹는 걸 제일 좋아하는지 알라'는 뜻이 아니다. 그 의미는 오히려 '네가 한계를 지닌 인간이며 신과 같은 힘을 지니지 못했음을 알라'에 가까울 것이다. 마찬가지로 플라톤의 저서 속 소크라테스 역시 어떻게 인간이 졸음과 병과 죽음을 피할 수 없는 육신의 동물이면서도 영원한 실재를 들여다보는 통찰을 가질 수 있는지 알고자 한다. 자기 이해를 추구한다는 것은 자신이 어떤 존재인지 이해하고자 하는 것이다. 다시 말해, 인간이 어떤 존재인지 알고자 하는 것이다.

아우구스티누스는 자신의 사적인 개성을 독자에게 감추지 않고 강박적 정욕, 경쟁에 불타는 자의식, 이해에 대한 채워지지 않는 내적 갈증에 대해 속속들이 털어놓는다. 그러나 그는 신중을 기하여 이런 요소들을 일반 사람들이 관심을 가질 법한 철학적 논의에 새겨 넣고, 우리가 그것들을 통해 더 보편적인 고찰에 이르게끔 한다. 그는 이러한 논의와 고찰이 자신이라는 개인을 형성했다고 주장하며, 자신의 인생을 묘사하면서 그 안에 깃든 보편의 인간적 요소들을 보여준다. 따라서《고백록》의 초반 아홉 권에는 정욕과 명예, 사회적 출세에 얽매여 살던 젊은 아우구스티누스의 모습, 독서와 철학 공부를 통해 그가 얻은 해방, 기독교로의 극적인 회심이 담겨 있다. 후반 네 권은 아우구스티누스가 개종과 금욕을 통해 실천할 수 있게 된 지적 활동의 결실로서 인간 자아(욕망과 기억, 지식)에 대한 탐구, 시간의 속성에 대한 고찰, 천지창조 이야기가 나오는 구약〈창세기〉에 대한 연구를 담고 있다.

아우구스티누스는 14년에 걸쳐 이루어진 자신의 독서가 다양한 관념과 사고방식을 경유하는 여정이었으며, 더욱 중요하게는 자신이 품은 특정한 동기와 마음속 감정을 통과

하는 여정이었다고 묘사한다.[13] 나이 열여덟에 아우구스티누스는 철학의 가치를 역설하는 키케로의 연설문을 읽고 배움에 대한 열정을 불태우게 된다. "키케로의 권고에서 나를 기쁘게 한 것은 내가 사랑하고, 추구하고, 획득하고, 간직하고, 포용해야 하는 것이 이런저런 학파의 가르침이 아니라 지혜라는 말, 그것이 무엇이든지 지혜 그 자체여야 한다는 말이었다."[14] 키케로의 권고는 아우구스티누스의 내면에서 부단히 지혜를, 즉 삶을 인도하고 조직해줄 진리와 지식을 추구하려는 갈망에 불을 붙인다. 한편 그는 한 여인과 동거를 시작하고, 수사학 교사로 일하기 시작한다.

이내 아우구스티누스는 기독교의 한 분파인 마니교의 신자로서 9년간 생활한다. 마니교도들은 물질주의자로서 인간은 이성의 조각이자 신의 파편으로서 육체라는 어둠에 묻혀 있다고 믿었다. 마니교에서는 자기 안에 숨겨져 있으며 세상으로 번져나가는 물질적 신의 빛을 인식하는 것 자체가 해방이다. 물질적 빛과 어둠은 우주적 투쟁을 벌이고 있으며, 인간은 그 투쟁에 참여하고 그것을 목격하는 존재다. 인간이 참여하고 있는 우주의 빛은 하나로 응집하여 결국 빛과 어둠을 분리하고 어둠이 빛을 이기지 못하도록 무력화한다.

아우구스티누스는 마니교의 이미지에서 그가 어떤 의미에서 이미 취하고 있던 관점을 발견했다. 이성이 감정보다 우월하며, 정욕과 명성 및 지위에 대한 욕망이 우리의 시야를 가리고 왜곡시킨다는 관점은 아우구스티누스가 성인기의 삶을 살아갈 관점으로 채택하고자 한 것이기도 했다. 이러한 가치관은 아우구스티누스가 학창 시절 탐독했던 키케로와 세네카 같은 라틴어 저자들에게서 흔히 찾을 수 있었다. 마니교에서는 아우구스티누스에게 우주를 통합적으로 이해할 수 있다는 환상에 빠지게끔 하는 정교한 믿음들을 선사했고, 개인이 욕구를 통제할 수 없다고 가르침으로써—욕구는 개인의 일부가 아니기 때문이다—정욕의 노예로 살아갈 구실을 제공했다. 논증에 재능이 있었던 아우구스티누스는 서투른 기독교인들을 업신여겼고, 마니교에서 가르치는 진리에 깊이 빠져들면서 배타적인 교단에 소속되는 안락함, 논쟁에서 승리를 거두는 전율, 우주에 대해 환상적이긴 해도 통합적인 관점, 그리고 자신의 정부를 계속 탐해도 괜찮다는 불변의 명분을 누릴 수 있었다.

　잠시 독실한 가톨릭 신자였던 아우구스티누스의 어머니 모니카의 입장에서 생각해보자. 그토록 편안한 거짓의 그물망에서 아우구스티누스가 탈출할 방법이 있긴 할까? 마니교에 몸담은 그의 인생에선 모든 것이 충족되는 듯하다. 예외가 있다면, 키케로를 읽으면서 불붙은 배움에 대한 사랑과 지혜에 대한 불타는 열망 정도일 것이다. 모니카가 가톨릭 주교를 찾아가 이단에 빠진 아들의 죄를 고하며 절망하자, 주교는 이런 말로 그녀를 위안한다. "아드님을 혼자 두시고, 오직 하느님께 아드님을 위해 기도하십시오. 아드님은 책을 읽으면서 자신이 어떠한 잘못을 했고, 자신이 얼마나 불경했는지 깨달을 것입니다."[15] 어쩌면 주교는 아우구스티누스가 배움에 대해 품은 사랑이 여전히 살아 있으며, 언젠가는 그 사랑으로 인해 그가 누리고 있는 안락에 흠이 나리라는 사실을 꿰뚫어 봤는지도 모르겠다. 혹은 마니교에서 그리는 우주의 그림이 어떤 사람이든지 오래 만족시킬 수는 없다는 걸 알았던 건지도 모르겠다. 과연 아우구스티누스는 책을 읽으면서 자신의 오류를 찾아내고, 우주에 대한 마니교의 가르침과 철학자와 천문학자가 이야기하는 우주의 원리에 관한 여러 진리가 부합하지 않는다는 불편한 사실을 알아차린다.[16] 이러한 어긋남 앞에서 아우구스티누스는 다시금 질문을 던지게 되고, 그렇게 다시 한번 그는 배우고 이해하려는 갈망을 부단히 추구하는 길로 들어선다.

마침내 아우구스티누스는 기독교를 공부하기 시작한다. 그는 반드시 필요한 음식만 먹고, 바쁜 일정 중에도 자주 묵독에 몰두하는 주교 암브로시우스에게 깊은 감명을 받는다.

주교님이 글을 읽을 때면, 그분의 두 눈은 문장들을 훑고 그의 마음은 의미를 헤아렸지만, 그분의 목소리와 혀는 고요했습니다. 그분에게 다가가는 것이 금지된 건 아니었고, 그분에게 방문객이 찾아오면 알리는 것이 관례도 아니었습니다. 하지만 그분을 찾아갈 때면, 그분은 대개 책을 읽고 계셨고 언제나 혼자였습니다. 그분이 그토록 골몰하신 작업을 방해하고 싶지 않아서 우리는 오랫동안 조용히 기다리다가 자리를 뜨곤 했습니다.[17]

바쁜 와중에도 내면의 공간으로 물러날 수 있는 사람의

이미지가 아우구스티누스의 마음에 오래도록 남는다. 암브로시우스 주교에게는 그에게 없는 무언가가 있다.

아우구스티누스는 천성적으로 회의적인 사람이지만 "플라톤주의자들의 책 몇 권"(플라톤주의 철학자 플로티노스의 책이다)을 읽은 덕분에 그의 지성은 기독교를 향해 누그러진다.[18] 그는 육체적이고 물질적인 것이 모든 것의 전체를 구성하는 게 아니라 더 넓고 깊은 현실을 암시하는 것이라고 생각하기에 이른다. 마침내 그가 기독교의 진리를 확신하는 날이 찾아온다. 세련되고 재주 좋은 수사학자였던 아우구스티누스가 정원에서 어린아이의 목소리를 통해 정욕과 강박에서 벗어나는 은총을 받은 것이다. 그리하여 그는 수사학 교사직을 사임하고 철학적 여가를 추구하기 시작한다. (그가 주교가 되어 공적 생활의 덫에 빠지게 되는 건 훗날의 일이다.)[19] 철학적 규율로 단련된 덕분에 그는 부와 안락과 지위를 지향하는 삶의 망상과 강박에서 해방되는 은총을 받을 수 있었다.

구경거리에 대한 사랑과
표면에 머무는 삶

민주적인 인물 역시 이런 식으로, 그날그날 자신을 이끄는 욕망을 채우며 살지 않겠는가. 어느 날은 피리 연주를 들으며 진탕 술에 취하기도 하고, 살을 빼겠다며 물만 마시기도 하고, 운동에 열중하기도 하고, 언제 그랬냐는 듯이 만사가 귀찮아져서 빈둥거리다가 자기 멋대로 철학이라 생각하는 것에 몰두하기도 한다네. 종종 정치판에 불쑥 끼어들어 머리에 떠오르는 대로 아무렇게나 말하고 행동하기도 하지. 군인이 멋있어 보이면 그쪽을 기웃거리다가 돈 버는 사업가가 멋있어 보이면 또 그쪽을 기웃거리네. 그의 삶에는 어떠한 질서도 강제력도 없지만, 본인은 그러한 삶이 즐겁고 자유로우며 축복받았다고 생각하는 게지.

― 플라톤, 《국가》

《고백록》을 읽은 독자라면 누구나 아우구스티누스가 정욕으로 인해 곤란을 겪는다는 걸 기억한다. 그러나 그의 정욕이 명예와 지위에 대한 욕망과 흐릿하게 뒤섞여 있다는 사실은 그다지 주목받지 못한다. 아우구스티누스가 자신에게 아들을 낳아준 정부를 떠나는 건 신을 위해서가 아니라, 출세를 보장하는 부유한 여자와의 결혼 가능성을 위해서다.(여하간 그 가능성은 실현되지 못한다.) 아우구스티누스는 가톨릭 신앙을 향해 나아가는 도중에도 여전히 돈, 명예, 정욕에 얽매인 삶을 살아간다. (《고백록》에 의하면) 이 세 가지는 아우구스티누스가 정원에서 완전히 신에게 굴복하는 순간까지 그를 놓아주지 않는다.

하지만 《고백록》에서 아우구스티누스가 자신의 젊은 시절을 반성하는 일화들 가운데 가장 강렬한 것은 정욕이나 야심과는 무관하다. 그 일화들의 주제는 어린 적에 배를 서리한 것, 친구의 죽음을 지나치게 슬퍼한 것, 친구 알리피우스가 검투 경기 관람에 중독된 것이다. 그런데 어린아이의 장난, 상실에 대한 비탄, 끔찍한 행위에 참여하지 않고 단지 구경만 하는 일이 뭐가 그리 잘못되었다는 걸까?

내 생각에 이중 가장 이해하기 쉬우며 나머지를 이해하는 데에도 도움이 되는 것은 알리피우스의 검투 경기 일화다. 아우구스티누스는 친구 알리피우스가 검투 경기를 관람하는 동기를 '쿠리오시타스curiositas'라고 일컫는다. 아우구스티누스는 자신이 젊은 날 연극을 좋아했던 것도 마니교에 빠져들었던 것도 같은 동기의 작용이었다고 자평한다. 일반적으로 쿠리오시타스는 영어로 '궁금증curiosity'이라고 번역되지만,* 사실 이 번역어는 독자들이 그 뜻을 잘 이해하는 데 있어 걸림돌이 된다.

《고백록》1권 10장에 담긴 인간 영혼에 대한 설명에서 아우구스티누스는 쿠리오시타스가 지식에 대한 무질서한 사랑이자 배움에 대한 사랑이 타락하여 "눈의 욕망"이 된 것이라고 설명한다.[20] 이렇게 설명할 때 그는 영어는 물론이거니와 라틴어로도 이 단어의 일반적인 의미를 따르기보다는 구체적인 인간의 충동을 염두에 두고 있는 것으로 보인다. 아우구스티누스가 사용한 쿠리오시타스의 의미를 이해하는 가장 쉬운 길은 그가 제시한 쿠리오시타스의 사례를 살펴보는 것

---

* curiosity의 번역어 '호기심'과 '궁금증' 가운데 '호기심'은 새로운 것을 좋아한다는 의미를 내포하여 아우구스티누스가 말하는 쿠리오시타스에 부합하는 반면, '궁금증'은 알고자 하는 갈망에 더 가까우므로 여기서는 뜻이 어긋나는 '궁금증'을 택했다.

이다. 그 사례들은 자신이 아닌 다른 사람의 삶을 알고자 하는 욕구, 연극을 보면서 허구의 슬픔에 젖어 울고자 하는 욕구, 난도질당한 시체를 보고자 하는 욕구, 서커스 공연을 보고자 하는 욕구, 도마뱀이 파리를 잡아먹는 장면을 보고자 하는 욕구, 거미가 먹이를 옭아매는 장면을 보고자 하는 욕구, 아우구스티누스의 시대에 대중적 인기를 끌었던 검투 경기를 보고자 하는 욕구를 망라한다. 그러므로 나는 쿠리오시타스를 '구경거리에 대한 사랑love of spectacle'이라고 번역하려 하며, 이어지는 글에서 그 속성이 명확히 이해되기를 희망한다.

알리피우스는 처음에는 검투 경기를 관람하고 싶지 않다고 완강히 저항하지만, 친구들의 손에 이끌려 억지로 경기장에 가게 된다. 처음에 그는 눈을 감고 있겠다고 고집한다. 하지만 관중들의 소란에 휩쓸린 그는 어느덧 감았던 눈을 뜨고, 이내 검투 경기에 중독된다.

> 피를 본 순간 그는 야만을 깊이 들이켰습니다. 그는 고개를 돌리지 않고 그 장면에 시선을 고정했습니다. 자신에게 무슨 일이 일어났는지 전연 생각지 못한 채, 광분에 젖어 오로지 피를 보려는 욕망에 떠밀려 사악한 경기를 즐기고 있었습니다. 그는 이제 경기장에 처음 왔을 때의 그가 아니었습니다. 그는 그저 관중의 한 사람으로서 그를 끌고 온 친구들과 잘 어울리는 동반자가 되어 있었습니다.[21]

알리피우스가 구경거리에 대한 사랑에—그중에서도 인

간이 다른 인간을 죽이는 모습을 보고자 하는 최악의 욕구에
— 굴복하는 과정에서 중요한 역할을 하는 것은 다른 사람들
의 존재다. 친구들은 알리피우스를 시험하려 한다. 그의 규율
을 깨뜨려 자신들보다 우월해 보이는 그를 자신들의 수준으
로 끌어내리고자 한다. 처음에 알리피우스는 검투 경기를 보
지 않으려 저항하지만, 관중의 환호 소리가 그의 귀를 통해
들어와 감은 눈을 뜨게 한다. 알리피우스는 다른 사람들이 대
관절 무엇을 보고 있는지 확인하고 싶다는 욕구에 사로잡힌
다. 그리고 인간들이 목숨을 걸고 싸우면서 상대를 갈기갈기
찢어발기는 광경을 지켜보는 일에 깃든 내재적 매혹에 단숨
에 사로잡히고 만다.

　아우구스티누스가 구경거리에 대한 사랑이 배움에 대한
무질서한 사랑이라고 비난하는 것은 케케묵은 훈계처럼 느
껴지지만, 사실 이러한 태도는 우리 생각만큼 낯설지 않다.
물론 세상에는 우리가 알아서는 안 될 것들이 있다. 예를 들
어 우리 이웃의 성생활 같은 것이 그러하다. 무언가를 보고
들으려는 우리의 갈망 중에는 당연히 충족되어선 안 될 것들
이 있다. 예를 들어 자동차 사고에서 중상을 입은 사람들의
비명을 듣고 그들의 짓이겨진 신체를 보려는 갈망 같은 것이
그러하다. 그런데 이런 갈망의 정체가 정확히 무엇이며, 아우
구스티누스가 이 갈망을 그토록 위험하게 생각한 까닭이 무
엇인지에 대해서는 곰곰이 생각해볼 가치가 있다.

　언젠가 나는 〈인체의 신비〉라는 대중 전시를 본 적이 있
다. 다양한 방식으로 해부된 인체, 고도의 기술로 제작된 플

라스틱 인체가 전시되어 있었다. 어떤 전시물을 볼 때는 인체의 비범한 질서와 아름다움에 경이감이 들었다. 인간의 팔뚝 안에서 장엄한 그물망을 이루고 있는 동맥, 정맥, 모세혈관의 모습이 그러했다. 하지만 어떤 전시물은 선정적으로 눈길을 끌려는 의도가 분명하게 느껴졌다. 배 속에 온전한 태아를 담고 있는 임산부의 신체가 그러했다. 그의 폐가 검은색인 것을 보고 지나가던 사람들이 충격에 잠겨 수군거렸다. "담배를 피웠나 봐!" 그렇게 〈인체의 신비〉 전은 배움에 대한 사랑이 아닌 구경거리에 대한 사랑과 도덕적 우월감의 전율을 제공하는 장이 되었다. 관람을 마친 사람들은 (대단한 이윤을 내는) 이 전시에서 그들이 구경한 신체의 기증자들처럼 타인에게 자신의 신체를 보여주겠다는 동의서를 쓸 수 있었다.

굳이 설명할 필요도 없겠지만, 인터넷은 구경거리에 대한 사랑이 그득 담긴 오물통과 같다. 사자가 사슴을 잡아먹는 영상을 시청하고 나면 부유한 유명인들의 집안이 얼마나 콩가루인지 폭로하는 영상이 나온다. "다음으로 어떤 일이 일어나는지 확인"하라고 우리를 끝없이 초대하는 인터넷은 무한한 선정적 유혹의 사원이다. 인터넷에서 명목상으로 가장 진지한 영역인 뉴스 미디어마저 격분과 공포에 대한 사랑을 먹고 산다. 뉴스 웹사이트 1면은 마치 우리가 세상이 나쁜 곳이라고 생각하길 선호하는 양 보는 이에게 충격과 공포를 주게끔 꾸며진다.

이브 시몽은 독재의 평범한 공범들에 대해 이렇게 쓴다. "그들은 자신의 감정에 아부하는 거짓을 즐기는 것을 넘어 사소한 문제에서도 거짓을 선호하는 지경에 이르렀다. 가끔은 만일 그들에게 선택지가 주어졌을 경우 유쾌한 현실보다 불쾌한 거짓을 택했으리라고 생각될 정도다."[22] 유쾌한 현실보다 불쾌한 거짓을 선호하는 현상을 다른 무엇보다도 적나라하게 보여주는 것은 소셜 미디어 플랫폼인 트위터(현 엑스)다. 충격적이고 끔찍하며 격노해야 마땅한 '팩트'는 수천 회 리트윗되어 퍼져나가지만, 후에 오류가 정정되어 문제의 팩트가 진실이 아니라는 증거가 나타나도 이는 거의 퍼져나가지 않는다. 구경거리에 대한 사랑은 새로운 것과 부정적인 것을 탐닉한다. 조용하고 진실한 정정보다 충격적인 뉴스와 무시무시한 폭로의 전율을 선호한다. 구경거리에 대한 욕망은 스스로 구경거리가 되고자 하는 욕망과도 어떤 식으로 결합되어 있다. 우리는 타인이 전시된 모습을 보았듯이 우리를 전시하는 일에 이끌린다. 그렇게 우리는 지루하고, 불안하고, 외롭고, 격노에 중독된 다른 사람들과 각자 자신의 모습을 전시하면서 허송세월한다.

    구경거리에 대한 사랑과 배움에 대한 사랑의 차이는 무엇일까? 아우구스티누스는 구경거리를 사랑하는 사람이란 "단순히 아는 것 자체를 위해 알고자 하는 사람"이라는 충격적인 문장으로 그 차이를 설명한다.[23] 한데 앎 자체를 위한 앎을 추구하는 일은 칭찬해야 마땅한 것이 아니던가? 아우구스티누스는 《질서론 On Order》에서 철학자 친구들과 대화를 나누다가 수탉들이 싸우는 장면에 홀렸던 일화를 들려준다. 그들의 대화는 닭싸움을 계기로 더 활기를 띤다. "우리는 많은 질문을 주고받았다. 수탉들 사이에서 언제나 암컷을 둘러싸고 싸움이 벌어지는 건 어째서인가? 어째서 닭싸움에는 우리로 하여금 고상한 생각을 그만두고 구경하는 즐거움을 택하게 만드는 매력이 있는가? 우리는 내부의 어떤 충동으로 인해 감각들을 초월하는 실재를 추구하는 것인가? 또한 감각 자체에 의해 유인되는 것은 무엇인가?"[24]

배움에 대한 사랑은 감각을 초월한 무언가를 추구하는 반면, 구경거리에 대한 사랑은 감각 자체에 유혹당한다. 이 생각에서 아우구스티누스가 표현한 "앎 자체를 위한 앎"이 어떤 의미인지 알 수 있다. 구경거리에 대한 사랑은 단순히 경험만을 추구한다. 경험하고 또 경험하고, 닭싸움을 보고 또 보고, 검투 경기를 보고 또 본다. 구경거리에 대한 사랑은 경험을 넘어 더 나아간 질문이나 현실에 이르지 못하고 단순히 경험 자체로 만족한다. 그러므로 구경거리에 대한 사랑은 짜릿한 경험을 공허하게 추구하는 것이다. 아우구스티누스와 친구들이 닭싸움에 빠져들지 않고 자신의 경험에 대해 성찰하는 능력을 지켜냈다는 건, 그들이 실지로는 구경거리에 대한 사랑이 아닌 배움에 대한 사랑에 인도받고 있었다는 뜻이다. 구경거리에 대한 사랑에 잠시간 굴복하더라도 그 경험은 철학적 사유의 재료가 된다. 잇따른 살인이 벌어지는 검투 경기를 강박적으로 쫓아다니는 알리피우스와 달리, 그들은 구경거리에 대한 사랑에 자기 인생을 내맡기지 않는다.

아우구스티누스와 친구들이 닭싸움을 구경한 경험에서 또 하나 중요해 보이는 것은 질문의 역할이다. 그들은 눈앞의 광경에서 시선을 돌려 자신들이 본 광경과 그것이 자신들에게 발휘한 장악력을 이해하고자 한다. 마니교에서는 신자들에게 정교한 우주의 계획을 이야기하며 사실 또는 사실로 위장한 것들의 묶음을 제시한다. 이는 듣는 사람에게 현실에 대한 이해 없이도 무언가 안다는 느낌을 선사한다. 예를 들어, 마니교에서 무화과는 다른 음식보다 빛의 씨앗을 더 많이 가지고 있다고 여겨져서 지혜로운 사람이 먹는 음식으로 추앙받는다.[25] 마니교에서 주장하는 이러한 사실은 사람들을 매혹시키고("빛의 씨앗이라니, 대단해!") 원래 있었던 취향을 합리화하기 위해("무화과가 맛있는 데는 이유가 있었어!") 만들어진 것이다. 이런 사실의 의도는 더 많은 질문을 끌어내는 것이 아니라, 그 자체로 만족감을 주는 것이다. 어떤 과일들에 빛의 씨앗이 있으며, 몇 개나 있는가? 이런 질문이 떠오른 사람은 어떤 원리 비슷한 것을 들어 설명을 시도할 수도 있다. 예를 들어, 실제 씨앗의 개수와 빛의 씨앗의 개수에 연관성이 있어서, 사과는 무화과보다 못하고 오렌지는 무화과보다 못한 게 아닐까? 마니교에서 키위에 대해 알았더라면 뭐라고 생각했을까…… 하지만 이런 설명은 사변적이라서 엄혹한 현실("무화과를 해부해보았는데 **빛의 씨앗 따위 없더군.**")과 어떻게 충돌을 일으키는지 직시하기 어렵다. 원리가 들어맞지 않는다면, 또 다른 가상의 원리를 사용하면 될 일이다. 이런 질문에는 오답도, 정해진 판단 기준도, 정직한 탐구도 있을 수 없다는 점에서 애초에 마니교에서 진리는 우선적인 관심사가 아니었음을 짐작할 수 있다. 반대로 아우구스티누스는 《고백록》에서 끊임없이 질문을 던진다. 권말에 실린 〈창세기〉에 대한 해설에도 많은 질문이 담겨 있으며, 어떤 제약으로 인하여 기각된 이론들 역시 실려 있다.

나처럼 천성적으로 아는 체하길 좋아하는 사람은 **안다는 느낌**에 도취된다는 게 무엇인지 잘 안다. 무언가를 안다는 피상적 느낌에 대한 욕구는 많은 지적 활동의 기초가 되지만, 한편으로는 탐구자들을 깊이 있는 이해에 다가가지 못하도록 표면에 붙잡아두기 십상이다. 안다는 느낌은 극소수만 아는 지식을 소유하라고 우리를 꼬드기고, 공격적으로 지식을 축적하라고, 방심한 무식쟁이들에게 말로 한 방 먹일 때 사용할 가공할 화약고를 채워 넣으라고 우리를 부추긴다. 아우구스티누스 역시 그런 도취감에 대해 잘 알았다. 마니교도들과 더불어 지내던 때 그는 그런 도취감에 젖어 있었다.

아우구스티누스와 친구들이 구경거리에 대한 사랑과 배움에 대한 사랑을 통합시킬 수 있다는 것, 닭싸움 장면에서 눈을 돌려 질문을 주고받을 수 있다는 것에서 아우구스티누스가 지성의 자유로운 유희 자체를 비난할 의도는 없음을 짐작할 수 있다. 이런 자유가 더 나아간 것, 더 발전된 것, 더 근본적인 것을 찾고자 하는 헌신적인 탐색의 일부라면 아무런 문제가 없다.("사람들에게는 희미한 빛이 있을 뿐이니 걷고 또 걷게 하시어 어둠에 붙잡히지 않게 하소서.")[26] 아우구스티누스 본인이 구경거리에 대한 사랑에 탐닉하는 것 역시 같은 논리로 설명할 수 있으리라. 훗날 그는 최후의 심판에서 식인한 사람과 식인당한 사람 중 누구의 몸이 부활할 것인지 탐구한다.

거죽이 벗겨진 신체는 부활했을 때 살갖을 지니고 있을지, 머리카락과 손톱이 수 세기 동안 다시 자라나 있을지 궁금해한다.[27] 이런 탐구는 분명히 선정성에 대한 매혹에서 비롯된 것이겠지만, 그럼에도 인간의 신체적 속성과 신이 약속한 구원의 속성에 대한 더 넓은 탐구의 일부로서 의미를 가진다. 구경거리 자체가 목적이 아닌 것이다.

반대로 배움에 대한 사랑의 실천이 구경거리에 대한 사랑으로 전락하는 경우 역시 상상할 수 있다. 예를 들어, 내가 동물계를 조사해서 돌고래에게 고도의 지성이 있다는 사실을 알아냈다고 치자. 나는 이 사실을 아는 것에 만족하지 않고, 지성이란 무엇이며 지성이 동물의 삶에서 어떻게 작용하는지에 관해 더 나아간 질문들을 던질 수 있다. 반대로 나는 내가 알게 된 사실을 토대로 돌고래가 대양을 호령하며 인간사에 축복이나 저주를 내리는 자애롭고 현명한 반#신적 존재라는 환상을 만들어낼 수도 있다. 후자의 경우 나는 단지 그것이 구경거리이고 내가 만들어낸 것이라는 이유로 나의 상상 속에서 만들어진 구경거리에 안주하게 된다.

이제는 아우구스티누스가 말한 **쿠리오시타스**가 '궁금증'과 어떻게 다른지 분명히 밝혀졌으리라 생각한다. 우리는 '단순히 궁금해서' 귀뚜라미를 먹어보았거나 옆 마을로 나들이를 다녀왔다고 말할 수 있다. 이때 우리는 특별한 쓸모가 없는 지식을 추구했다는 의미로 궁금증이라는 단어를 쓴다. 우리가 추구한 지식에 쓸모가 있을 경우와 대조해보면, 예를 들어 "자선 모금 행사에서 귀뚜라미를 먹었어"나 "부동산으로 돈을 좀 벌 수 있을까 싶어서 옆 마을에 다녀왔어"라고 말할 수 있을 것이다. 하지만 대부분의 경우 '그냥 궁금해서' 하는 행동들은 그로써 배운 것이 별로 중요하지 않다고 생각해서 그렇게 표현할 뿐 배움에 대한 사랑을 실천하는 행동이다.

배움에 대한 사랑을 실천하는 이런 소소하고 무용한 행동들은 구경거리에 대한 사랑인 쿠리오시타스의 사례와 다르다. 그 차이가 잘 드러나는 건 이런 행동들이 일종의 개인적 성장을 낳는다는 사실에서다. 예를 들어, 귀뚜라미를 먹어본 사람은 무엇이 '음식'으로 간주되며 다른 사람들은 그것을 어떻게 경험하는지 알게 된다. 옆 마을에 다녀온 사람은 자신이 사는 환경을 더 잘 이해하게 된다. 반면 아우구스티누스가 이야기한 쿠리오시타스는 단순히 구경거리를 지향한다. 쿠리오시타스가 발동하는 사례는 경험 자체를 위한 경험을 추구하는 때이며, 개인적 성장은 그 목적이 아니고, 솔직히 말하자면 결과로 따르지도 않는다. 물론 구경거리에 대한 사랑에 이끌려 귀뚜라미를 먹거나 주위 환경을 답사하고 싶을 수도 있다. 이런 경우, 만일 내가 같은 종류의 구경거리를 계속 추구한다면 내가 품은 충동의 정체가 분명히 드러날 것이다. 다른 사람들이 역겹다고 느끼는 음식을 계속 먹어보거나 단순히 새로운 경험을 하고 싶어서 이런저런 낯선 마을을 돌아다니는 건, 배우길 원하지 않고 한곳에 머물 수도 없는 방랑자의 행동이다. 물론 배움에 대한 사랑과 구경거리에 대한 사랑을 구별하기 어려운 경우들도 있다. 두 종류의 사랑이 서로 통합될 수 있으니 당연하다. 배움에 대한 사랑'과 구경거리에 대한 사랑은 둘 다 개인의 기본 지향을 이룰 수도 있고, 어떤 특정한 행동을 하려는 구체적 갈망을 유발할 수도 있다.

배움에 대한 사랑을 향하는 기본 지향과 구경거리에 대한 사랑을 향하는 기본 지향의 차이는 두 종류의 끊임없는 움직임의 차이와 같다. 아우구스티누스가 기록한 그의 여정에서 예증되는 움직임의 한 유형은 끊임없이 어떤 것들의 표면을 파고들어 더 진정한 것을 향해 간다. 반면 움직임의 두 번째 유형은 같은 층위에 있는 것들 사이를 끊임없이 옮겨 다니기 때문에 그 이상의 무언가로 귀결되지 못하고, 단순한 경험의 짜릿함을 넘어서는 어떤 것도 성취하지 못한다. 인간의 가능성 자체가 구경거리에 대한 사랑을 실천하게끔 자극한다. 구경거리를 사랑하는 사람들은 맬컴 엑스, 앙드레 베유, 이리나 라투신스카야가 추구했던 종류의 덕목을 추구하지 않으며, 오히려 악하고 슬프고 흉측한 것에 유달리 매혹된다. 배움에 대한 사랑은 언제나 더 나아간 것을 원하는 반면, 구경거리에 대한 사랑은 상처를 치료하려 하지 않고 간지러워서 계속 긁는 행위처럼 표면에서 충족된다.[28]

아우구스티누스가 어릴 적 친구의 죽음에서 느낀 슬픔 역시 인생의 더 나은 덕목과 유리된 경험 자체를 위한 경험이었다. 아우구스티누스는 말한다. "친구가 내 마음속 사랑에서 차지하고 있던 자리를 눈물이 차지했기 때문에 나는 오직 눈물에서만 기쁨을 느꼈습니다."[29] 그는 세상을 떠난 친구에 대한 슬픔과 연극을 보면서 즐겼던 거짓 슬픔이 흡사하다고 여기는 듯하다. "나는 눈물을 흘리려고 작정할수록 연극에서 더 큰 기쁨을 느꼈고, 몰입감도 더 강렬해졌습니다."[30] 아우구스티누스는 눈물을 흘리기 위해서 눈물을 흘린다. 그가 우는 것은 친구를 위해서가 아니라, 괴로움 자체에서 느끼는 자신의 만족을 채우기 위해서다.

암브로시우스 주교가 서재에서 홀로 독서하며 배움에 대한 사랑을 실천하는 것과 달리, 구경거리에 대한 사랑은 언제나 군중에 휘말린 상태에서 실천되는 모양새다. 알리피우스를 검투 경기에 데려가는 친구라고 불리는 작자들, 아우구스티누스가 함께 닭싸움을 보는 동료들과 같이 구경거리를 좇는 불건전한 공동체는 아우구스티누스의 세상에 존재하는 다른 악한 공동체와 닮아 있다. 아우구스티누스가 어릴 적 아무 이유 없이 이웃에게서 배를 서리했을 때, 함께 악행을 저지른 친구들 무리를 생각해보자.[31] 아우구스티누스는 과거 자신이 대체 어떤 동기로 그렇게 행동했는지 의아하다. 서리한 배는 맛이 없었고, 아우구스티누스가 굶주려 있었던 것도 아니었다. 다만 그는 자신이 혼자 있었다면 배를 서리하지 않았을 거라고 확신한다.

구경거리에 대한 사랑이 경험 자체를 위한 경험, 감각 자체를 위한 감각, 단순히 할 수 있기 때문에 하는 행동을 추구하듯이, 아우구스티누스는 배를 서리할 수 있기 때문에 배를 서리한다. 단순히 자신이 행동하고 있다는 이유로 마치 그 행동 자체가 목적인 양 자신이 행동에 사로잡힌다. 이런 종류의 집착은 유아로 퇴행하는 것과 비슷하지만("나 혼자 해냈어!")

유아와 달리 새로운 것을 배우고 있다는 이유로 정당화될 수는 없다. 유아는 움직이고, 성장하고, 한 단계에서 다음 단계로 나아가는 일 자체에 매혹된다. 하지만 '스스로' 계단 오르기에 천 번째 성공했을 때도 과연 그 일이 전만큼 매혹적일까? 어떤 일을 스스로 해내는 건 그로써 어떠한 미덕이 생겨날 때만 중요해진다. 그렇지 않을 경우에는 의미가 없다.

구경거리에 대한 사랑의 속성은—우리가 행동을 위한 행동, 경험을 위한 경험에 매혹될 수 있다는 사실은—앞서 언급한 수수께끼를 푸는 데 도움이 된다. 이 책의 도입부에서 나는 어떤 행동들이 목표가 좌절됨으로 인해 무의미해진다고 묘사했다. 이런저런 준비를 해서 수영장에 갔지만 문이 닫혀 있을 때, 일련의 준비 행위는 무의미해지는 것이다. 그런데 만일 내가 신발을 신고, 열쇠를 챙기고, 차를 타고 수영장에 가서 문이 닫힌 것을 발견하는 일련의 과정을 한 번이 아니라 여러 번 의도적으로 반복한다고 생각해보자. 내가 그 과정을 계속하는 이유는 신발을 신고, 열쇠를 챙기는 등의 행동이 즐겁기 때문이다. 즉 내가 그런 행동을 하는 것 자체가 좋은 것이다. 하지만 이런 행동은 어딘가 건강하지 못하다는 증표다. 수영장에 갈 수 없으면 다른 일을 하는 게 합당하다. 하지만 우리는 일에 중독되어 쉴 틈 없이 바쁜 자아에 갇혀 있을 때 이런 식으로 행동한다. 우리는 돈을 위해 일하고, 번 돈으로 계속 일한다. 더 열심히 일해서 더 많은 돈을 벌지만, 그 돈으로 일을 계속하는 것 외에 다른 걸 할 시간은 없다.

단지 일하기 위해 일하는 것은 무의미하다. 일은 그보다 더 나아간 무언가로 귀결되어야만 한다. 하지만 일하기 위해 일하는 것이 우리에게 무의미하게 느껴지지 않는 건, 우리가 우리 자신의 행동과 경험에서 전율을 느끼기 때문이다. 소위 통제광이라 불리는 사람들의 상태도 마찬가지다. 내가 마실 커피를 반드시 직접 내려야 하는 건 내가 내리는 커피가 더 맛있어서가 아니라, 내 행동과 내 뜻대로 선택한 방식이 단순히 나의 것이라서 매혹되었기 때문이다.

표면에 갇혀 있을 때, 우리는 목적과 수단을 혼동한다. 우리가 일하는 것은 일 자체를 위해서가 아니라, 행복한 인생을 위해서다. 우리가 수영장에 가는 것은 그 과정에서 이런저런 행동들을 하기 위해서가 아니라, 수영을 하기 위해서다. 우리가 커피를 내리는 것은 커피를 마시기 위해서이며, 다른 사람이 내려주는 커피를 마시는 편이 우리에게 더 이로울 수도 있다.

단테의《신곡》지옥 편에서 단테는 오디세우스를 만나 그의 마지막 항해 이야기를 듣는다. 오디세우스는 트로이아에서 고향으로 돌아왔지만, 도로 항해를 떠나 여생을 바다에서 보낸 끝에 세상의 가장자리 근방에서 죽음을 맞이한다.[32] 오디세우스가 깊은 지옥에 떨어졌다는 사실은 언뜻 의아하게 느껴진다. 하지만 그가 내린 선택이 얼마나 기이한지 생각해보면, 곧 이유를 깨닫게 된다. (호메로스의《오디세이아》에서) 오디세우스의 길고 긴 귀향은 극적이고 흥미진진한 여행인 동시에 오디세우스 개인에게는 성장할 기회이기도 했다.

오디세우스는 그 여정에서 전쟁의 상처를 치유하고, 집에 돌아갈 준비를 하고, 어떠한 지혜를 모색해야 마땅했다. 여행이 우리에게 주는 미덕은 단순히 경험 자체를 위한 경험이 아니라 성장, 치유, 이해, 자신보다 더 큰 무언가에 대한 경외와 같은 것이기 때문이다. 아내와 아들과 연로한 아버지를 남겨두고 다시 항해를 떠난 오디세우스의 행동은 미친 짓이다. 여기엔 경험 자체를 제외하면 다른 의미가 없기 때문이다. 오디세우스는 감각에 주어진 시간은 짧으니 '경험 esperïenza'을 위해서 세상의 가장자리까지, 죽음에 이르기까지 항해하자고 선원들에게 호소한다.[33] 하지만 구경거리는 질문을 제기하는 시작점, 탐구를 시작하는 실마리, 자신을 넘어서는 무언가에 경이를 느끼게 하는 수단으로서 쓸모가 있을 뿐 그 자체로는 목적이 될 수 없다. 오디세우스는 가족을 버리고 표면을 누비면서 느끼는 몇 차례의 짜릿한 순간들을 위해 목숨을 버린다.

건전하게 행동할 때 우리는 표면보다 더 깊이 나아간 곳에 존재하는 무언가를 추구한다. 작위적으로 눈물을 유도하는 연극적 연출을 넘어 인생에 대한 지혜를 추구한다. 감각적 쾌락을 넘어 타인과의 친밀감을 추구한다. 상실의 비탄을 넘어 감사와 목적의식의 회복을 추구한다. 인간은 이렇게 기능하도록 만들어졌으며, 모든 게 원만할 때 세상은 이렇게 돌아간다. 경험 자체보다 더 심오한 무언가를 소중하게 여기지 않는 사람에게는 웅장한 강물을 바라보는 것이나 텔레비전 채널을 이리저리 계속 돌리는 것이나 별 차이가 없다.

구경거리에 대한 추구에서 군중, 무리, 패거리가 맡은 역할은 무엇일까? 아우구스티누스는 함께하는 사람이 없을 경우 우리는 목적을 위한 수단에, 혹은 사물의 표면에 사로잡히지 않는다고 말한다. 마치 행동 자체를 위한 행동에 대한 우리의 사랑이 구경거리에 대한 타인의 사랑과 결속되어 있는 꼴이다. 무리의 구성원들은 배를 서리하고, 다른 구성원들이 배를 서리하는 모습을 감상한다. 거짓된 친구들은 검투 경기를 즐기고 환호하면서 다른 사람도 자신의 즐거움으로 끌어들이려고 한다. 우리는 커피를 우리 식으로 내리길 원하며, 남들이 그 점을 알아주었으면 한다. 혼자서 채널을 돌리는 행위조차―강박적으로 소셜 미디어를 사용하는 건 말할 것도 없으리라―교감하고자 하는 갈망의 비틀린 형태다. 요컨대 우리는 **남들과 함께** 표면에 머무르고 싶은 것이다.

단지 행동하기 위해 행동하고 구경거리에 몰두하는 지극히 얄팍한 영역에서 성장은 일어날 수 없다. 이 얕은 층위에서 일어나는 일은 점점 즐거움이 줄어드는 전율의 무한한 반복뿐이다. 우리가 공허함을 느끼고 만족하지 못한다는 건 우리가 실제로 인간적 덕목을 얻거나 다른 인간과 진정으로 교감하지 못했다는 증표다. 우리가 느끼는 불만족이야말로 우리가 표면에 머무는 것보다는 진정한 미덕을 갈망하며, 타인과 진실로 깊이 있는 유대를 원한다는 증표다.

진지함의 미덕

중요한 것에 주의를 기울여라.

—솔론*

아우구스티누스는 **쿠리오시타스**를 지향하는 사람과 **스투디오수스**를 지향하는 사람이 어떻게 다른지 비교한다.[34] 학자들은 스투디오수스studiosus를 '학구적'이라고 번역하지만, 나는 이 표현이 오독의 여지가 있는 것으로 보인다. '궁금증'이 있는 사람은 자발적으로 자유롭게 배움을 사랑하는 사람인 반면, '학구적'인 사람은 머릿속에 성취에 대한 생각밖에 없는 지루한 사람이라고 오인받을 수 있기 때문이다. 하지만 이제 우리는 쿠리오시타스에 끌려다니는 사람이 배움에 대한 사랑보다는 폭력적인 비디오 게임에 중독된 사람과 유사하다는 것을 안다. 반면 스투디오수스에 이끌리는 사람은 아우구스티누스 본인처럼 부단히 더 나은 것, 더 진실한 것, 더 심오한 것을 추구하는 사람이리라 짐작할 수 있다.

내가 이해하기에 진지함의 미덕이란 가장 중요한 것을 추구하고, 사물의 본질에 도달하고, 의미 있는 것에 집중하려는 갈망이다. 구경거리를 사랑하는 사람은 사물의 표면을 훑어보면서 얻는 단순한 이미지와 느낌에 만족하지만, 진지한 사람은 깊이를 추구하고, 더 나아간 것을 얻고자 하며, 현실

---

* Solon(B.C.640?-B.C.560?). 고대 아테네의 정치가, 시인, 입법자로서 아테네 민주주의의 기초를 마련했다.

을 갈망한다. 진지하게 산다는 것은 자신이 품은 불만족에 대해 숙고하고, 좋은 것과 나쁜 것을 분별하며, 가능한 것과 불가능한 것을 분별한다는 뜻이다. 진지한 사람은 자신을 위해 가장 좋고 가장 진실한 것을 원한다.

구경거리를 사랑하는 사람과 진지한 사람을 대조할 때 오해해서는 안 될 점이 있다. 진지한 사람은 항상 눈썹을 찌푸리고 웃지 않는 사람이 아니며, 전 세대의 진리 탐구자들처럼 거창하게 젠체하는 사람도 아니다. 프랑스 철학자 자크 마리탱Jacques Maritain은 소르본대학교 신입생 시절 훗날 자신의 아내가 되는 라이사를 만났다. 두 사람은 1년 안에 삶의 의미를 찾지 못하면 같이 자살하자고 협약을 맺는다.(다행히 시한을 넘기기 전에 의미를 발견한 덕분에 삶을 끝맺지 않을 수 있었다.)[35] 진지하게 산다는 것은 매 순간 온 세상의 무게를 혼자 짊어진 듯이 살아간다는 뜻이 아니다. 단순히 중요한 것을 지향하고, 정말로 의미 있는 게 무엇인지를 염두에 두며 살아간다는 뜻이다. 진지하게 살고자 한다는 것은 지나치게 신중하고 근엄한 삶을 추구한다는 뜻이 아니라, 기본적인 자기 본래의 정신을 건강하게 지켜내려 노력한다는 뜻이다.

진지함의 미덕을 이해하기 위해 우리는 우선 진지함이 근본적으로 부단히 움직이는 것이라는 사실을 이해해야 한다. 아우구스티누스가 마니교도들과 함께 지낸 시기를 다시 살펴보면, 이제 앞에서 간과한 사실 하나가 눈에 들어올 것이다. 아우구스티누스는 양심의 가책 없이 정부를 두고 있다. 하지만 얼마든지 정부를 버리고 출세에 도움이 될 상대와 결혼할 수도 있다. 육신에는 저만의 정신이 있어서 개인이 지닌 신의 파편인 이성으로 통제할 수 없다는 마니교의 믿음이 그에게 요긴한 핑곗거리가 되어준다. 그는 소수만 아는 마니교의 교리를 알고 있다는 데서 자부심을 충족하고, 정교한 우주 신화로써 구경거리에 대한 사랑을 충족한다. 요컨대 아우구스티누스는 모든 면에서 전적으로 충족된 것처럼 보인다. 이렇듯 모든 게 만족스러운 상황에서 그는 도대체 어떻게 탈출할 수 있었을까?

아우구스티누스를 해방시키는 건 그가 마니교에서 배운 우주 신화와 그가 익히 알고 있던 우주의 진리 사이에서 일어나는 충돌이다. 그것이 어떻게 그를 해방시킨다는 말일까? 세계관을 살짝 수정하기만 하면 아우구스티누스는 정부나 아내와의 관계를 이어가고, 사회적 체면을 유지하고, 계속 우월감을 누릴 수 있을 것이다. 그러나 아우구스티누스에게는 진리에 대한 근본적인 갈망이 있었다. 다른 이런저런 활동들이 그를 충족하게 했던 까닭은 그것들이 의존하고 있던 마니교 세계관이 진실해 보였기 때문이었다. 하지만 마니교 세계관이 무너지자 아우구스티누스가 느끼고 있던 다른 만족감도 싸늘하게 식어버린다. 정부를 성적으로 착취할 구실이 사라졌다. 논쟁에서 승리해봤자, 그 근거가 순 거짓부렁이었으니 허울뿐인 승리다. 아우구스티누스는 단순히 한두 가지 믿음을 잃은 게 아니라 기본 지향 전체를, 즉 자신의 욕구와 목표가 정리되고 이해되는 체계를 잃어버린 것이다. 구경거리에 대한 사랑은 언뜻 진리에 대한 사랑을 충족하는 것처럼 보인다. 하지만 실수가 벌어진 무대 위 연극에서처럼 구경거리가 더는 그럴듯해 보이지 않는 순간, 현실이 그 틈을 비집고 들어온다.

아우구스티누스는 인간의 궁극적 욕망이 단순히 진리를 얻고자 하는 것이 아니고, 구태의연한 기쁨을 추구하는 것도 아니며, 오로지 진리 안에서 기뻐하는 것이라고 설명한다.[36] 신이 곧 진리이므로 우리의 행복도 신 안에 있다. 우리는 모두 행복을 갈망하며, 자신이 행복을 갈망한다는 것을 잘 알고 있다. 하지만 실지로는 우리 모두가 진리 안에서 기뻐하는 것을 추구하는 건 아니며, 따라서 우리 모두가 신을 추구하는 것도 아니다. 우리는 우리를 번성하게 해줄 것들에서 기쁨을 찾지 않고 명예나 권력 또는 쾌락이나 미신에서 기쁨을 찾으려 한다.

아우구스티누스가 행복이 진리 안에서 기뻐하는 것이라고 말할 때, 그가 말하는 진리란 단순히 참된 사실이 아니라 가장 중요한 것들에 대한 진실이다. 아무렇게나 그러모은 파편적 사실들로―이를테면 고래에 대한 사실들이나 야구의 역사에 대한 사실들로―신의 진리에 도달하기는 어려울 것이다. 행복을 성공적으로 추구하려면 진리에 대한 갈망이 필요하다. 무엇보다도 가장 의미 있는 진실인 인생의 진실에 대한 갈망이 필요하다. 그러니 진지함의 미덕은 배움에 대한 사랑과 행복에 대한 갈망 둘 다와 긴밀하게 결합되어 있는 셈이다.

결과적으로 아우구스티누스의 배움에 대한 사랑은 다른

모든 것을 추월하여 그가 여성과 관계 맺는 방식을 바꾸고, 한때 그가 매료되었던 지위 경쟁에 대한 관점을 바꾼다. 배움에 대한 사랑은 여느 갈망과 달리 통합하는 힘이자, 일종의 총체성을 만들어내는 원천이다. 아우구스티누스를 만족시키는 것들은 이제 난잡한 목록이 아니라 정해진 질서를 따른다. 구경거리에 대한 그의 사랑은 질문을 유발한다. 명예와 지위에 대한 그의 사랑은 내면화를 거쳐 알고, 이해하고, 신에게 선택받고자 하는 개인적 바람으로 변모한다. 진리는 마니교도로 살았던 아우구스티누스의 인생 전체를 허물었듯 기독교도로 살아갈 인생 전체를 쌓아 올린다. 한 부분에서 일어난 변화로 인해 나머지가 모두 제자리를 찾는 셈이다.

신이 존재하지 않으며, 따라서 진리를 추구함으로써 신에게 닿을 수 없다고 가정해보자. 혹은 신이 선하지 않다고 가정해보자. 그렇다면 진리가 우리를 기쁘게 하지 못할 것이다. 알고 보니 우리가 용암 위에 섬처럼 떠 있으며, 우리가 아끼는 모든 것이 언제든 흔적도 없이 용해될 수 있다고 가정해보자. 철학자들은 종종 이런 상황에 처할 경우, 자신은 차라리 환상 속에서 사는 편을 선호할 것이라고 상상한다. 모든 게 우리 뜻대로 이루어지는 사이버 세상의 환상 속 삶은 감당할 수 없는 현실 앞에서 일종의 치료제나 대응 기제 역할을 하는 실용적인 선택일 수 있다. 그러나 단언컨대 환상 속에서 영위하는 삶은 우리가 꿈꾸는 인간적인 삶을 제공하지 못한다. 우리가 가상으로 선택하는 환상 속 삶은 영광된 삶이 아니며 존경스러운 삶도 아니다. 마음 깊은 곳에서 우리는 어떠한 종류의 사람이 **되기를** 원한다. 비단 우리 자신에게 어떤 사람으로 보이는 것을 넘어 정말로 그런 사람이 되기를 원하는 것이다. 사이버 세상의 삶은 깊이 없이 표면에만 머무는 삶이라서, 그 삶에서 우리는 검투 경기를 몇 번이고 마음껏 감상하면서 전율에 취할 수 있을 것이다. 실제로 목숨을 잃는 사람은 없으니 더욱 즐겁지 않을까.

우리가 정말로 진리를 그토록 사랑한다면, 우리의 진정한 행복이 진리 안에서 기뻐하는 것이라면, 지금 우리 모두가 행복하지 않은 이유는 무엇일까? 어째서 피상이 우리에게 그토록 매력적인 것일까? 이에 대해 아우구스티누스는 우리에게 자신에 대한 진실을 회피하는 경향이 있다고 지적한다. 우리가 진실에 선뜻 다가가지 못하는 건 진실에 대해 치러야 할 대가가 있기 때문일 것이다. 나는 언젠가 제자에게 어째서 모임에서 아무도 대화를 나누지 않고 핸드폰만 들여다보고 있는 거냐고 물은 적이 있다. 그는 답했다. "그야 그러는 편이 훨씬 편하니까요!" 만남에는 위험이 따른다. 만남을 통해 진정한 만족을 얻는 대가로 우리는 피할 수 없이 줄기차게 이어지는 고통을 감내해야 한다.

진실에 고통이 따른다는 사실로써 우리가 진리 안에서 기쁨을 잃는 이유 역시 설명된다. 진지하게 좋은 인생을 추구한 끝에 목표에 도달한 뒤에도 우리는 걸핏하면 상습적인 무기력에 빠지고, 행동을 위한 행동과 경험을 위한 경험을 거듭한다. 고대의 승려들은 이런 상태를 '아케디아$_{acedia}$'라고 했다. 아케디아는 일반적으로 '나태'로 번역되지만, 이 단어로는 아케디아가 소파에서 빈둥거리는 것보다 오히려 과잉 활동으로 나타나는 경우가 많다는 사실이 잘 드러나지 않는다.[37] 우리는 진리에서 느끼는 기쁨을 잃고, 가장 중요한 것에 맞추었던 초점을 흩트린다. 그러나 토마스 아퀴나스가 아케디아를 논하며 지적했듯 "누구도 기쁨 없이는 슬픔을 오래 견디지 못하기" 때문에 우리는 우리를 슬프게 하는 것으로부터 벗어나 다른 어딘가에서 기쁨을 찾으려 한다.[38] 그렇게 우리는 다시 우리 자신의 행동이나 안락의자에 앉아 감상할 수 있는 무언가와 같은 구경거리를 추구하게 된다. 이런 때 우리에게 필요한 건 우리가 가장 중시하는 것, 즉 배움, 봉사, 맹목적 사랑과 같은 목적에 다시금 헌신하는 태도다. (뜨개질, 요리, 목공예, 일상의 꾸준한 수행처럼) 단순하고 실질적인 활동들 역시 현실이 우리에게 반복적으로 안겨주는 시련에 우리를 다시 순응시키는 데 도움이 된다.

지금까지 논의를 살펴볼 때, 아우구스티누스가 이야기하는 진지함의 미덕은 지적인 삶을 이해하는 데 있어 핵심적인 가치를 지닌다. 앞에서 말했듯 지적인 삶에는 방향이 있다. 지적인 삶은 우리를 더 나아간 것으로 이끌고, 그보다 더 나아간 것으로 이끌기를 반복한 끝에 결국 우리가 '더 나아간' 것이 없는 지점에(그런 곳이 있다면) 당도하게끔 한다. 그렇게 우리는 신 앞에서, 혹은 신이 부재한 심연 앞에서 인생의 고투를 끝마치게 된다. 아우구스티누스 본인의 설명에 의하면, 그는 맬컴 엑스나 앞으로 만나보게 될 소설 속 인물 릴라 체룰로처럼 더 나아간 것을 향해, 즉 더 현실적인 것과 더 깊은 것과 더 정확한 이해를 향해 거침없이 나아가는 인간이다. 배움에 대한 끊임없는 추구로 대변되는 진지함의 미덕은 가장 의미 있는 것을 향하고자 하는 갈망에 의해 지시되는 것이다.

아우구스티누스는 진리를 향한 우리의 갈망과 또한 우리가 바라는 궁극적 안녕이 서로 충돌하지 않는다고 확신한다. 그의 확신이 옳다면, 우리에게 가장 의미 있는 것은 또한 우리를 번성하게 할 것이다. 그것은 신이 진리와 선함의 근원이며, 앎과 행복에 대한 우리의 갈망이 향하는 궁극적 목적지이기 때문이다. 하지만 기이하게도 신이 부재하는 심연 앞에서도 일종의 번성이 가능하다.

지금부터 심연의 언저리에서 번성하는 우정을 보여주는 사례로 엘레나 페란테의 소설 '나폴리 4부작'을 살펴보고자 한다. 《고백록》이 진리를 향한 철학적 탐색의 변혁적 규율을 보여준다면, 나폴리 4부작은 예술 활동과 창조성의 실천을 통해 깊이와 현실을 추구하는 규율을 보여준다. 물론 세상에는 경건한 형태로 예술을 통해 번성하는 사례도, 심연을 중심으로 철학을 통해 번성하는 사례도 존재할 테지만, 이런 사례들은 독자들이 스스로 생각해볼 수 있으리라 믿는다.

예술 활동을 통한 구원

시는 어떤 일도 일으키지 않기에 살아남는다
세상의 지배자들이 결코 손대려 하지 않는

창조의 계곡에서, 남쪽으로 흘러가
외로운 목장과 분주한 슬픔을 거쳐
우리가 믿고 살다가 숨을 거두는 거친 도시에서, 시는 살아
남는다
어떤 일이 일어나는 방식으로서, 하나의 입으로서.
—W. H. 오든, 〈W. B. 예이츠를 추모하며〉

 넓이와 깊이를 두루 갖춘 엘레나 페란테의 나폴리 4부작은 지적인 삶과 야심, 배움에 대한 사랑과 사회적 출세를 위한 고투의 관계를 고찰하고 있다. 소설의 배경은 탈공업 시대 도시 빈곤의 폭력과 암울함이며, 구체적으로는 전후 빈곤에 시달리는 나폴리다. 나폴리 지역사회에서 발견되는 인간성의 약화는 그 원인이 불분명하고 그만큼 견딜 수 없이 괴롭다. 교육 제도를 경유하여 지역사회를 탈출하고자 하는 사람조차도 피상성과 출세로의 도피가 일으키는 인간성의 약화를 피할 수 없다. 하지만 (내가 보기에) 배움에 대한 사랑의 실천은 그 와중에도 조용한 불꽃처럼 살아남는다. 소설 속에서 그 불꽃은 오로지 두 주인공이 맺는 우정과 그들이 함께 수행하는 창의적이고 예술적인 활동에서 피어난다. 폭력적이고 혼란스러우며 인간의 이해에 무심한 것처럼 보이는 우주에서 배움에 대한 사랑의 아름다움만큼은 끝까지 살아남는다.
 우리는 소설의 화자 엘레나 그레코('레누'라는 별명으로 불린다)의 설명을 통해 나폴리의 가난하고 폭력적인 동네에서 유년기를 보낸다는 것이 어떤 경험인지 알게 된다. 친구

사이인 레누와 릴라 체룰로는 둘 다 학교에서 탁월한 성적을 거둔다. 레누는 가족에게 학업을 계속해도 된다는 허락을 받고, 동네를 벗어나 지적 활동을 계속한 끝에 중산층 교수와 결혼하고 저명한 작가이자 소설가로 경력을 쌓는다. 반면 레누가 보기에 지적 재능이 더 뛰어난 릴라는 5학년을 끝으로 학교를 중퇴하고, 십대에 결혼하여 동네를 호령하는 폭력배의 소유가 된다. 이윽고 릴라는 결혼 생활을 그만두고 그에 못지않게 위험하고 모멸적인 소시지 공장에 취직했다가 결국 공장을 나온 뒤 고향에서 기술 기업을 세운다. 두 여성이 그리는 서로 다른 인생의 궤적과 두 인생의 분기점과 접점을 살펴보면, 사회적 야심과 지적인 삶이 어떻게 교차하는지를 보여주는 선명한 사례들이 눈에 띈다.

주인공들이 자라난 동네의 아이들에게 학교는 무엇보다도 권력과 지위를 둘러싸고 치열한 경쟁과 고투가 이루어지는 공간이다. 다툼의 수단만 달라졌을 뿐이지 길거리 싸움과 다를 바 없다. 1권 초반에 최고의 학생과 교사를 가려내기 위한 학급 대항 대회가 열린다. 레누와 릴라의 담임 선생인 올리비에로는 경쟁을 즐기는 사람이다. "동료 교사들과 사이가 좋지 않아서 자칫 주먹다짐까지 할 뻔했던 올리비에로 선생님에게 릴라와 나는 선생님이 얼마나 뛰어난 교사인지 증명해줄 확실한 수단이었다."[39] 팽팽한 긴장으로 과열된 교내 대회에 출전하는 인물은 4부작의 서사에서 서로 인생이 뒤얽히는 릴라와 레누, 니노, 엔초, 알폰소 카라치다. 대회의 결과, 릴라가 냉혹하고 압도적인 승리를 거둠으로써 가장 뛰어난 학생으로 인정받는다. 그러나 대회가 끝난 뒤 학생들은 남녀로 편을 갈라 돌팔매 싸움을 벌이고, 릴라와 엔초는 부상을 입는다.

    화자인 레누는 폭력적인 충동을 좀처럼 드러내지 않는다. 레누는 싸움에 뛰어들기보다는 다정한 모습과 금발 곱슬머리를 가림막 삼아 자신을 숨기는 편을 선호한다. 하지만 레누에게도 승부욕이 있다. 거리에서 싸우기보다 사회적 계급의 사다리를 오르는 데 집중할 뿐이다. 소설 속에서 레누는 첫눈에 진정한 지적 동기 없이 단지 경쟁심으로 움직이는 출세 지향의 인물로 보인다. 1권과 2권에 걸쳐 레누가 장기간 학업을 이어가는 동안 그녀가 어떤 근본적 질문에 숙고하거나 어떤 발견에 대한 경외심으로 전율하는 모습은 묘사되지 않는다. 지성을 활용하는 능력이 탁월한 데 비해 배움에 대한 사랑은 보이지 않는 것이다. 반대로 레누는 학교에서 과목마다 몇 점을 받았는지, 교사에게 어떻게 주목받거나 칭찬을 들었는지, 가까운 경쟁자들과 비교했을 때 얼마나 잘했는지 낱낱이 보고한다. 레누의 성적은 레누의 안정감과 정확히 합치된다.

> 나는 전 과목에서 10점 만점을 받았다. 릴라는 산수에서 8점을 받았지만 나머지 과목에서 9점을 받고 졸업했다.

> 비참한 날들이 이어졌다…… 알폰소 카라치가 전 과목 평균 8점으로 진급하고, 질리올라 스파뇰로는 평균 7점으로 진급했는데, 나는 평균 6점에 라틴어에서는 4점을 받았다.

나는 전 과목 평균 8점에 이탈리아어와 라틴어는 9점을 받고 중학교 졸업시험을 통과했다. 학교를 통틀어 가장 우수한 성적이었다. 평균 8점인 알폰소보다 점수가 높았고, 지노보다는 훨씬 높았다.

그 시절 나는 자신감이 생겼다. 학교에서는 완벽하게 처신했다. 올리비에로 선생님에게 내가 학교에서 얼마나 잘하고 있는지 이야기하고 칭찬을 받았다.

나는 전 과목 9점의 성적으로 진급했다.

나는 전 과목 10점의 성적으로 3학년에 진급했다.[40]

중학교를 졸업하고 고등학교와 대학교에 진학하면서 레누는 점수에 연연하고 남들과 비교하는 습관을 버리지만, 그 대신 올바른 단어와 표현을 선택하여 대화에서 체면을 세우는 것이 새로운 관심사가 된다. 학교 성적이 물러난 자리에 사회적 출세라는 더 높은 층위의 성적이 등장한 셈이다. 레누가 속한 하류 공동체에서 최고가 된다는 것은 사회적 위계의 사다리를 더 높이 오르는 수단이다. 4부작의 2권과 3권에서는 레누가 무의미한 말들을 능수능란하게 사용하여 신분 상승에 성공해가는 모습이 묘사된다. 레누의 신분 상승은 그녀가 어릴 적부터 알고 지낸 야심가 니노 사라토레(나중에 성범

죄자로 밝혀진다)에게 품은 사랑과도 깊이 연결된 것으로 보인다. 니노는 전적으로 사회적 지위를 지향하는 지식인으로, 자신의 출세가 보장된다면 누구에게든 환심을 사려 든다. 니노는 등장인물들이 유년기를 보낸 나폴리 동네에서 진정으로 탈출하는 유일한 인물이기도 하다.

 레누가 고등 교육을 받는 1960년대에 신분 높은 지식인들은 정치에 경도되어 있다. 니노는 릴라의 결혼식에서 레누와 대화를 나누면서 훗날 두 사람을 빈곤에서 탈출시켜줄 공허한 정치적 웅변을 보여준다. 이 대목에서 소설 전반에 걸쳐 나타나는 씁쓸한 아이러니가 절감된다. 빈곤을 주제로 하는 니노의 웅변은 "모호한 표현들"을 버리고 문제와 해법을 구체적으로 논의해야 한다고 역설한다. 그는 소설을 공부하거나 소설을 쓰는 것과 같은 문학이 노동자들의 관심사와는 무관하다고 비판한다. "레누, 용맹한 소설을 너무 많이 읽으면 돈키호테 같은 사람이 되는 거야. 돈키호테를 무시하는 건 아니지만, 나폴리에서는 풍차와 결투를 벌일 필요가 없어. 그런 용기는 아무짝에 쓸모없다고. 우리에게는 풍차를 사용하는 법을 알고 실제로 풍차를 작동할 수 있는 사람들이 필요한 거야."[41]

 당시 레누는 니노의 명석함과 말솜씨에 압도되고 설득된다. 하지만 소설이 진행되면서 현실은 니노의 말과 정반대라는 사실이 선명해진다. 말장난을 벌이는 건 정치 활동가들이고, 미약하나마 희망과 의미를 발견하는 건 소설가들이다.

야심과 예술 활동

나이 든 철학자들은 축복받은 섬에서 현자들이 어떻게 생활할지 상상한다. 어떠한 근심에서도 자유롭고 생활에 필요한 것들에 얽매이지도 않으니, 다른 할 일 없이 모든 시간을 자연을 배우고 탐구하는 일로 보낼 수 있으리라 상상한다. 하지만 우리 눈에는 행복한 삶이 주는 기쁨뿐 아니라 불행이 주는 위안 역시 보인다. 이런 이유로 많은 이들이 적이나 독재자의 권력에 억압당했을 때, 옥에 갇혔을 때, 나라에서 쫓겨났을 때 자신의 슬픔을 달래기 위해 배움을 추구했다.

— 키케로, 《최고선악론》

나폴리 4부작에서 지적인 삶은 길거리 싸움이나 공허한 허세 이상으로 나아갈 수 있을까? 레누와 독자가 대안적 관점을 발견하고 정신 활동에 깃든 더 깊은 가치를 마주하게 되는 건 궁극적으로 레누의 친구 릴라를 통해서다. 소설 앞부분에서 릴라는 레누 못지않게 경쟁적이고 지위를 지향하는 성격으로 보인다. 릴라는 학교를 중퇴한 뒤 가난에서 벗어나기 위해 돈벌이에 몰두한다. 처음에 릴라는 구두를 만들어 자신과 가족의 안전을 꾀하려 한다. 하지만 구두 사업은 아버지와 오빠 그리고 여러 구혼자와 중개인들에게 넘어가고, 릴라는 자신을 아름답게 꾸미는 일로 관심을 돌린다. 아름다워지면 성공한 식료품점 주인 스테파노 카라치와 결혼해서 가난을 탈피하고, 자신에게 구혼하고 있는 마피아 폭력배 마르첼로 솔라라의 손아귀에서 벗어날 수 있기 때문이다. 하지만 릴라의 담임 선생이었던 올리비에로는 릴라가 새로 찾은 경쟁 방식을 혹독하게 비판한다. "그레코, 어린 시절 체룰로가 지녔던 정신의 아름다움은 피어나지 못했구나. 그 아름다움이 모두 얼굴과 가슴, 허벅지와 궁둥이로 가버렸어. 그런 곳에선 아름다움이 언제 있었냐는 듯이 순식간에 사라져버리지."[42] 이 모든 사실에 비추어볼 때 릴라와 레누에게 학교와 공부는 단순히 가난과 굴욕, 무력함에서 벗어나는 길이라는 점에서 사업 성공이나 결혼과 다르지 않다.

 그러나 릴라를 단순히 사회적 고투를 벌이는 경쟁자이자 신분 상승을 위해서라면 수단과 방법을 불문하는 사람으로 그린다면, 그 초상은 너무 피상적이다. 레누에게 릴라는 오히려 자연스럽게 에너지와 관심사가 샘솟는 원천이다. 릴라는 죽어 있던 단어와 활동에 생명을 불어넣고, 다른 인물들이 가닿지 못하는 진정한 현실에서 살아간다. 레누는 이따금 릴라의 자발적이고 창의적인 지적 활동에 자신이 함께 참여할 수 있다고 느낀다. 1권 《나의 눈부신 친구》 도입부에서 레누와 릴라는 함께 《작은 아씨들》을 구입한다.

 우리는 그 책의 주인이 되자마자 자주 마당에서 만나 책을 읽었다. 나란히 앉아 속으로 읽기도 했고, 소리 내어 읽기도 했다. 그 책 한 권을 몇 달이나 읽었다. 하도 여러 번 읽어서 책은 너덜너덜해지고 땀으로 얼룩졌다. 책등이 떨어지고 올이 해어지더니 책장이 떨어져 나가기에 이르렀다. 하지만 그 책은 우리의 것이었고 우리는 그 책을 애지중지 했다.[43]

《작은 아씨들》을 중심으로 두 소녀가 만들어낸 조그만 지적 공동체는 남들에게 잘 보이고자 빈말을 꿰어 맞추며 살아가던 레누의 인생에서 관조적 열정이라는 하나의 섬과 같다. 레누는 그 섬을 만들어낸 사람이 릴라이며, 자기 혼자서는 그곳에 도달할 수 없다고 믿는다.

레누와 릴라는 함께 책을 읽고 공부하는 한편, 그들이 속한 지역사회를 성찰하기도 한다. 두 소녀의 관심사는 동네의 악당 돈 아킬레가 살해당한 사건이다. 그들은 피해자의 아들과 살인 용의자의 딸이 결혼함으로써 동네의 상처가 치유될 수 있을지 숙고한다. "우리는 그 사건에 대해 이야기를 나누었다. 우리는 고작 열두 살이었지만, 가끔씩 트럭이 지나가면서 일으키는 먼지와 날파리들을 뚫고 뜨겁게 달아오른 동네의 길을 걷는 우리의 모습은 마치 실망스러웠던 지난 인생을 돌이켜보는 두 노인네 같았다."[44] 레누는 지역사회 내의 갈등에 대해 상상의 나래를 펼치는 두 사람의 대화가 그들을 둘러싼 환경을 좀 더 견디기 쉬운 것으로 새로 상상하는 "놀이"였다고 설명한다. 재창조 또는 구원을 시도하는 이 활동은 신의 활동과도 닮아 있다.

릴라의 자연스러운 지성을 가장 선명하게 보여주는 상징은 그녀가 사적인 글을 적는 공책이다. 레누의 서술에 의하면, 릴라의 공책에는 나무와 나뭇잎, 도구와 그 부품들, 건물, "무엇보다도 색깔들", 단어들에 대한 묘사와 생각들, 그리고 그 시점까지 릴라의 인생에서 일어났던 사건들에 대한 서사적 설명이 담겨 있다.[45] 릴라는 레누에게 잘 보관해달라며 공책을 맡기지만, 레누는 그 안에 적힌 내용을 모조리 외울 때까지 읽고 나서는 강물에 던져버린다. 릴라의 공책은 레누가 매료되어 있던 공허한 정치적 담론과 정반대 위치에 있다. 공책은 단순히 릴라가 생각하고 관조한 내용을 담아낸 것에 불과하므로 그 자체로 유용성이 없고, 이제는 물에 빠져 사라졌으니 한층 더 무용해졌다. 공책에 담긴 생각들은 어떤 결과도 낳지 못한다. 그러나 그 아름다움과 자발성에 레누는 감화되고 만다.

    4부작의 결말부에 이르러, 릴라가 특별한 매력을 지닌 건 그녀가 단지 존재하기 위해 존재한다는 거룩한 무용함 때문이라는 문장이 나온다. 레누는 니노가 릴라에게 특별히 매력을 느낀 이유가 무엇일지 골똘히 생각한다. 소설에서 니노는 전적으로 지위 상승을 위해 고투를 벌이는 전문 지식인을 가장 정확히 대표하는 인물이다. 레누는 어느 순간 니노가 지금껏 만난 연애 상대들이 한 사람도 빠짐없이 그에게 경력상의 이득을 주었음을 깨닫는다. 다만 릴라만큼은 예외다. 릴라에 대한 니노의 사랑은 오히려 괴로움과 사회적 좌절을 유발한다. 이 점에 생각이 닿은 레누는 릴라가 다른 사람들에게 어떤 의미인지 비로소 깨닫는다.

〔릴라는〕 지성을 지녔지만 그걸 쓸모 있게 활용해서 뭔가 얻으려 하지는 않았다. 온 세상의 부를 그저 천박함의 증표로 여기는 귀부인처럼, 릴라는 자신의 지성을 허비했다. 니노는 바로 이 점에 끌렸을 것이다. 릴라가 지닌 지성의 무용성에 반했을 것이다. **릴라가 여러 사람들 사이에서 돋보인 이유는 그녀가 천성적으로 어떠한 유형의 가르침에도 쓸모에도 목적에도 굴복하지 않았기 때문이다.** 릴라를 제외한 우리 모두는 무언가에 굴복했다. 그 굴복과 그로 인한 시험과 실패와 성공을 거치면서 우리는 초라해졌다. 오로지 릴라만이 무슨 일을 겪어도 어떤 사람을 만나도 초라해지지 않았다.[46]

릴라가 자기 자신을 위해 존재한다는 이미지는 특히 그녀가 지성을 활용하는 방식에서 특히 잘 드러나며, 4부작의 결말부에서 릴라가 나폴리의 거리를 돌아다니며 도시와 그 역사에 대해 아무도 읽지 않을 책을 쓰고 있을 때 다시금 떠오른다. 릴라가 쓴 글은 한 편도 빠짐없이 사라진다. 공책은 레누가 강물에 던졌고, 어릴 적 쓴 소설 《푸른 요정》은 릴라 본인이 난로에 넣어 태웠으며, 나폴리에 대한 마지막 작품은 릴라와 함께 자취를 감춘다. 반대로 레누가 쓴 모든 책은 레누를 사회석으로 줄세시키고, 대중의 시선에 노출시키며, 그녀의 명성에 영향을 준다.

이렇듯 나폴리 4부작에서는 배움에 대한 사랑을 진정으로 실천하는 행위에 내포된 어두운 면이 드러난다. 아름디움과 이해를 추구하는 릴라는 말과 이미지로 자신을 표현하고

자 한다. 릴라는 뛰어난 예술가이지만 그녀의 작품이 남들 눈에 보이거나 읽히는 일은 없다. 우리는 그 점이 무언가 이상하다고 느끼게 된다. 릴라의 예술은 어떠한 쓸모도 없이 파괴된다는 점에서 확연히 드러나듯 사회적 용도가 없는 순수한 예술이지만, 이러한 종류의 순수함은 개인 안에 갇힌 불모성처럼 느껴진다.

자신의 작품을 대중 앞에 내놓지 말라고 당부하는 릴라와 끊임없이 대중 앞에 나서고 남들에게 좋은 인상을 남기는 것에 몰두하는 레누는 극과 극으로 다르다. 이러한 차이에서 우리는 두 여자가 다른 면에서도 반대라는 것을 기억하게 된다. 레누는 성적 쾌락을 경험하지만, 릴라는 경험하지 않는다. 레누는 출산을 즐거워하지만, 릴라는 출산에 저항하고 겁을 낸다. 예술을 생산한다는 건 전통적으로 일종의 출산이자, 어떠한 유형의 생식력이자, 불멸성에 대한 추구로 간주된다. 레누는 공허하게 신분 상승에 매달리긴 하지만, 릴라와 달리 예술의 이러한 본질적 측면을 실천할 역량이 있다. 예술에는 릴라가 가진 자발적 관조의 불꽃뿐 아니라, 남들에게 자신을 드러내고자 하는 레누의 사회적 야심 역시 필요한 듯하다.

예술에 순수한 관조뿐 아니라 사회적 야심 역시 필요하다고 생각할 때, 우리는 레누라는 인물에 대해 재고하게 된다. 우리가 레누를 지위 지향의 인물로 판단하는 건 물론 자신을 진정한 지성의 소유자 릴라와 비교하는 레누의 서술을 통해서다. 하지만 화자인 레누의 서술을 완전히 신뢰해도 될까? 레누는 시종일관 자신을 폄하하고 릴라를 이상화한다.

사실 우리는 무용하고 숨겨진 채 자신을 위해 살아가는 릴라가 정말로 존재하긴 하는지, 아니면 레누의 자기혐오에서 싹튼 환상의 산물인지 확신할 수 없다.

레누는 한 세상에서 다른 세상으로 이동했다. 폭력이 횡행하고 가난에 시달리는 동네에서 태어난 그녀가 주먹보다 말이 통하는 안락한 중산층 세계에 거주하게 되었다. 그래서 레누는 남들이 실제로 해내는 일들을 자신은 시늉만 하고 있다는 생각에 시달린다. 젊은 대학원생들에게서 특히 흔하게 발견되는 이 현상을 학자들은 '가면 증후군'이라고 한다. 학위 과정을 시작하는 대학원생들은 모두가 정통한 주제에 대해 자기 혼자만 아무것도 모르고 아는 척으로 버티고 있다고 확신한다. 하지만 그들의 진짜 문제는 진정성이 부족한 것보다는 진정성이 부족한 것에 대한 내적 두려움, 그리고 자신이 합류하고자 애쓰고 있는 사회적 계급에 아직 온전히 받아들여지지 못했다는 인식일 것이다.

레누가 외적인 것들에 초점을 맞추고 지위를 의식하는 자신의 성향을 과장했다는 증표 하나는 그녀가 누구에게 이야기하거나 어떠한 성과를 얻으려는 생각 없이 혼자서 소설을 읽는다는 묘사다.[47] 레누의 첫 소설 역시 누구에게 소설을 쓰라는 말을 들어서 쓴 것이 아니라, 자발적으로 쓴 것이다. 레누의 소설은 릴라의 일기와 릴라가 어릴 적에 쓴 소설 《푸른 요정》에서 영향을 받긴 했지만, 릴라를 제외하면 누구도 모방하지 않는다. 우리가 레누의 소설에 대해 아는 것은 레누의 첫 경험 이야기가 나온다는 것이 전부지만, 그 내용이 레누가 자신의 인생을 돌아보는 것임은 분명하다. 레누는 단 20일 만에 소설을 완성한 다음, (교수가 아닌 교사가 되라는 말을 듣고 느낀) 수치심이 자신에게서 빠져나와 책 속으로 들어갔다고 말한다.[48] 레누가 자신의 재능과 지위를 깎아내리는 굴욕을 당하고 그에 대한 반응으로 책을 썼다는 건 결국 이 책이 레누의 경쟁심에서 탄생했음을 시사한다. 하지만 그럼에도 이 책은 레누가 자발적으로 자신의 생각대로 쓴 작품이기에, 레누가 자신보다 잘난 사람들의 조언에 단순히 수동적으로 반응하는 단계를 넘어 그녀의 스승들이 미처 생각지 못한 자신만의 입지를 개척하려 한다는 증거이기도 하다.

나폴리 4부작에서 독자들에게 예술이 무엇이고 예술의 의미는 무엇인지 가장 분명하게 보여주는 인물은 릴라가 아니라 레누다. 예술의 목적은 인생을 성찰하고 그 안에서 의미를 찾는 것, "살아 있는 마음을 만들어내는 것"이다. 레누는 3권 초반에서 자신의 첫 소설이 서점 서가에 꽂힌 것을 발견한 뒤 소설을 쓰는 것이 자신에게 어떤 의미인지 설명한다.

> 나는 고전문학을 꽤 많이 공부했으므로 위대한 문학이 무엇인지 잘 알고 있었다. 그래서 글을 쓰는 동안 내가 무언가 가치 있는 것을 만들어내고 있다는 생각은 들지 않았다. 다만 나는 어떠한 형태를 찾아내려는 노력에 빠져들었다. 그 노력의 산물이 바로 **이 책**, 나라는 사람이 고스란히 담긴 이 물건이었다. 그렇게 책 속에 담겨 남들 눈에 **노출된 나 자신**을 보자 심장이 거칠게 뛰었다. 내가 쓴 책뿐만 아니라 소

설이라는 것 자체에 내 마음 깊은 곳을 뒤흔드는 무언가가, 날것 그대로 고동치는 심장이 있었다. 릴라가 같이 소설을 써보자고 제안했던 먼 과거 그때에도 그렇게 심장이 뛰어서 가슴이 터질 것 같았다. 나는 소설을 진지하게 써보겠다고 생각했다. 하지만 그게 정말 내가 원한 거였을까? 글을 쓰는 것, 목적을 가지고, 전에 쓴 글보다 더 좋은 글을 쓰는 게 내가 원한 거였을까? 과거와 현재의 이야기를 연구하여 그 원리를 이해하고 **살아 있는 마음을 만들어낸다는 유일한 목적으로 세상에 대한 모든 것을 배우는 게**, 그 일을 누구도 나보다 더 잘할 수 없도록 심지어 릴라조차 기회가 주어진대도 나보다 잘 해낼 수 없도록 글을 쓰는 게 나의 진짜 바람이었을까?[49]

이 대목에서 레누가 문학을 하는 목적이 밝혀진다. 부분적으로 그녀의 목적은 "살아 있는 마음" "날것 그대로 고동치는 심장"을 만들어내기 위해서다. 그 심장이란 레누 본인의 심장이며, 책 속에 담긴 그녀 자신의 모습이다. 그런 심장을 만들어내려면 "세상에 대한 모든 것"을 배워야 한다. 레누와 릴라가 어릴 적 노인네들처럼 동네 사람들에 관해 이야기하고 그들의 진실을 밝히고자 했던 것과 같은 관조적 활동이 필요한 것이다. 이런 관조적 활동에서는 경쟁심도 중요한 역할을 한다. "누구도 나보다 더 잘할 수 없도록"이라는 선언은 릴라가 결혼식을 올리기 전에 레누에게 "남자 여자를 통틀어 최고"가 되라고 요구했던 것을 연상시킨다.[50]

자신의 삶을 글로 담아내고 "고동치는 심장"을 그린다는 건 어떤 종류의 지적 활동일까? 경험의 파편들을 모아 서사의 선을 긋는 일이다. 한 사람이 무얼 사랑하고, 무얼 갈구하고, 무얼 희망하며, 어떤 야심을 품고, 어떤 동기로 행동하는지 설명해내는 일이다. 위의 글에서 레누는 자신의 심장에 대해 이야기하지만 그녀가 서술하고 있는 네 권의 소설에서 그녀는 분명 릴라의 심장 역시 설명하려고, 그리고 그들이 서로에 대해 품은 사랑을 포착하려고 노력한다.

고동치는 심장을 그려내는 일은 또한 매우 명백하게도 살아 있는 마음을 그려내는 일, 다시 말해 해체되고 죽어가는 것들 가운데서 살아 있고 구체적인 것을 구해내는 일이다. 이는 곧 죽지 않는 진실을 추구하는 일이기도 하다. 나폴리 4부작의 세계는 공허하고 혼란스럽다. 릴라의 표현대로 별이 반짝이는 밤하늘조차 "푸른 어둠 속에 아무렇게나 흩어진 유리 파편"으로 보인다.[51] 십대 시절 릴라는 레누가 학교에서 발표하려고 구성한 신학적 논리를 듣고 화를 낸다.

레누, 아직도 그런 생각으로 시간을 허비하고 있니? 우리는 지금 불덩이 위를 날고 있어. 열기가 식은 부분은 용암 위에 떠올라 있지. 바로 그 부분에 사람들은 건물과 다리와 길을 만들었지만, 종종 베수비오산에서 다시 용암이 흘러나오거나 지진이 일어나면 모든 게 파괴되고 말아. 세상 어디에나 우리를 아프게 하고 죽게 만드는 미생물이 존재해. 전쟁이 일어나. 우리 모두를 잔인하게 만드는 가난도 있어.

네가 눈물이 마를 만큼 괴로워질 일이 매 순간 일어날 수 있는 거야.[52]

세상을 인간에게 심한 괴로움을 예사로 안겨주는 폭력적인 곳으로 여기는 릴라의 물질주의적 관점에 대항할 만한 다른 관점은 소설에 등장하지 않는다. 레누가 치기에 사로잡혀 구성했던 신학적 논리의 바탕이 되는 종교는 인물들의 삶에서 거의 전적으로 부재하며, (여기서처럼) 성취의 또 다른 수단이나 (레누의 어머니가 교회에서 결혼하지 않겠다는 레누의 결정에 반발할 때처럼) 통제의 도구로 사용될 따름이다. 소설에서 유일하게 세상의 무심한 폭력에 맞서 존재하는 것은 문학 활동, 즉 살아 움직이는 인간을 포착해내고, 무엇이 사람을 행동하고 변성하고 괴롭게 하는지 성찰하는 것이다. 이러한 성찰은 홀로 이루어지는 것이 아니라 우정 속에서, 서로에게 매료되고 서로를 지지하는 관계에서, 함께 자기 이해를 추구하는 사이에서 이루어진다. 요컨대 예술 활동은 공유적인 것이다.

나폴리 4부작을 곰곰이 생각하며 읽은 독자들은 레누가 결말에서 오직 예술을 위한 진정한 예술 작품을 만듦으로써 출세 지향적 야심을 초월한다는 명제에 동의하지 않을지도 모른다. 레누가 릴라를 정말로 사랑하는지, 아니면 릴라의 재능을 자신의 양분으로 이용하려는 것인지에 대해서도 이견이 있을 수 있다. 나는 레누가 두 논점 모두에서 자신이 지닌 최악의 요소들을 극복하는 데 성공한다고 생각한다. 그렇다면 우리는 야심을 창의적 동력의 (전체는 아닌) 일부로 볼 수 있다. 야심은 남들과 함께 진정으로 관조적 활동을 할 연료이자, 진정한 예술을 만들어내는 엔진이 된다. 하지만 그렇다고 해서 야심이 레누나 니노 같은 유형의 인물을 자기 자신이나 세상에 대한 망상에 빠뜨릴 수 있다는 사실을 무시해선 안 될 것이다. 나폴리 4부작의 세계에서 야심이 지닌 파괴력을 극복하고 그 안에서 우리가 찾을 수 있는 유일한 위안과 구원을 얻게 해주는 것은 다른 사람에 대한 진짜 사랑, 즉 진정한 우정이다.

○

아우구스티누스가 배움에 대한 거짓된 사랑을 극복하고 구경거리에 대한 사랑이 지탱하고 있던 야심을 버린 것은 독서의 규율과 진리에 대한 목마름 덕분이다. 아우구스티누스는 자신을 꾸준히 움직이게 하는 동력의 정체를 차츰 분명히 파악하고 표현할 수 있게 된다. 그 동력이란 진리가 그의 삶을 조직하는 원리이자 가장 드높은 목적이자 잘 살아가기 위한 조건이라는 사실이다. 레누에게는 경쟁적 야심, 자신의 진가를 입증하고 싶다는 갈망, 남들을 보고 남들에게 자신을 내보이고 싶은 갈망이 있지만, 그녀는 이것들을 관조적인 우정과 단순한 유용성의 차원을 넘어서는 배움의 아름다움에 대한 찬미와 하나로 융합한다. 이처럼 우리는 배움에 대한 사랑으로 지성이 오용되는 전형적인 경우들을(야심, 자기기만, 정신을 이용하여 자신을 위안하거나 전율하게 하는 구경거리를 만들어내는 것처럼) 극복하는 두 가지 방법을 살펴보았다. 배움에 대한 사랑은 심오하게 진지한 것이자 인생을 변혁할 수 있는 것이다. 그리고 알고, 사랑하고, 있는 힘껏 온전한 인간성을 펼치고자 하는 우리의 가장 고귀한 포부의 원천이다.

3장

찬란한 무용함에 대하여

모든 사람들 가운데 지혜에 시간을 쓰는 사람만이 여유로우며 오로지 그들만이 인생을 살고 있다. 그들은 자신의 생애를 훌륭히 지켜내는 것으로 만족하지 않고 만고의 시대를 그들의 시대에 덧붙인다. 그들 이전에 흘러간 시간 모두가 그들의 저장고에 더해진다: 우리가 아주 배은망덕한 사람이 아니라면, 거룩한 생각들의 고귀한 창시자들은 우리를 위해 태어난 것이다. 그들이 우리를 위하여 삶을 살아갈 방식을 준비해두었기 때문이다. 남들의 수고 덕분에 우리는 어둠에서 빛으로 떨어져 나온 몹시 아름다운 것들로 다가갈 수 있다. 어떤 시대도 우리에게 닫혀 있지 않으며, 모든 시대가 우리를 들여보내준다. 우리가 영혼의 위대함으로 유약한 인간의 편협한 한계를 넘어서길 바랄 때, 우리 앞에는 마음껏 거닐 수 있는 수많은 시간들이 펼쳐진다. 우리는 소크라테스와 함께 토론하고, 카르네아데스와 함께 의심하고, 에피쿠로스와 함께 평화를 누리고, 스토아학파 철학자들과 함께 인간의 본성을 극복하고, 견유학파 철학자들과 함께 인간의 본성에서 자유로워질 수 있다. 세상의 순리가 우리에게 모든 시대를 동료로 내주거늘, 이 보잘것없고 덧없는 순간에서 벗어나 우리보다 어진 이들과 함께 무한하고 영원한 과거를 온 영혼으로 나누지 않을 이유가 무엇인가?

— 세네카, 《인생의 짧음에 관하여》

활동적인 삶의 유혹

지금까지 돈에 대한 사랑과 사회적 성공에 대한 갈망이 어떻게 배움을 타락시키는지 설명해보았다. 하지만 가장 까다로운 경우는 마지막을 위해 미뤄두었는데, 그것은 바로 정치와 정치적 목표에 의한 배움의 타락이다. 정치와 배움의 관계가 유독 까다로운 이유는 정치와 배움이 만나는 두 가지 방식이 매우 상이하되 자주 교차하기 때문이다. 정신의 삶이 돈과 지위를 지향할 때, 학문 기관은 번듯한 말로 '권력 구조'라고 부르는 사회적 위계를 만들거나 유지하는 습성이 있다. 그렇다면 사회적 위계 구조를 해체하거나 재구성하고, 그 안에 존재하는 불공정과 배제의 힘을 억제하는 일 역시 학문 기관과 그 관행이 담당해야 한다는 자연스러운 결론에 이르게 된다. 그렇게 지적인 삶은 타락한 정치를 구해내고, 그 안에 남아 있는 보편적 인간성을 일부나마 회복하려는 시도로서 정치를 만난다. 이것이 정치와 배움이 만나는 첫 번째 방식이다. 하지만 지적인 삶이 사회 정의에 헌신하려 한다면, 그 영향은 왜곡되기 마련이다.

상부에서 하향식으로 정의로운 결과를 낳고자 시도할

때, 우리는 독자와 저자가 나누는 교감을 건너뛰고, W. E. B. 듀보이스가 독서와 공부를 통해 발견했던 평등한 배움의 공동체를 억누르게 된다. 게다가 더 나쁜 건 정의에 대한 갈망이 언어 사용이나 의견 표현을 관장하는 일단의 규칙들로 축소된다는 점이다. 정의를 촉진하는 올바른 언어는 권력자들의 도구로 사용되며, 그 결과 혁명을 촉발한 기성 위계와 별반 다르지 않은 새로운 위계를 수호하는 역할을 맡게 된다. 사회 정의는 경시될 뿐 아니라 그 내용이 비워지며 스스로 선언했던 목표와는 정반대의 목적을 위해 사용되기에 이른다.

그러나 학문적 삶의 정치화에 대해 마냥 날카롭게 반응한다면 자칫 중요한 것을 놓칠 위험이 있다. 철학을 공부하던 대학원생 시절, 나는 쓸모없음에 대한 고민을 떨치기가 어려웠다. 고통에 찬 세상이 바로잡아달라고 간절히 부르짖고 있는데, 실천하는 삶 대신 지적인 삶을 택해도 괜찮은 걸까? 우리가 행동하지 않음으로 인해 사람들의 생명과 생계가 위태로워지고 있는데, 여유로운 사색에 잠겨 있어도 되는 걸까? 지적 활동이 우리에게 단순히 기분 전환용 취미가 아니라 삶의 중심이라는 점을 어떻게 정당화할 수 있을까?

지금 우리가 공유하는 문화에서 지적인 삶은 돈에 대한 사랑과 사회적 야심과 융합되며 정치와도 뒤섞인다. 그렇게 관조하는 삶과 행동하는 삶 또는 정치를 섬기는 삶을 구분하는 선은 흐려진다. 20세기 영미 지성 문화에서는 배움 자체를 위한 배움이 핵심이었으며, 평등주의적 이상을 만들어내고 나아가 표현했다. 그러나 배움 자체를 위한 배움은 그 뒤로 차츰 "변화를 일으키기 위한" 사회적 유용성을 지향하는 배움에 자리를 내주었다.

정의를 위한 노력과 물질적 안녕을 위한 활동이 없다면 우리 공동체는 제대로 기능하지 못할 것이다. 여가, 공부, 예술, 공동체와 같은 인간 삶의 더 높은 가치를 추구하는 것도 불가능해진다. 실용적인 일에서 완전히 손을 떼고 살 수 있는 사람은 없으며, 어떤 이들은 지적 활동이라는 여가를 하루 종일 추구하기보단 일과를 마치고 짧은 휴식이나 틈새 시간에 누리는 편을 선호할 것이다. 한편 공동체 내에서 이루어지는 어떤 실질적 활동들은 전문 직업 교육을 필요로 하므로, 공동체의 기관에는 이러한 교육이 이루어질 공간이 마련된다. 하지만 전문 직업 교육이 고등 교육이라는 업 전체를 독차지하고 그로써 전반적으로 지적인 삶의 질이 저하되는 결과에는 반기를 들어야 마땅하다.

대학원생으로서 안락하게 번성하고 있던 나를 뒤흔들었던 고통 가득한 세상의 모습에는 우리를 깨우치는 힘이 있다. 많은 이들이 살면서 한번은 그런 충격을 경험한다. 덕분에 우리를 둘러싼 온갖 것들의 정체가 안락한 허위와 무의미한 과제였음이 밝혀진다. 피로움이 가득한 세상 앞에서 책은 한낱 지푸라기가 되고, 높은 보수와 선망받는 일자리는 죄책감과 권태를 안겨주는 원천이 된다. 그래야 마땅하다. 우리가 일하는 건 인간의 진정한 요구에 응하기 위함이 아니던가. 그러나 다인을 돕는 것과 사회를 좀먹는 형태의 사회 운동이 어떻게 다른지 또렷이 설명하거나 현실에서 알아차리는 것이 어렵긴 해도 그 둘은 엄연히 다르다. 변화를 일으키고자 하는 갈망이 어떻게 사회적 차별의 구조나 자기 과시적 연출과 엮일 수 있는지 알아보는 것이 좋은 출발점이 될 것이다.

정치적 담론과 현실 사이

사회적 미덕에 관심을 가질 때 우리는 몇 가지 위험에 직면하게 된다. 배우고자 하는 갈망이나 기본적 안락함을 위한 갈망처럼, 사회적 미덕에 대한 갈망 역시 그러한 갈망을 느끼는 동기의 출처가 혼란스러울 경우 왜곡되고 가치를 잃을 수 있다. 엘레나 페란테 소설의 레누와 릴라가 다시 한번 우리에게 중요한 사례를 보여준다.

나폴리 4부작에서 정치에 대한 대화는 대체로 쓸모가 없다. 혹은 사회적 출세의 도구로 이용되는 것이 그 주된 쓰임이라고 할 수도 있겠다. 소설에서 정치에 대한 대화 대부분은 실제로 고통받는 인물들의 삶과 단절된 공허한 단어들의 교환으로 그려지며, 사회적 출세와 사회적 배제 말고는 어떤 효과도 발휘하지 못한다. 적어도 이것이 레누의 삶에서 정치적 대화가 수행하는 역할이다. 학문적 사회적 야심이 큰 레누는 가난한 동네를 배경으로 하는 자신의 위축된 삶에서 벗어날 방법을 모색하며, 정치적 대화는 그녀에게 탈출의 도구가 되어준다. 고등학교 시절 레누의 스승이었던 갈리아니는 레누에게 정치에 대한 책을 읽으라고 권하고(문학을 권하는 법은 없다) 신문을 읽도록 독려한다. 이 시기에 레누는 "의무감에서" 독서를 하며, 릴라가 일하는 식료품점에 들러 자신이 새로 알게 된 것들을 자랑한다.

[샌드위치를] 먹어치우면서 나는 반듯한 표준어로 갈리아니 선생님이 준 책과 신문에서 암기한 표현들을 또박또박 말했다. 가령 "나치 강제수용소의 극악무도한 현실"이나 "인류가 과거에 할 수 있었고 현재도 여전히 할 수 있는 일" "핵전쟁의 위협과 평화를 지킬 의무" 같은 표현들이었다. 나는 "인류가 발명한 도구로 자연의 힘을 진압한 결과, 오늘날 도구의 힘이 자연의 힘보다 더 큰 위협을 가하는 지점에 이르렀다"든가 "괴로움에 맞서고 괴로움을 없애는 문화의 필요성" 같은 사실들에 대해, "언젠가 계급의 구분 없이 사회와 삶에 대한 건전한 과학적 이해를 기반으로 하는 평등한 세계가 건설되면, 인간의 의식에서 종교는 사라질 것이다" 같은 개념에 대해 이야기했다.[1]

레누가 단어와 표현을 암기하는 건 선생님의 환심을 사고 옛 친구에게 (샌드위치를 우적우적 먹고 있는 도통 어울리지 않는 상황에서) 자신의 우월성을 뽐내기 위해서나. 이러한 맥락에서, 레누가 릴라를 갈리아니 선생님 집에서 열리는 파티에 데려간 다음 하찮은 가정주부 취급하며 무시하는 대목에서 레누의 궁극적인 잔인함이 드러난다. 릴라는 레누와 유년 시절부터 지적 관심을 공유해온 친구다. 하지만 레누는 사회적으로 무용하고 성가시다는 이유로 그녀를 버린다.

릴라에게도 자신만의 지적 관심사가 있다. 그게 레누를 따라 파티에 간 이유다. 릴라는 너무 이른 나이에 식료품점 주인과 결혼하는 바람에 자신이 들어갈 수 없게 된 세계가 어떤 곳인지 궁금했다. 그러나 그곳에서 레누에게 모욕을 당하고는 파티가 끝나고 데리러 온 남편 스테파노에게 자신이 목격한 것을 가차 없이 정확하게 비판하는 것으로 반격한다. 릴라는 파티에 참석한 엘리트들에 대해 이렇게 묘사한다.

> 스테, 당신도 거기 있었다면 꽥꽥거리는 앵무새 소리밖에 듣지 못했을 거야. 대관절 무슨 말을 하는 건지 이해할 수 없었을걸. 자기들끼리도 서로 이해하지 못했으니까…… 레누, 너도 마찬가지야. 정신 바짝 차리지 않으면 앵무새를 따라 하는 앵무새가 되겠더라고…… 너나 사라토레의 아들 (니노)이나 다를 것 없던데. **세계평화여단이라고? 기술적 역량을 보유하고 있다고? 기아와 전쟁이라고?** 하지만 레누, 너 고작 니노처럼 말하고 싶어서 학교에서 그렇게 열심히 공부한 거니? **문제에 대한 해법을 찾는 사람은 평화를 위해 일하는 셈이라고?** 참 대단하기도 해라…… 레누, 네가 공부하는 게 훌륭한 꼭두각시가 돼서 그런 작자들 집에서 환대받기 위해서였어? 우리는 머리통을 쥐어뜯으면서 똥통에서 뒹굴게 내버려두고선 그치들이랑 함께 기아니, 전쟁이니, 노동계급이니, 평화니 **꽥꽥거리고 싶은 거냐고**.[2]

릴라가 이렇게 분통을 터뜨린 건 아마 씁쓸해서였을 것이다. 그녀는 파티에서 엘리트들에게 굴욕적으로 소외당하고 화가 난 상태였다. 하지만 소설 속에서 릴라의 진단은 사실로 드러난다. 지식인들이 출세하기 위해 정치적 공론을 벌이는 동안 그들과 성장기를 함께 보낸 사람들은 여전히 가난과 폭력 속에서 살아간다.

정치적 담론과 현실 사이에는 두터운 장벽이 존재한다. 그 장벽을 쌓은 건 경쟁심에 의해 만들어지고 강화되는 한 묶음의 의견들, 즉 언어다. "나는 이런 종류의 사람이고, 그런 종류의 사람은 아니야." 이런 말은 자신이 속해 있거나 자신이 책임져야 할 어렵고 굴욕적인 사회 현실과의 직면을 회피하는 수단으로 사용된다. 지금부터 나는 이렇듯 언어로 현실을 회피하는 과정을 '의견화opinionization'라고 부르려 한다. '의견화'란 두려움, 경쟁심, 게으름으로 인해 스스로 생각하고 지각하기를 포기하고 단순한 슬로건이나 미리 만들어진 입장을 취하는 것을 뜻한다.

레누는 야심을 달성한다. 중요하게 들리는 정치적 단어와 의견을 앵무새처럼 모방하는 법을 익힌 덕분에 대학을 마칠 무렵 마침내 중산층 학자 아이로타 교수의 가족에게 받아들여지고 그의 아들 피에트로와 결혼한다. 이를 발판 삼아 레누는 작가 커리어를 쌓기 시작한다. 처음 피에트로의 가족을 만났을 때 레누는 그들이 쓰는 말이 갈리아니 선생님과 대학 시절 만난 정치에 관심 있는 친구들이 했던 말과 유사하다는 것을 알아차린다. 아버지와 딸은 사이좋게 논쟁한다.

이런 주장들이었다. 아버지는 계급 간 협력이라는 함정에 빠진 거예요. 너는 함정이라고 부르겠지만, 내가 보기에 그건 중재란다. 항상 기독교민주당이 이기는 걸 중재라고 할 수 있나요? 중도좌파의 정치는 원래 어려운 거란다. 그렇게 어려우면 다시 사회주의자 하시면 되죠. 지금 아무것도 개혁하지 못하고 있잖아요. 너라면 어떻게 할 건데? 혁명하고, 혁명하고, 또 혁명해야죠. 이탈리아를 중세에서 벗어나게 하는 게 곧 혁명이야. 정부에 우리 같은 사회주의자들이 없었다면, 너희 학생들은 학교에서 성에 대해 입만 벙긋해도 교도소로 끌려갔을 거다. 평화주의 전단지를 배포하는 학생들도 죄다 잡혀 들어갔겠지. 북대서양조약에 대해선 어떻게 하시는지 지켜보겠어요. 반전주의와 반제국주의, 그게 언제나 우리 입장이었다. 기독교민주당이랑 협력하면서 반미주의를 유지할 수 있다고요?[3]

레누의 서술에서 이런 임의의 표어들은 하나로 꿰어져 대화가 된다. 레누는 여기에 "온기가 담겨 있다"고 느끼지만, 그럼에도 레누의 서술 속에서 이런 말들은 전에 레누가 릴라에게 읊었던 단어들만큼 무미건조하고 공허하게 느껴진다. 레누는 "과장해서 말하자면, '히로시마와 나가사키 이후의 미국인들은 인류에 대한 죄악의 대가를 치러야 한다'고 생각해요"라는 말로 아이로타 가족의 대화에 끼어드는 데 성공한다. 아이로타 가족은 그녀의 말을 인정하고, 레누는 "각기 다른 시기에 익혀둔 단어들과 표현의 조각들"을 더 내뱉는다.[4] 자신도 그들과 같은 집단이라는 확신을 주기 위해서다.

레누의 정치적 관심사가 공허한 이유는 어느 정도는 그녀가 어리기 때문이다. 앞에서 레누가 좋은 성적을 받기 위해 공부에 전념한 것도 같은 이유라고 할 수 있다. 레누는 새로운 세계로 진입하고 있으며, 처음에는 암기를 통해 그 세계의 방식과 관습을 배워야만 한다. 이런 관점에서 볼 때 레누는 우리가 앞에서 만나본 스티브 마틴이나 마틴 에덴처럼 누군가에게 잘 보이고 싶어서 공부에 매진하지만 이내 그보다 나은 새로운 목표를 찾게 되는 인물과 비슷하다. 하지만 정치 담론의 공허함과 비효율성은 나폴리 4부작 전체를 관통하는 주제로서 레누가 성숙해진 뒤에도 그대로 유지된다.

소설에서 그려지는 정치 활동은 독자들에게 정치적 용어와 이른바 정치적 사고라는 것이 실은 공허한 허세이자 개인이 사회적으로 출세할 수단에 지나지 않는다는 사실을 강렬하게 일깨워준다. 정치적 행동은 현실과의 접촉 없이 이루어진다. 그 실체를 파고들어보면 정치적 행동을 하는 동기가 오히려 관심 있는 척하는 사안을 피하려는 집중적 시도임을 알 수 있다. 다만 소설에서는 흥미로운 예외 하나가 등장한다. 레누와 릴라는 그들이 속한 공농체의 산인함과 부패를 밝히는 폭로성 저널리즘 기사를 함께 써낸다. 두 사람은 처음에 브루노 소카치의 비인간적인 소시지 공장에 대해, 다음에는 솔리리 가문의 범죄에 대해 글을 쓴다. 이것은 언어를 통해 진실을 밝히고 폭력배들에게 창피를 주어 나폴리에서 폭력을 몰아내려는 시도다.

    하지만 레누와 릴라의 저널리즘 글쓰기가 중요한 방식으로 현실을 반영하는 것은 사실이지만 긍정적인 영향을 낳지는 못한다. 그들의 글은 아무도 설득하지 못하고 누구에게도 영향을 주지 못한다. 도리어 폭력과 살인을 불러올 따름이다. 3권《떠나는 자와 남겨진 자》에서는 브루노의 공장을 둘러싸고 좌파와 우파 사이에서 폭력이 오가며, 4권《잃어버린 아이 이야기》에서는 릴라가 폭력의 대상이 된다. 언어가 폭력을 극복하고 실질적 조건을 개선할 수 있으리라는 희망은 환상에 불과한 것으로 밝혀진다. 결국 현실에서 더 진실에 가까운 것은 교내 대회가 길거리 돌팔매 싸움으로 번지는 이미지다. 악행을 대중에게 노출시키거나 대중의 눈앞에서 현실의 삶을 재현함으로써 변화를 일으킬 수 있다는 희망은 결코 실현되지 못한다. 정치적 언어는 권력을 두고 쟁탈전을 벌인다. 레누와 릴라가 협력하여 만들어낸 좋은 의도를 지닌 진실한 정치적 언어도 여기서 예외일 수 없다.

정의를 사랑하는 돈키호테

    정치적 관심에는 나폴리 4부작에서 발견되는 피상적 관심과 무익한 관심 두 종류가 있다고 한다면, 지나치게 가혹한 처사일까? 그러나 우리가 진심으로 정의를 추구한다면, 즉 사회적으로 출세하기 위해서가 아니라 우리의 공동체를 이해하고 돌보고 스스로 겸허해지기 위해 정의를 추구한다면, 정치적 탐색 또한 깊이 있고 가치 있는 일이 될 수 있다.

시몬 페트르망이 쓴 철학자 시몬 베유의 전기에 의하면, 1930년대에 베유는 파리 대학생들의 정치적 관심사에 깊이 참여하면서 어떤 분파의 편에서 다른 분파를 비난하는 에세이를 연달아 써낸다. 하지만 정치적인 조합과 당은 원칙의 차이로 인해 갈수록 더 분노에 찬 작은 집단으로 쪼개진다. 이런 상황에서 베유는 점차 실재하는 것에 대한 갈망에 이끌린다. 그는 가난한 사람들 사이에서 가난하게 생활하고 싶다는 열망을 품게 되고, 결국 철학 교사 휴직계를 내고 1년 동안 공장에서 일한다. 병약한 체질의 베유는 걸핏하면 병이 들며 노동 할당량을 채우지 못했다는 이유로 한 차례 이상 해고된다. 이 시기 베유의 글에서는 경외감과 겸허함이 느껴진다. 페트르망에 의하면, 베유가 기독교에 관심을 품기 시작한 것도 같은 시기의 일이다.

페트르망의 묘사 속에서 병약한 철학 교사가 공장 조립 라인에서 노동을 한답시고 애쓰는 모습은 감탄과 동정을 동시에 유발한다. 책에 나오는 한 일화에서 베유는 시골을 여행하다가 지나가던 농부에게 자신이 대신 쟁기질을 하겠다고 설득한다. 하지만 쟁기를 제대로 다루지 못해 오히려 농부의 노여움을 산다.[5] 내 생각에 이 순간 베유는 독자에게 돈키호테 같은 인간으로 보일 것 같다. 그는 환상에 사로잡혀 진정성에 대한 희망에 골몰한 나머지, 자신이 건강이 좋지 않고 손과 눈의 협응력이 부족한 중산층 교사라는 사회적 현실을 받아들이지 못하는 돈키호테다. 베유가 프랑코 독재 정권에 대항하는 스페인 왕정주의자들의 싸움에 참여하려고 했다가 치료를 위해 강제로 출국 조치를 받는 대목에서도 우리는 베유가 자신을 과대평가한다고 느낀다. 베유는 자신이 누구인지 알지 못한다.

하지만 베유의 갈망 자체는 깊은 탄복을 자아낸다. 그는 파리 좌파들의 허위의식을 간파하고, 진정한 가난과 육체노동에 깃든 지혜를 추구하며, 교감과 연대가 말뿐인 걱정이 아니라 함께하는 행동에서 나온다는 사실을 안다. 어느 시점엔가 베유는 자신의 제자인 벨빌의 부모님께 함께 살면서 농사일을 거들어도 되느냐고 청한다. 하지만 베유는 일솜씨가 엉망이고, 오히려 이런저런 말로 벨빌 가족의 혼을 빼놓을 따름이다. 벨빌 부인은 베유에 대해 이렇게 적었다.

> 남편과 나는 이런 말을 했었다. 딱한 아가씨가 공부를 너무 많이 해서 정신이 나간 거야. 우리는 그가 안쓰러웠다. 실제로 그가 우리보다 훨씬 능력 있는 사람이었는데도 그랬다. 하지만 우리에게 다른 방법이 있었겠는가? 우리가 아는 지식인들은 다들 우리 시골 사람들에게 벽을 세웠다. 시몬 베유는 그 벽을 허물고 우리와 같은 높이로 내려와주었다.[6]

벨빌 부인은 돈키호테식의 유머(베유는 제정신이 아니다)와 베유의 행동이 고귀하다는 사실 둘 다를 포착해낸다. 베유가 갇혀 있는 학계는 그가 번성할 수 있는 곳이긴 하지만 주변 공동체의 괴로움에서 유리되어 있다. 공동체와 다시 연결되고 싶다면 굴욕이라는 대가를 치러야 한다. 공동체와 유리되어 있을 때 베유의 힘은 언어로 국한되며, 본디 언어는 불꽃이 위를 향해 날아가듯 행위에서 분리되는 법이다.

우리 안의 어떤 면모로 인해 우리는 행동하는 자신의 모습을 사랑한다. 그 사랑으로 인해 가장 좋은 선의에서 우러나온 충동조차 자기애의 환상으로 전락하곤 한다. 인간 본성의 이런 특징은 워낙 만연하고 심원해서 누구도 쉽사리 벗어나기 어려워 보인다. 베유의 모습은 프레스턴 스터지스의 1941년 영화 〈설리반의 여행〉의 주인공과 닮아 있다.[7] 스터지스 감독은 스크루볼 코미디를 통해 선한 일을 하려는 진정한 갈망이 어떻게 어긋날 수 있는지 깊은 성찰을 보여준다.

영화 속 설리반은 대중 코미디 영화를 찍어서 큰돈을 번 사람이다. 그러나 대공황과 전쟁 시대에 그는 자신의 작품이 가난하고 소외된 사람들의 괴로움을 담아내지 못했다는 생각에 골몰하다가 노동과 자본의 투쟁을 알레고리로 그려내는 묵직한 영화를 찍겠다는 포부를 품게 된다. 영화사 직원들이 태어날 때부터 온갖 특권을 누려온 사람이 갑자기 진지한 척한다며 비웃자, 설리반은 진짜 가난을 경험해보겠노라 결심한다. 그는 화물 운송업 일에 뛰어들어 가난한 서민들과 교감하고 가난이 실제로 어떠한지 두 눈으로 확인하겠다는 계획을 세운다.

그러니 가난을 직접 경험해보려는 설리반의 시도는 대실패로 끝난다. 직원들은 요리사와 의사, 언론 홍보팀을 대동하여 주방 설비를 갖춘 거대한 차량으로 설리반을 쫓아다닌다. 설리반은 그들을 따돌리기 위해 히치하이킹으로 트럭에 올라 장거리를 이동하지만, 도착지에 내리고 보니 다시 할리우드다. 그곳에서 그는 베로니카 레이크가 연기한 인물과 로맨스를 시작하게 된다. 두 연인은 부랑 생활을 꿈꾸며 화물차에 오르고, 굶주리고 현금이 떨어진 상태로 라스베이거스의 한 식당에 도착한다. 우연히도 영화사 직원들이 그곳에서 그를 기다리고 있다. 식당에서 마지막으로 짧게 안락을 누린 뒤, 두 사람은 지원 스태프들을 떨쳐내고(몰래 뒤따라온 촬영기사 한 사람만 제외하고) 다시 진지하게 빈곤의 모험에 임한다. 이윽고 정글 캠프에서 지내는 두 사람의 모습, 해충이 득실거리는 거처, 먹으라고 준 게 맞나 의심스러운 무료 급식소의 음식, 굴욕적인 잡일 등이 몽타주로 보여진다. 처량한 환경 속 모험의 이미지들은 가슴 찡하기도 하지만 상당히 즐거워 보이기도 한다. 설리반의 사회적 관심은 결국 이렇게 미화된 정경들로 마무리된다. 먹을 걸 찾기 위해 진짜로 쓰레기통을 뒤져야 할 지경에 이르자, 두 사람은 가난 체험을 포기하고 평범한 삶으로 돌아간다.

　　스터지스 감독은 설리반의 시점 숏을 부각함으로써 관객이 가난하고 절박한 사람들의 이미지에서 더 큰 충격을 느끼도록 유도한다. 설리반 본인도 실제로 가난해지려는 자신의 노력이 실패한 것에 연연한다. 직원들에게 두 번째로 '구조'당한 뒤 그는 불평한다. "정말 우스워. 모든 게 나를 할리우드로 되돌려놓으려 하잖아. 마치 누군가 이렇게 말하는 것 같아. '제자리로 돌아가라…… 현실에는 네 자리가 없다, 이 사기꾼아.'"

스터지스 감독은 이처럼 가난하고 소외된 사람들을 향해 마음이 끌리는 것을 존중하되, 그런 끌림은 아무짝에 쓸모없다고 냉혹하리만큼 정확한 코미디로 진단한다. 진짜로 가난한 사람과 가난에 사회적 관심을 기울이는 중상류층 사이에는 건널 수 없는 간극이 존재한다. 지식이나 경험이 결여된 사회적 관심에서는 자기중심적인 자만심의 악취가 풍긴다. 하지만 설령 가난을 경험하더라도 그것이 단지 여러 학습 경험을 구성하는 하나의 체험에 불과하다면, 그건 가난을 진짜로 경험하는 게 아니다. 이런 간극 앞에서 가난한 사람들에 대한 관심은 서사의 자기중심성에 짓눌려 금세 무너지고, 자기희생보다는 자기도취를 선택하는 편이 훨씬 쉬워진다. 설리반의 언론 홍보팀에서는 그의 가난 체험을 매력적인 표어로 옮길 준비가 되어 있다. 변화를 만들어내고자 하는 갈망은 알고 보면 남들보다 돋보이고자 하는 갈망이다.

설리반은 마지막 언론 행사에서 현금을 나눠주는 것으로 가난 체험에 작별을 고한다. 그런데 이 대목에서 줄곧 가벼웠던 영화의 분위기가 돌연 무거워진다. 설리반이 처음으로 진짜배기 가난에 맞닥뜨리기 때문이다. 그는 현금과 구두를 도둑맞고 정신을 잃은 채 화물차로 던져진다. 가해자는 기차에 치여 죽고, 그 자리에서 설리반의 구두를 발견한 경찰은 설리반이 죽었다고 생각한다. 설리반은 화물차에서 깨어나 미처 정신이 돌아오지 않은 상태로 철도를 지키고 있던 고용인과 한바탕 싸움을 벌인다. 그는 법정에 서게 되고, 6년의 징역을 선고받는다. 자신이 영화감독 설리반이라고 아무리 말해도 헛소리 취급받을 따름이다.

그렇게 설리반은 무시무시한 시골 교도소에 수감되고, 그곳에서 가난하고, 무력하고, 강압적인 권위자의 변덕에 시달리는 삶이 어떠한지 비로소 절감하게 된다. 상류층 출신이라는 설리반의 배경은 앞서 가난을 체험하려 했을 때는 단순히 우스갯거리로 여겨졌지만, 교도소에서 그의 배경은 자기 주제를 모르는 놈이라는 증표로서 교도소장에게 밉보여 폭력과 잔혹 행위를 당하게끔 한다. 그러던 어느 날, 동네 교회에서 수감자들을 초청해 슬랩스틱 코미디 만화를 보여준다. 설리반은 동료 수감자들과 함께 한바탕 웃음을 터뜨리면서 자신이 과거에 만든 영화들의 가치를 이해하게 된다. 그리고 영화의 마지막 반전을 거쳐 다시 안락하고 유복한 일상으로 돌아온 뒤, 그는 진지한 영화를 만들려는 시도를 그만둔다. 설리반이 도달한 결론은 이러하다. "사람들을 웃게 한다는 건 대단한 겁니다. 어떤 사람들에겐 그게 전부거든요. 웃음은 별것 아니지만, 우리의 어리석은 여정에서 웃을 일이 없는 것보다는 있는 게 훨씬 나아요."

이 영화의 결말이 불편하게 느껴지는 건 당연하다. 설리반은 자신의 사회적 지위를 이용해 교도소에서 빠져나와 호화로운 할리우드 생활로 돌아오며, 절박한 빈곤층에게 웃음거리를 제공함으로써 수영장 딸린 저택 생활을 영위해간다. 하지만 설리반의 마지막 통찰은 사실이다. 그는 자신의 평범한 작품이 그 자체로 인간의 중요한 욕구를 충족한다는 사실을 이해하게 되었다. 마침내 구경거리에 대한 사랑을 극복하고, 사랑으로 봉사하는 일의 가치를 발견한 것이다.

허위의식의 함정으로부터 운 좋게, 그리고 운 좋게도 짧은 시간 동안만 탈출하여 진정한 괴로움을 겪어본 덕분에 설리반은 코미디가 인간이 잘 살기 위해 전혀 쓸데없지만 그럼에도 전적으로 필요한 작고 인간적인 요소 중 하나라는 사실을 알게 된다. 설리반은 동료 수감자들이 웃음을 터뜨리는 것을 보면서 가장 어두운 곳에서도 작은 인간적 미덕의 조각이 존재할 수 있음을 알게 된다. 그런 곳에서는 그 자그마한 조각이 유일하게 인간적인 것일 수도 있다.

이러한 작고 인간적인 것들과 더 복잡하고 인간적인 것들엔 차이가 있으나 그 차이를 과장해선 안 된다. 물론 코미디, 예술, 음악, 학문을 가능한 한 가장 탁월한 수준으로 추구해야 할 이유는 만 가지쯤 존재할 것이다. 하지만 실천을 정당화하는 건 성취가 아니라 인간의 필요다. 아무리 고도로 훈련된 음악가들이 최고로 섬세한 연주를 계속한다 해도, 평범한 피아노 레슨이나 합창의 가치를 아무도 알아주지 않는 세상에서 음악의 의미는 사라진다. 마찬가지로 플라톤의 대화를 깊이 탐구하는 것도 사람들이 호숫가에서 한가롭게 수다를 떨거나 창문을 닦으면서 무엇이 부당하고 합당한지에 대해 궁리하지 않는다면, 의미가 없어질 것이다. 이렇듯 사소하고 인간적인 것들이야말로 인간에게 무엇이 필요한지 드러내며, 이를 무시할 때 더 큰 노력은 방향을 잃는다.

일은—진정한 일, 의미 있는 일은—인간의 필요를 채워주고 인간적 미덕을 제공함으로써 타인을 돕는다. 가난한 사람을 포함하여 우리 대부분에게 일을 통해 타인을 돕는다는 것은 '사회를 위해 우리의 삶을 변형하는' 가장 분명한 방법이다. 환경미화원은 오늘날 젊은 사람들이 끊임없이 독려받는 방식대로 '변화를 일으키지' 않는다. 그들이 어떠한 혁신으로 사회에 기여했다고 주요 언론에 보도되는 일은 영영 없을 것이다. 하지만 우리 대부분은 더러운 길거리에서 산다는 게 어떤 의미인지, 생활 폐기물 처리를 개인의 자발성에 기대면 어떤 일이 벌어지는지 실감하지 않아도 되는 세계를 살아간다. 쓰레기를 치우는 것은 코미디 영화를 제작하는 것과 마찬가지로 봉사의 한 형태다. 이렇게 비교해보면 '변화를 일으키는' 것에 대한 우리의 관념이 얼마나 피상적이며 인류의 이득에 부합하지 않는지 이해될 것이다.

책을 몸소 살아내기

이 대화 자체가 우리가 지금 전혀 알지 못하는 모든 것을 가린다. 어쩌면 우리가 그 모든 것에 도달하기 위해서는 대화가 아닌 침묵이 필요할지도 모른다.
—도러시 데이,《유니언 광장에서 로마까지》

공부는 어떻게 우리가 타인과 함께하는 데 있어 도움을

줄 수 있을까? 공부의 가치가 우리의 인간성을 확장하고 심화하는 것에 있다는 생각으로 돌아가보자. 이렇듯 인간성을 기르는 배움의 효과는 특정한 탐구 경로나 파벌적 요소를 포기하고 보편적 인간성을 추구하는 저자들에게 의존하지 않는다. 인간성의 성장은 독자나 탐구자가 배움에 깊이 참여하고, 배움으로 자기 자신이 변화해야 한다는 책임을 떠맡으며, 배움을 삶의 깊은 본질을 향해 다가가는 과정의 일부로 대하는 것에서 시작한다. 다시 말해, 더 묵직하고 더 나은 것을 추구하는 갈망에—즉 내가 진지함의 미덕이라고 부르는 것에—이끌려 책을 읽거나 생각에 잠기는 사람은 어떤 책이 한쪽으로 치우친 관점을 지녔을 때조차 그 안에서 인간의 핵심을 발견할 수 있다. 진지함의 미덕은 우리로 하여금 사유와 배움으로 도덕적 삶을 빚고 타인과 함께하는 삶을 살아가도록 한다. 반대로 진지함의 미덕이 결여되었을 때, 지적인 삶은 피상적이고 순응적인 것이 되며 악한 것과 연루될 위험에 처한다.

내게는 진지함의 미덕만으로 타인에 대한 헌신을 지향하는 사고방식을 형성할 수 있다고 주장할 만한 충분한 근거가 없다. 하지만 훌륭한 사례를 하나 소개할 수 있다. 가톨릭으로 회심하여 피터 모린Peter Maurin과 함께 가톨릭 노동자 운동*을 시작한 미국인 도러시 데이Dorothy Day가 그 주인공이

---

* Catholic Worker movement. 1933년 피터 모린과 도러시 데이에 의해 시작된 이 운동은 가톨릭 신앙에 기반한 사회정의와 평화를 추구하며, 특히 가난한 사람들과 사회적 약자를 돕는 데 초점을 맞추고 있다.

다. 데이 본인의 설명에 따르면, 그는 책을 진지하게 읽고 책에서 읽은 대로 살고자 부단히 노력한 덕분에 인류를 사랑하고 그 사랑을 실천하며 사는 법을 배웠다고 한다.[8]

데이는 시카고의 중산층 가정 출신으로 폭넓게 독서하고 성찰하는 치열한 공부를 통해 젊은 날 사회주의로 전향했으며, 몇 년 뒤에는 가톨릭으로 다시 전향했다. 그가 실천한 가톨릭 신앙의 기반은 자발적 가난에 있었다. 데이가 설립한 공동체 '환대의 집'은 누구에게나 환대를 베풀고, 많은 노숙인들에게 거처를 제공하며, 주로 기부금으로 운영된다. 데이는 그곳을 찾은 가난한 사람들과 중산층 자원봉사자들 사이에 존재하는 모든 실질적 차이를 가능한 한 최소화하려고 애썼다. 한편으로는 핵폭탄에 반대하는 입장에서 발언하고, 1950년대에 대중을 핵무기 사용에 대비시키기 위해 설계된 민방위 대피 훈련에 협조하기를 거부하는 등 일종의 예언적 실천을 하기도 했다. 원칙적으로 핵무기에 반대하는 그의 주장은 지극히 도덕적인 진실을 담고 있었지만, 정치적으로는 어떠한 영향력도 발휘하지 못했다. 즉 그의 노력은 정치적 효과를 내지 못하고 그 자체로 의미를 지닌 기독교적 증언의 한 형태가 되는 것에 머물렀다.

데이는 자신의 전기를 집필한 작가 로버트 콜스에게 자신을 두 가지로 기억해주었으면 한다고 밝혔다. 하나는 자신이 '스승들'이라고 부르는 방문자들과 나누는 대화였고, 다른 하나는 책에 대한 사랑이었다.

한 가지 덧붙이자면, 사람들이 "그분은 책을 정말로 좋아하셨죠!"라고 말했으면 좋겠어요. 사람들에게 항상 디킨스나 톨스토이, 오웰, 실로네의 작품을 읽으라고 권하거든요. 제가 소설 분석 전문가는 아니지만, 원하면 제가 그 책들을 가르쳐줄 수도 있다고요. 저는 그 소설들대로 **살고** 싶어요! 그게 "제 인생의 의미"입니다.[어느 학생이 던진 질문을 인용하고 있다.] 교회와 제가 가장 좋아하는 작가들의 도덕관에 부합하도록 사는 것이요.[9]

평생 활동가로 살아온 사람의 대답치고 특이하다. 인생의 의미가 책에 대한 사랑에 있다는 말은 어떤 의미일까?

데이는 자신의 생애를 회상한 두 권의 자서전에서 유년기부터 꾸준히 책을 읽었다고 이야기한다. "나는 한번에 한 권이 아니라 열 권씩 읽었다. 지식에 목말라 있었기에 책들을 게걸스럽게 해치워갔다."[10] 그의 인생을 바꿔놓은 건 20세기 초 두 사회주의 소설가 업턴 싱클레어와 잭 런던이었다. 데이는 자신의 글에서 가난한 사람들에게 특히 집중하여 글을 쓴 톨스토이, 도스토옙스키, 디킨스 역시 언급한다. 첫 자서전에서 데이는 이 작가들의 소설에서 어떠한 영향을 받았는지 적었다.

유독 계급에 대해 생각하게 하는 글을 읽고 나면, 나는 아름답고 평화로운 공원을 등지고 노스 애비뉴 방향으로 걸어가서 웨스트 애비뉴 건너의 슬럼가로 향했다. 그곳에 사는 지저분한 여자들과 꼬질꼬질한 아이들을 보고, 해안도로를 따라 이어진 부자 동네와 대조를 이루는 이곳 가정들의 가난에 대해 깊이 생각했다. 그때도 이미 나는 내 역할을 하고 싶다고 갈망했다. 수천수만 명의 독자들에게 지금 현실이 얼마나 부당한지 일깨우는 책을 쓰고 싶었다.[11]

여기서 묘사된 데이와 책의 상호작용에는 거의 기이하게 느껴지는 직접성이 있다. 데이는 무언가를 읽은 다음 그것을 직접 보러 나간다. 그렇게 시간이 흐르면서 책들은 언어와 저자를 매개로 데이에게 현실의 문을 열어주었다. 내 생각엔 이것이 데이가 책을 인생의 "동반자"라고 부르며, 책과 함께한 인생을 그의 공동체에서 머물렀던 타인들과 함께한 인생에 빗대는 이유일 것이다.

하지만 데이의 독서가 반드시 그런 방향으로 흘러가야만 했던 건 아니었다. 가령 싱클레어, 런던, 디킨스의 책을 읽은 다음, 자의식에 빠져 세상의 부당함에 대해 탁상공론을 늘어놓는 것으로 자기 위안을 구할 수도 있었을 것이다. 뉴욕이나 시카고의 진보 중산층이 그런 말들에 기꺼이 귀를 기울인다는 건 데이도 잘 알고 있었다. 혹은 똑같은 책들을 그저 기분 전환을 위한 게으른 형태의 오락으로 소모하고 지나갔을 수도 있다.

데이는 격려의 힘을 믿는 작가로, 책 속에서 그 누구에 대해서도 험담하려 하지 않는다. 개종 전의 자신도 여기서 예외가 아니다. 하지만 자서전 《유니언 광장에서 로마까지》에서 데이는 자신이 한때 "삶과 죽음 양쪽에 깃든 두려움과 암흑에 압도된" 깊은 우울감에서 벗어날 수단으로 독서를 이용했다고 고백한다.

저녁 동안에는 절박하게 독서한다. 나를 점점 옭아매는 것처럼 느껴지는 침묵의 벽에서 나 자신을 구해내기 위해서다. 하지만 그러다 보면, 대화라는 것이 그저 어떤 행동에 나서지 않기 위한 도피처가 되기 쉽다는 사실을 깨닫는다. 우리는 우리의 감정을 숨기고, 자신의 쓸모없음을 자신과 타인에게 감추기 위해 끊임없이 대화를 이어나간다.
물론 어떤 대화는 책들만큼 기운차고 나의 사기를 북돋아주기도 한다. 그런 대화는 내게 사물의 의미를 흘긋 엿보여주고, 내가 느긋이 살아가고 있는 틀에 박힌 일상에서 갑작스레 벗어나게끔 충격을 준다. 그로써 나는 지식에 대한 사랑을 새로 가다듬고, 다시 지식의 추구에 박차를 가하게 된다. 그런데 이런 대화의 문제는 보통 자연스럽게 이루어지지 않는다는 것이다. 예를 들어 나의 진보적인 친구들은 일요일 오후나 목요일 밤처럼 특정한 시간을 정해놓고 모이는데, 그렇게 모인 소규모의 사람들은 자신들을 하나의 집단이라고 여기며 우쭐하고 자기만족으로 느껴지는 대화를 나누곤 한다.
명료한 언어 표현에 대해 찬미할 때, 이 세상에 말솜씨나 논리력이 탁월하지 않더라도 충분히 감정을 느끼고 어떤 방식으로든 용감하게 살아가는 수백만의 사람이 존재한다는 사실은 가려진다. 이 대화 자체가 우리가 지금 전혀 알지 못하는 모든 것을 가려버린다. 어쩌면 우리가 그 모든 것에 도달하기 위해서는 대화가 아닌 침묵이 필요할지도 모른다.[12]

데이는 허무감에 떠밀려 기분 전환을 위해 책을 읽는다. 그는 허무감이 주는 추동력과 진보적인 친구들과 나누는 자기만족의 대화를 비교한다. 그리고 슬픔, 열등감, "쓸모없음" 같은 감정을 감추거나 흐리는 것은 지혜롭지 못하며, 자신들만큼 언어 표현력이 뛰어나지 않은 평범한 사람들처럼 감정을 용감하게 직면하는 게 더 낫다는 결론에 이른다.

십자가의 성 요한은 기억하고 이해하고 의지를 가지는 인간의 역량을 "감각의 깊은 동굴"이라고 부른다. 그 동굴은 깊이가 무한하여 오로지 신만이 채울 수 있다. 그런데 인간은 "피조물에 대한 애정"으로 인해, 즉 감각적 일들에 대한 일말의 애착으로 인해 그 동굴이 비어 있다는 것을 인식하지 못한다. 따라서 어디에든 애착을 지닌 인간은 자신을 채워줄 수 있는 것을 갈망하지 않게 된다. "감각의 깊은 동굴 안에 남아 있는 어떠한 사소한 것들이라도 인간을 얽매고 매혹시켜서 인간은 자신이 무엇을 상실했고 어떤 대단한 축복을 놓치고 있는지 알지 못하며, 따라서 자신이 받을 수 있는 축복을 받지 못하고 그러한 능력이 있다는 것조차 알지 못한다."[13] 성 요한은 자기 정신이 비어 있다는 것을 느끼고, 수용하고 기억하고 이해하는 자신의 능력이 가없이 막연하다는 사실을 인식하는 것이 심하게 고통스럽다고 지적한다. 그러니 자신을 "사소한 것들"로 채울 유인은 분명하다. 하지만 성 요한은 내면이 비어서 고통스러울수록 오히려 신에 의해 채워질 때 큰 기쁨을 느끼게 된다고 주장한다.

데이는 배움에 대한 사랑을 원동력 삼아 위로 올라가려 하지만, 그러한 움직임은 우월감으로 변질될 위험이 있다. 마찬가지로 가난을 향해 더 낮은 곳으로 내려가려는 그의 움직임 역시 전율을 추구하는 행위로 변질될 위험이 있다. 데이가 유년기를 졸업하고 활동가의 삶으로, 나아가 다시 가톨릭 성당으로 나아간 동력은 타인, 그중에서도 가난한 사람들과 교감하려는 갈망이었다고 말해도 과장이 아닐 것이다. 그러나 데이는 자신의 동기 안에 더 비천한 동기가 섞여 들어간 것은 아닌지 염려한다.

> 가난하고 심술궂고 버림받은 사람들과 함께하려는 나의 갈망이 혹여나 탕자들과 함께하려는 왜곡된 욕망과 섞인 건 아닐까? 프랑수아 모리악은 미묘한 오만과 위선에 대해 이야기한다. "바리새인들의 위선보다도 더 악질적인 위선은 그리스도의 모범 뒤에 숨어서 자신의 음탕한 욕망을 따르고 방종한 자들과 어울리려 하는 것이다."[14]

데이는 또 다른 글에서 이런 욕망을 "오만한 겸허"라고 일컫는다. 이 표현으로 그가 말하고자 했던 것은 다른 것보다 섹스나 마약에 대한 관습적 금기를 깨려는 갈망이었던 듯싶다. 하지만 가난한 사람들과 어울리며 전율을 추구하는 것에 대해 염려할 때, 그의 머릿속에 또 다른 위험이 떠올랐던 건 아닐지 궁금해진다. 전율에 대한 추구(내가 앞에서 구경거리에 대한 사랑이라고 부른 것)는 싱클레어나 런던의 다소 충격적인 글에서도 발견된다. 싱클레어가《정글》에 적었듯, 소시지 공장의 기계에서 노동자가 목숨을 잃는 일이 드물지 않으며, 시카고 가축 시장에서 어린 소년이 죽어서 쥐에게 먹힐 수 있다는 사실을 우리가 알고자 하는 게 순수하게 가난한 사람에 대한 사랑 때문인가? 이런 이야기들은 분명히 현실을 반영하고 있지만, 우리가 이런 이야기들에 매료되는 건 상세한 묘사 때문이지 인류애 때문은 아닌 듯하다. 우리는 수감자들에게 연민을 느끼고 면회를 가지만, 한편으로는 교도소에 간다는 극적인 경험에서, 철창의 철컥거림과 식당에서 나는 쿰쿰한 냄새에서 전율을 느낄지도 모른다. 데이는 인간 영혼의 이런 어두운 부분을 내세워 살아가는 사람은 아니다. 그러나 그런 부분이 엄연히 존재한다는 것은 알고 있다. 이를 알지 못했더라면 데이가 더 깊은 진정성을 느껴야 한다고, 자신이 함께하는 빈자들에게 더 분명히 공감해야 한다고 스스로를 채찍질할 이유가 없었을 것이다. 데이에게 가톨릭으로의 두 번째 전향은 어째서 필요했을까?

데이 본인의 설명에 따르면, 사회주의자로 전향한 것과 마찬가지로 가톨릭으로 개종한 것 역시 책의 영향이 컸다. 가톨릭으로 회심하기 전에도 그는 평생 성경을 가까이했고 특히 〈시편〉을 자주 생각했다. 여성참정권 시위에 참여했다가 처음 투옥되어 감방에서 성경을 읽은 경험에 대해 데이는 이렇게 적는다. "인간의 슬픔과 인간의 기쁨을 아는 사람이 어떻게 이 글에 반응하지 않을 수 있겠는가? **마음 깊은 곳에서 나 당신에게 외쳤습니다, 오 신이시여······**" 데이의 마음을 사로잡는 것은 〈시편〉의 **인간성**, 즉 그 안에 담긴 인간의 기쁨과 슬픔이다. 데이의 이야기에 따르면, 〈시편〉에 적힌 단어들은 동료 수감자들과 다름없이 인간적인 모습으로 그에게 다가왔다. 〈시편〉은 과거를 살아간 사람들의 인간성을 보여줄 뿐 아니라, 데이가 살아가는 지금 여기로 성큼 다가온다. 데이는 이어서 〈시편〉의 글이 자신과 동료 수감자들을 어떻게 연결해 주었는지 설명한다.

독방에 갇혔던 수감 초기의 피곤한 나날들 동안 내 영혼에 유일하게 위안이 된 생각은 갑작스럽게 상처 입고 버림받은 인간의 공포와 절망을 표현한 〈시편〉의 구절들이었다. 고독과 배고픔, 영혼의 지침으로 인해 나의 지각력은 예리해졌고, 나는 내 슬픔뿐 아니라 나를 둘러싼 사람들의 슬픔에 괴로웠다. 나는 이제 내가 아니었다. 나는 남자였다. 나는 억압된 사람들을 위해 정의를 구현하려는 급진적 운동에 소속된 젊은 여자가 아니었다. 내가 바로 억압된 사람이었다. 나는 자신의 감방에서 몸을 흔들며 벽에 머리를 박고 비명을 지르는 저 마약중독자 여자였다. 나는 교도관에게 반항해서 독방에 갇힌 저 소매치기였다. 나는 자기 자식을 죽인 여자, 연인을 살해한 저 여자였다.

3장 찬란한 무용함에 대하여

지옥의 암흑이 온통 내 것이었다. 세상에 존재하는 슬픔이 나를 온통 에워쌌다. 나는 구덩이 속으로 추락한 사람이었다. 이제는 희망으로부터도 버림받았다. 나는 강간당하고 살해당한 아이의 어머니였다. 나는 그런 짓을 저지른 괴물을 낳은 어머니였다. 나는 심지어 그 괴물이라서 내 마음속에서 그 모든 부정함을 느낄 수 있었다.[15]

독방에서 느낀 괴로움과 〈시편〉의 글을 계기로 데이는 보다 보편적인 인간사, 즉 인간들이 공유하고 있는 운명에 참여하게 된다. 데이는 다른 수감자들과 자신을 동일시하며 그들의 절망을 나눈다. 역설적이게도 데이가 다른 사람들과 느끼는 유대감은 누군가와 직접 소통하지 않는 고독한 상태에서 발견된다.

데이의 평상시 문체는 냉정하고 사실적인 겸허함이 특징인데, 이 대목에서는 드물게도 격한 감정이 엿보인다. 바로 직후 문단에서 데이는 거의 과장되어 보이는 고조된 감정을 토로한 것에 대해 용서를 구한다. 데이는 대부분의 사람들이 자신을 타인의 괴로움으로부터 보호하며 살아가지만, 자신은 "역경과 가난을 우리가 걸어가야 할 인생의 길로 받아들임"으로써 타인의 괴로움에 일부러 노출되기를 택했다고 설명한다.[16] 나는 데이가 여기서 평소와 다른 문체로 글을 쓴 까닭이 자기 내면의 핵심 부분을 공개하고 있기 때문이 아닐까 생각한다. 데이는 여기서 자신이 인류의 고통받는 심장과 일체감을 느끼며, 그 일체감은 책과 글 그리고 그 책들이 그녀로 하여금 추구하게 한 실제 현실에 의해 중재된 것이라고 고백하고 있다.

〈시편〉은 상당한 시간이 흐른 뒤에도 데이의 머릿속을 맴돈다. 데이가 개종 전 간호사 일을 하면서 무신론자로서 예배에 참석하던 시기에 있었던 일이다. "어느 날 무릎을 꿇고 앉아 기도하다가 나 자신에게 이제는 멈춰서 생각해보라고, 나의 위치가 어디인지 질문해보라고 말했다. '신이시여, 인간이 무엇이기에 그토록 마음을 쓰십니까?' 우리는 무엇을 위해 여기에 있고, 무엇을 하고 있으며, 우리 인생의 의미는 무엇일까?"[17] 여기서 데이는 단순히 느끼는 것을 넘어 사유하고 질문하고 있다. 〈시편〉이 그에게 인간의 보편적인 질문을 던졌고, 그는 그 질문을 실제 삶의 중심으로 삼아야 한다고 이해한다. 다시 한번 여기서 데이의 사유와 질문은 다른 방향으로 흘러갈 수도 있었다. '마음을 쓰다'를 히브리어로 뭐라고 하는지 궁금했을 수도 있고, 고대 유대교 전례에서 〈시편〉이 어떤 역할을 했는지 궁금했을 수도 있다. 이런 궁금증을 탐구해도 무언가 알게 되었다는 만족감을 얻을 수 있었을지 모른다. 하지만 그러한 탐구는 데이가 택한 사유의 방향처럼 인생의 모습을 바꿔놓을 정도로 진지하지는 않았을 것이다.

데이가 책을 매개로 인간적이고 보편적인 것을 모색하고 있음을 염두에 두면, 그의 자서전에 적힌 비슷한 구절들이 무수하게 눈에 들어온다.

지금까지 상당히 오랫동안 나는 내가 아이를 가질 수 없으리라 생각했다. 여러 해 전 학교에서 읽은 소설 《사일러스 마너》에는 아이를 잃은 어머니의 슬픔이 표현되어 있으며, 나는 그 부분을 읽으며 아이가 없는 나 자신에 대한 슬픔을 느꼈다. 바로 몇 달 전, 나는 아이를 갖고 싶다는 갈망을 품고 그 책을 다시 읽었다.[18]

데이는 자신의 감정과 경험이 일반적이고 보편적이고 인간적이라는 사실에 자주 주목한다. 1차 세계대전 당시 맡았던 간호 일에 대해선 그 경험의 폭넓음에 주목한다. "어떤 여자의 마음이든 기쁘게 하는 정직한 간호."[19] 때론 첫 자서전의 주된 줄거리를 소개할 때처럼 자신의 경험을 일반적인 방식으로 요약하기도 한다. "여하간 지금껏 나의 경험들은 다소 보편적이었다. 괴로워하고 슬퍼하고 뉘우치고 사랑하는 것이 어떠한지 우리 누구나 알고 있다. 이 모든 경험을 견디는 가장 쉬운 방법은 자신의 보편성을 기억하는 것, 우리 모두가 그리스도의 신비체의 현재 구성원이거나 잠재적 구성원이라는 사실을 기억하는 것이다."[20] 여기서 데이는 교회 구성원들이 그리스도의 신비체(교회)를 구성한다는 가톨릭의 가르침을 언급하고 있다. 이는 각 구성원이 그리스도의 괴로움을 함께하는 동시에 다른 사람의 괴로움에 참여하고, 따라서 그리스도가 벌이고 있는 구원 행위에 참여한다는 뜻이다. 데이는 자신이 처음에 빠져들었던 급진적 사회주의에도 이와 비슷한 가르침이 존재한다고 이야기한다. 두 번째로 교도소에 갇혔을 때 데이는 노동조합 지도자 유진 데브스Eugene

Debs의 말을 떠올린다. "세상에 하류 계층이 존재한다면, 나도 거기 속한다. 세상에 범죄적 요소가 존재한다면, 내게도 그 요소가 있다. 교도소에 한 사람이라도 갇혀 있다면, 나 역시 자유롭지 못하다."[21] 데이의 삶을 형성하는 불타는 갈망은 인류라는 넓은 공동체 안에서 가능한 한 깊이 있게 살아가는 것, 괴로워하는 모든 사람의 괴로움을 공유하는 것이다.

데이는 사회주의로의 전향과 가톨릭으로의 회심이 가난한 사람과 인류에 대한 사랑에서 뻗어 나왔다는 점에서 연속선상에 있다고 설명한다. "내가 그분의 빈자들을 진정으로 사랑했기에 그분께서는 나로 하여금 그분을 알게 하셨다. 내가 지금껏 해낸 작은 일을 생각하면, 사회정의라는 대의에 헌신하고 있는 다른 모든 사람들에 대한 희망과 사랑이 차오른다."[22] 데이는 책 속에 묘사된 인물들에 대한 공감을 현실의 사람들에게로 확장한다. 이는 자동으로 일어나는 일이 아니라—앞서 보았듯 다른 길도 얼마든지 존재했다—데이가 마음속 가장 깊은 갈망에 이끌려 자신의 삶과 타인의 삶에 대해 골똘히 생각했기 때문에 가능해진 것이다. 인류에 대한 사랑으로 인해 데이의 세계관은 오로지 지금 여기의 정의에만 관심을 기울이는 것에서 신과 그와의 합일에 의탁하는 것으로 변화했다.

데이는 또한 인본주의에 이끌려 윌리엄 제임스*를 공부

---

* William James(1842-1910). 미국 실용주의 철학자, 심리학자. 그가 주장한 실천적 신념과 그가 사용한 용어들은 19세기 후반 '미국의 생각'을 나타낸다고 평가될 만큼 미국 사회에 큰 영향을 끼쳤다.

하기에 이르렀다. 데이가 분명히 밝히는바, 그가 가톨릭으로 개심할 준비를 마친 건 다른 곳에서 접한 감상적인 신앙 문학이 아닌 제임스의《종교적 경험의 다양성》덕분이었다.[23] 데이는 아마 신앙 문학이 지나치게 감미롭고 너무 협소하고 당파적이며, 이미 종교를 믿는 사람들만 이해할 수 있는 일종의 은어로 적혔다는 점에 거부감을 느꼈을지도 모른다.

《종교적 경험의 다양성》에서 제임스는 다양한 유형의 종교적 경험들 속에서 보편의 인간적인 것을 찾으려는 진중한 시도에 나선다.[24] 그의 소망은 더 이상 초자연적 실체에 대한 믿음을 품기가 불가능해진 시대에 종교적 헌신이 낳는 도덕적 결실을 수확하는 것이다. 그는 신자들의 경험을 신중하게 검토한 끝에, 그가 도덕성의 핵심으로 여기는 "자아의 소거"에는 극적 경험이 필요하지 않으며 종교적 경험도 단연코 필요하지 않다는 결론에 이른다. 금욕주의와 자발적 가난을 비롯한 모든 종교적 경험의 요소들은 탁월성의 인간적 유형들에 도달하기 위한 일반 경로로서 종교적 시대만큼이나 신이 없는 시대에도 충분히 발달할 수 있다는 것이다.

데이는 싱클레어와 런던의 당파성을 넘어 우리가 실제로 체험하는 폭넓은 인본주의를 향해 나아갔듯, 제임스의 무신론적 인본주의를 넘어 가톨릭의 종교적 인본주의에 도달한다. 두 종류의 인본주의 모두에서 그는 모든 인간과 교감을 나누고 싶다는 갈망을 동력으로 삼아 보편적인 것에 천착한다. 제임스의 인본주의적 접근법을 통해 그는 종교가 인류를 초월하는 길이 아니라 인류에 소속되는 길이라고 여기게 된다. 데이는 자유롭게 책을 읽으면서 배움에 뒤따르는 책임을 회피하지 않고 인생에 대한 깨달음을 모색하며, 자신의 이해가 스스로를 바꿀 수 있도록 마음의 문을 열어둔다.

내면 세계의 쓸모

지금까지 나는 바르게 이해된 공부는 인간의 내면에 세상으로부터 물러나 진정한 성찰이 이루어질 공간을 만들어 준다고 주장했다. 지적인 삶을 영위할 때 우리는 개인의 층위와 공적 층위 둘 다에서 실질적인 이득을 잠시 잊고 세상에서 한 발짝 물러난 작은 방으로 들어간다. 그 방은 문자 그대로 물리적인 방일 수도 있고, 우리 내면에 존재하는 것일 수도 있다. 물러난 공간에서 우리는 근본적인 질문들에 대해 숙고한다. 인간의 행복은 무엇으로 구성되는가? 우주의 근원과 본성은 무엇인가? 진정으로 정의로운 공동체는 가능한가? 가능하다면 그 방법은 무엇인가? 물러남의 공간에서는 시와 수학이 생겨나고, 정제된 지혜가 언어로 표현되거나 묵묵한 행동으로 드러난다. 물러남의 공간은 탈출이 이루어지는 공간이기도 하다. 수감자, 노동자, 괴로움에 빠진 어머니 모두 지적 활동을 하면서 자신이 처한 환경에 의해 침해받은 인간적 존엄을 되찾는다.

앞에서 조너선 로즈의 저서 《영국 노동계급의 지적 생활》에 담긴 풀뿌리 지성 운동의 영향을 보여주는 아름다운 사례들을 소개했다. 로즈가 인터뷰한 노동자들이 키워낸 내면 세계는 모든 것을 위축시키는 가난의 힘에 굴하지 않는다. 그들의 내면 세계는 통찰력과 이해력이 샘솟는 근원이자 상황으로 인해 빼앗긴 존엄의 출처이다. 방적공 찰스 캠벨(1793년생)이 설명하는 배움 역시 그러하다.

> 배움을 사랑하는 사람은 그가 처한 상황이 아무리 궁핍하고 생활이 고될지라도 내면에 세상 사람들은 차마 꿈꾸지 못할 즐거움의 원천을 간직하고 있다…… 아마도 그는 남모르게 유클리드의 문제를 풀거나, 뉴턴과 더불어 행성계를 누비거나, 전능하신 신께서 무생물이 지성의 작용과 흡사한 법칙을 따르게끔 하신 수단인 보이지 않는 끌림의 본질과 특성을 알아내고자 노력하고 있을 것이다. 또는 조화로운 천구들에서 시선을 거두고 지상으로 내려와 동물 생명의 원리를 숙고하고 생리학적 현상이라는 복잡한 미로를 탐험하고 있을 것이다…… 로크와 레이드의 발자취를 따라 그 자신의 생각과 느낌과 열정의 근원을 더듬어볼 것이다. 또는…… 상상의 나래를 접어두고 시와 음악의 고전적 뮤즈들이 기거하는 기쁨의 정원에서 지친 정신을 위무할 것이다.[25]

공부는 '궁핍한 상황'을 벗어날 탈출구를 제공한다. 탈출의 끝에 다다르는 목적지는 동물의 행동, 천문학, 내면의 삶의 역학과 같이 자기 자신을 넘어서는 현실이다. 지성은 한계

없이 여러 주제를 다루며, 모든 것의 전체를 파악하고자 욕심을 낸다. 플라톤과 아리스토텔레스가 지성을 신성한 것이자 인간이 가닿을 수 있는 가장 높은 고지를 제공하는 것이라고 생각하게 된 연유 또한 온 세상을 자기 안에 담을 수 있다는 가능성에 있었다.

하지만 로즈의 책을 이용해 공부가 정치와 별개라는 나의 이론을 예증하려 한다면, 다소 부정직하거나 적어도 아이러니한 시도가 될 것이다. 로즈는 자신의 책으로 정신 활동과 공부에 어떠한 사회적 유용성이 있는지 보여주고자 했기 때문이다. 그가 책에 기록하고 있는 풀뿌리 지성 운동은 곧 정치적 해방 운동이기도 했다. 영국의 노동운동과 미국의 유사한 운동들에서 노동자의 지성을 발달시키려는 노력은 핵심이었다. 하지만 책에 실린 증언들을 읽다 보면, 공부가 정치적 효용을 떠나서 노동자들에게 의미가 있었음을 인정하지 않기란 불가능하다. 사회주의자인 방적 공장 노동자 앨리스 폴리(1891년생)의 이야기를 들어보자. 그는 새로운 지적 활동이 어떻게 자신을 급진주의로 이끌었는지 말한다.

[전에 소농장에서 일했던 사람 이야기인데] 그는 산업 제도에 진저리가 나서 황무지 변두리의 상입용 채소밭을 운영하는 일에서 자기만의 해방을 찾았어요. 그곳의 자기 땅에 성능 좋은 망원경을 세웠죠. 실내에서는 환등기로 밤하늘과 천체를 보여주었고, 맑은 겨울날 저녁이면 우리를 불러 모아서 토성의 고리와 아름다운 은하수, 달의 계곡과 분화

구를 보여주었습니다. 조심스럽게 천체들을 보여준 뒤 그는 우리에게 몸을 돌려 엄숙하게 말했죠. "자, 여러분, 보세요! 근사한 장면 아닙니까. 우주는 이렇게 거대한데 우리는 하찮은 원한과 다툼으로 인생을 낭비하고 있다고요!" 우리 젊은이들은 그를 보면서 웃음이 나오려는 걸 참고 있었어요. 그러다가 "천 개의 불길한 별들의 아름다움을 걸친 밤이, 광활한 밤과 그 공허함이" 우리의 의식 속으로 스며들면서 어느 순간 불현듯 우리 모두 고요해졌습니다.[26]

폴리가 급진주의로 돌아선 것은 어떠한 정치적 사회적 결과가 바람직한지에 대해 전과 다른 믿음을 갖게 되었기 때문이었는지도 모른다. 하지만 그 시작점은 정치와 전혀 무관하며 그 자체로서는 완전히 무용하지만, 일상에서보다 더 온전한 유형의 인간성을 발견할 통로를 열어주는 것들에 대한 관조였다. 밤하늘을 바라보는 행위가 단순히 사회주의자가 될 운명을 점지해주지는 않는다. 크고 작은 유용성의 굴레를, 무미건조한 환경을, 자신에게 주어진 사회적 역할을 수행하느라 위축된 인간성을 떨치고 자유로워지는 것. 이 자유의 토양에서는 인간의 다양한 가능성이 자라날 수 있다.

자유와 포부

사회적 목적으로 지성이 사용되는 모든 사례가 얄팍하

고 기만적이라고 여기는 것이 옳을까? 스트렙시아데스나 사회적 출세에 열중하던 시절의 레누처럼 되는 걸 피하려고, 아리스토파네스의 희곡에 묘사된 소크라테스처럼 전적으로 무용한 인물을 모방하여 그 누구에게 어떠한 이득도 주지 못할 것이 분명한 공부의 길을 선택해야 하는 걸까?

사리를 도모하는 결론과 특정한 의제를 추구하는 희망에서 벗어날 자유를 소중하게 여긴다면, 그러한 자유를 가장 쉽게 찾을 수 있는 곳은 우리의 이해관계에서 가장 멀리 떨어진 곳이다. 예를 들어 고대 수학을 연구하거나 시간의 속성을 철학적으로 탐구하는 데에는 그러한 자유가 있다. 같은 원리로 우리의 관심사와 이해관계가 표면 가까이에 드러난 상태에서, 혹은 공개적이고 광범위한 의견 불일치가 유발한 불안으로 인해 우리의 사고가 경직된 상태에서 진정한 탐구는 불가능해진다. 우리는 지적 활동이 논란의 여지가 있는 주제에 대해서도 대화와 소통의 여지를 열어줄 수 있으리라 상상하곤 하지만, 이런 시도가 성공하는 일은 드물다.

지적인 삶의 사회적 쓸모는 인간적으로 살아가는 더 다양하고 풍부한 방식들을 북돋는 것, 우리 자신에게 어울리는 포부와 희망을 빚어내는 것에 있다. 문학이 우리의 시야를 넓혀준다는 건 익히 알려진 명백한 사실이다. 우리는 상상 속에서 자신과 인종, 젠더, 종교, 시대와 장소 등 여러 면에서 다른 사람들과 공감한다. 그런데 수학과 과학도 마찬가지로 우리의 시야를 넓혀준다. 수학적으로 과학적으로 생각한다는 건 분명히 인간으로서 살아간다는 의미를 구성한다. 특히 과

거의 사상가들을 경유하여 이런 주제들을 연구함으로써 우리는 우리의 내면에서 장대하고도 기이한 인간의 가능성과 이해의 방식들을 경험하게 된다.

지적인 삶이 우리의 포부를 길러준다는 말의 의미는 경력의 선택지가 넓어진다는 뜻이 아니다. 물론 그럴 수도 있다. 배움에 대한 사랑을 실천하는 도중에 자기 안에서 소방관이나 산림감시원이 되고자 하는 갈망을 발견할 수도 있다. 지금 소유한 것을 전부 버리고 교외의 소박한 오두막에 기거하면서 채소를 기르고, 기도하고, 찾아오는 사람에게 영적 조언을 해주는 삶을 살기로 결정할 수도 있다. 그러나 인간의 포부는 외적인 삶보다 더 넓고 깊다. 그것은 **존재**의 방식을 향한다. 즉 지혜롭게 혹은 친절하게 사는 것, 넓은 이해력을 발휘하며 사는 것, 진실에 굳건히 발붙이고 살아가는 것, 성공 앞에 겸손하고 역경 앞에서 기지를 발휘하며 살아가는 것을 지향한다. 신학과 음악 분야에서 빛나는 경력을 쌓다가 불현듯 아프리카로 떠나 가난한 사람들을 대상으로 의료 봉사를 시작한 알베르트 슈바이처는 자신처럼 극적이고 대가가 큰 선택을 내릴 기회가 누구에게나 주어지는 건 아니라고 짚었다.[27] 하지만 삶의 기본적 필요가 채워진 사람이라면 누구든지 자신의 인생을 바쳐서 인간다움을 찬란히 밝혀보겠노라 꿈꿀 수 있다. 설령 자신의 인간다움을 널리 알리거나 인정받지 못한 사람이라 해도 마찬가지다.

인간의 포부를 북돋는 일은 자유롭게 자발적으로 행해져야 한다. 처음에 어떤 목적지를 염두에 두었든지 지성이 우리를 자유롭게 끌고 가도록 놔두어야 한다. 아우구스티누스는 젊은 날 지혜를 탐구하기 시작하면서 그로 인해 자신의 정부나 수사학자 경력을 포기해야 할 거라고는 상상하지 못했다. 지성이 우리에게 제공하는 **인생의 지침**은 본질적으로 예측 불가능하며 그 자체로 온전하고 독립적이다. 지성이 개인의 층위에서든 공적 층위에서든 경제적 이해관계에 완전히 예속될 경우, 지성은 기존의 의제를 바꾸기보단 합리화하는 데 쓰이게 된다. 지성이 정의 추구에 예속될 경우, 앞의 경우에 비해 의제는 더 매력적일 수 있겠지만 결과는 동일할 것이다. 정치적 의제가 지성을 지배하고 흐려놓는 바람에 우리는 우리의 원칙을 평가하고, 정의가 무엇인지 더 깊이 더 잘 이해하고, 정의와 불의를 우리 두 눈으로 명료하게 확인하기가 더 어려워질 것이다. 지성이 무언가에 예속되면, 반쪽짜리 진실을 가르치는 도덕 전문가들이 공고한 위계를 세우게 된다. 이것이 공부가 부와 야심, 정치, 쾌락과 같은 더 낮은 목표에 예속되기를 저항하는 이유다. 공부는 그 찬란한 무용함을 잃어버리면 결코 실용적인 결실을 맺지 못한다. 우리가 정의의 결실을 포기해야 한다면 정의로운 사회를 위한 싸움도 가치가 없어진다.

학문의 세계와 의견의 영역

사유에 대한 경멸이 넘쳐흐르는 우리의 시대정신에 나는

전적으로 반대한다.

— 알베르트 슈바이처, 《나의 생애와 사상》

　배움에 대한 사랑의 실천은 내적인 삶의 한 형태다. 배움에 대한 사랑을 실천하기 위해서는 부와 지위에 대한 추구, 정치와 정의에 대한 추구에서 뒤로 물러나야만 한다. 지적인 삶은 이렇듯 내면을 향하여 물러나는 성질을 가진 덕분에 어려운 상황에서도 아름다운 빛을 발한다. 우리가 우리에게 주어진 한낱 사회적 역할로 위축될 때, 성취의 기계 속 톱니바퀴로 전락할 때, 억압당하고 교도소에 갇혔을 때, 이기적 허위가 만연한 사회생활을 해나갈 때, 비로소 공부하는 삶의 진가가 드러난다. 이러한 삶은 단지 경제와 사회와 정치에 대한 기여로 환원될 수 없는 한 사람의 인간을 들춰내 보여준다.
　우리의 외적 상황은 내적 동기를 이용한다. 순응을 요구하는 사회적 환경은 사회에 적응하고 싶은 우리의 욕망에 호소한다. 경쟁적인 환경은 무언가 성취하고 명예와 부와 지위를 쟁취하고자 하는 우리의 욕망에 불을 붙인다. 가난, 박탈, 억압은 신체적이거나 정신적인 괴로움 앞에서 자신을 포기하고 싶은 욕망을 유발한다. 혹은 우리를 억압하고 가두는 자들에게 협력함으로써 괴로움을 줄이고 싶다는 욕망을 유발하기도 한다. 구경거리로 넘쳐나는 문화는 그저 경험을 위해 경험하고자 하는 욕망, 사물을 깊게 보지 않고 표면에 머물고자 하는 욕망, 서로에게 구경거리와 보는 자가 됨으로써 타인과 거짓된 교감을 추구하려는 우리의 욕망에 호소한다. 말하자면 우리는 세상에서 물러나 공허한 전율을 추구하는 영역으로 들어갈 수도 있는 것이다.

처음에 공부는 일종의 출구처럼 보였다. 비밀의 방으로 숨어드는 일, 세속의 수도원과 흡사한 특허사무소 사무실이나 견고한 교도소의 담장 안이나 마음속 사막으로 물러나는 일로 보였다. 하지만 배움을 사랑하는 이들이 추구하는 것은 알고 보면 현실이다. 그들은 부단히 한 걸음 더 나아간 현실을 추구한다. 그들은 진지한 태도로 삶의 본질에, 행복에, 진리 속에서 누리는 기쁨에 가닿고자 한다. 만일 진리 속에 기쁨이 없대도 그저 진리에 가닿고자 한다. 릴라 체룰로는 쉼 없이 영역 다툼을 벌이고 라이벌을 제거해나가는 폭력적인 이웃들보다 세상에―이제 우리가 '진짜' 세상임을 알게 된 곳에―더 견고하게 연결되어 있다. 릴라의 이웃들은 자신에게 통제권이 있는 시늉을 한다. 죽음마저 앞지르고 정복할 수 있는 척을 한다. 반면 릴라는 관조하고 사랑한다. 오로지 그것에만 의미가 있다는 사실을 그녀는 알고 있다.

우리가 처음에 사용한 의미대로 부와 지위를 추구하는 세속적 공간인 '세상'에 몰입하는 것과 검투 경기를 강박적으로 관람하거나 소셜 미디어에 인생을 허비하는 것은 결국 같을까? 나는 다르다고 생각한다. 전자가 현실을 돌파해나갈 가능성이 더 높기 때문이다. 우리는 단순히 남들의 선망을 산다는 이유로 어떤 직업을 선택했다가, 자기 일이 공동체의 진정한 요구에 응하는 보람 있는 일이라는 걸 알게 될 수도 있다. 남들에게 트로피처럼 과시하기 위해 선택한 배우자의 눈동자를 들여다보다가, 불현듯 나와 다른 한 인간의 풍요로움과 깊이를 알아차릴 수도 있다. 자기를 무시했던 사람의 코를 납작하게 할 만큼 잘난 사람이 되려고 학계에 들어왔다가, 연구 과정에서 자신이 택한 주제나 그 주제가 학생들에게 미치는 영향과 사랑에 빠질 수도 있다. 우리가 경험하는 세계는 우리 눈앞에 진정한 미덕을 펼쳐준다. 하지만 그것들을 명료하게 알아보고 추구하기 위해서는 부단한 노력이 필요하다. 야심이 위험한 것은 그것이 이기적이라서가 아니라 피상적일 수 있기 때문이다. 남들에게 인정받을 때의 전율, 호의를 받을 때의 즐거움, 누구보다 돋보이는 기쁨. 이런 전율은 우리를 표면에 붙들어두고 그 너머에 존재하는 진정한 미덕에 가닿지 못하도록 막을 수 있다.

대학의 의견화

사실 교육은 어떤 사람들이 주장하는 것과는 전혀 다르네. 그들은 지식을 가지지 못한 영혼에 진정한 지식을 집어넣을 수 있다고 단언하지. 보지 못하는 눈에 시력을 넣어주는 것과 다를 바 없는 일이라고 말이야…… 하지만 더 진실에 가까운 유추는 몸 전체를 돌리지 않고서는 어둠 속에 있던 눈이 빛을 향할 수 없다는 걸세.

—플라톤, 《국가》

공부가 본질적으로 표면을 넘어서 더 깊이 뻗어나가는 것, 겉으로 드러난 외면에 대해 질문을 제기하는 것, 뻔해 보이는 것 이상을 갈망하는 것이라면, 공부는 일반적으로 '지식'이라고 하는 것과는 거의 무관하다고 보아도 좋다. 오늘날 이른바 '지식'이란 단순히 올바른 의견을 흡수하는 것이기 때문이다. 우리 시대의 학문 기관에서 거래되는 것 역시 문학, 역사, 과학, 수학 등등에 관한 올바른 의견이다. 그런 이유로 대학 강의에서는 핵심 요약 위주의 교수법이 횡행하고, 학생들은 요점을 외워야만 평균 이상의 성적을 받을 수 있다. 따라서 행정적으로도 학습의 결과가 강조된다. 그렇게 모든 것이 정치화되고, 배움은 그것이 낳는 사회적 정치적 결과로 환원된다.

지금의 교육이란 단순히 올바른 의견을 함양하는 활동이다. 오늘날 비판받는 교육의 한 갈래에서는 진보적 활동가들을 등에 업고 자유롭게 사유하는 인간을 기르기보다 사회적 정치적 결과의 추구를 우선시한다. 보수적 교육 또한 다르지 않다. 진보적 교육의 거울상처럼 넓은 정치적 결과를 염두에 두고 자유 시장이나 경제적 자유 따위에 대해 올바른 의견을 길러내는 것을 목표로 한다.

편협한 이념 교육이 퍼져나간 데 대한 반삭용으로 선동적인 자유주의자들은 서로 다른 의견을 정중하게 교환하는, 이른바 관점의 다양성을 장려하고 있다. 하지만 이들 역시 다른 파벌과 마찬가지로 거짓된 신을 섬기고 있다. 그 신의 정체는 의견화, 즉 관점을 가지는 것이다. 올바름과 진리를 아는 것이 무관하듯이, 의견을 가지는 것과 진리의 탐구는 무관하다. 그러므로 관점의 다양성을 장려하는 교육은 그것이 대체하고자 하는 주입식 교육 못지않게 피상적이고 비인간적이다. 어떤 주제에 대해 토론할 때 우리는 우리가 이미 품고 있는 믿음을 더 효과적으로 합리화할 방법을 찾는 데 집중한다. 따라서 토론이 사물의 본질을 진실로 파고드는 진정한 탐구를 촉발하는 일은 흔치 않으며, 훌륭한 책과 인간의 근본적인 질문, 답이 정해지지 않은 열띤 대화가 낳는 결과에는 아무래도 미치지 못한다. 단순히 여러 관점 가운데 하나를 선택하는 일은 진지함의 미덕이 결여되어 있으며, 그것을 대체할 수도 없다.

정중하게 의견을 교환하는 것은 겉보기엔 관용을 발휘하는 행위 같지만, 여기에도 진지한 사유는 필요하지 않다. 의견 교환으로 참여자들의 의견이 바뀌는 일은 드물다. 혹여 누군가의 의견이 바뀌더라도 그것이 반드시 지적인 소통이 일어났다는 증표는 아니다. 의견은 우리 사회가 방향을 정해준 두려움과 야심이라는 충동들의 그물망 안에서 한자리에 고착되기 마련이며, 우리는 보통 소속 집단과 사회적 관계망이 달라질 때에만 의견을 바꾼다. 그러므로 의견의 층위에서 우리의 이성 능력은 이미 정해진 선택을 정당화하는 방향으로 거꾸로 작동한다. 지적인 안전지대 역할을 하는 사회 세계에 속해 있는 우리가 우리를 얽매는 끈을 끊고 나와서 진실로 무언가를 배우기 위해서는 일종의 지적 폭력이 필요하다. 여기에는 너무나 리얼해서 읽는 게 고문 같은 책, 도무지 답할 수 없는 질문, 우리와 다른 곳을 지향하는 지적인 인간 존재에게서 받는 고통이 수반된다.

플라톤의 《국가》를 읽어본 독자는 누구나 의견의 영역이 어두운 동굴에 비유되며, 진정한 지적 활동이 시작되기 위해서는 어렵고 고통스러운 전환이 필요하다는 사실을 기억할 것이다. 그림자에서 빛을 향해 몸을 돌리는 일은 근본적 질문을 대면하는 일에서 시작한다. 공동체를 정의롭게 만드는 것은 무엇인가? 자연 세계에 질서란 존재하는가? 수학적 대상은 무엇인가? 인간은 짐승과 신 중 어느 쪽에 더 가까운가? 이런 질문은 고착된 의견을 흔듦으로써 우리를 과거의 사람들 그리고 서로와 나누는 진정한 대화로 이끌고 들어간다.

현재의 교육 기관들은 대체로 익명의 다수에게 올바른 의견을 전달하거나, 근본적 질문에 도달하지 못하는 생각들을 교환하는 일에 전념하고 있다. 이것은 인간을 하나로 묶는 깊은 유대감을 건너뛰고 협소하고, 피상적이고, 정치적이고, 분열적인 것을 선택한 결과다. 이런 식으로 교육 기관들은 개인이 포부를 키우는 데 반드시 필요한 불편함을 회피하고, 어떤 입장을 취하는 데 따르는 단기적 만족감에 안주한다.

훌륭한 책은 근본적 질문이 그러하듯 우리를 당혹시킨다. 우리는 돈키호테가 우스꽝스러운 인물이라고 생각하지만 그에게 애정을 느끼고 감탄한다. 우리는 소설 《맨스필드 파크》의 주인공 패니 프라이스를 경멸하면서도 그녀의 장점을 인정하지 않을 도리가 없다. 역사를 깊이 탐구하다 보면 어느새 우리는 악에 물든 과거의 문화를 함부로 평가하는 일에 주저하게 된다. 노예주와 나치도 인간적일 수 있으며, 우리는 그들에게서 스스로를 발견한다. 그리고 우리는 과연 어떠한 악에 물들어 있을지 성찰하게 된다.

훌륭한 문학이나 역사적 탐구가 우리의 공감 능력을 시험한다면, 수학과 과학은 결론을 도출하는 우리 능력의 한계를 보여준다. 유기 분자의 구조를 분석하고 괴델의 불완전성 정리를 증명하는 일은 어렵게나마 해낼 수 있다. 하지만 전자가 어떻게 입자인 동시에 파동인지, 하나의 기하학적 점이 어떻게 무언가인 동시에 아무것도 아닐 수 있는지 설명하는 건 말 그대로 불가능하다.

우리는 좌절감과 경외감 둘 다에 이끌려 진리와 이해를 갈망하며 그로써 진정한 배움이 이루어지는 지성의 깊은 곳으로 안내받는다. 하지만 진리에 대한 우리의 자연스러운 갈망은 앞서 설명한 다른 갈망들과 경합한다. 본성적 게으름, 구경거리가 주는 전율, 너무 쉽게 터져 나오는 분노, 지위나 성취를 추구하려는 욕망, 그리고 특정한 사회집단에 속함으로써 얻는 단단한 위안의 요새, 이런 것들 역시 우리는 원하기 때문이다.

배움에 대한 사랑은 다른 여러 인간적인 요소, 피상적인 것에 대한 우리의 갈망과 경쟁한다. 따라서 배움에 대한 사랑을 기르기 위해서는 규율이라는 규칙으로써 어려운 것을 쉽게 만들고, 쉬운 것을 어렵게 만들어야 한다. 대학 캠퍼스에서 정치는 드물어야 하며 거의 반드시 과외 활동으로 이루어져야 한다. 학생들은 자신과 전혀 다른 사회집단과 어울리면서 협동을 통해 배워야 한다. 공부의 핵심은 미리 정해놓은 결론에 부합하도록 논리를 꿰어 맞추는 것이 아니라, 답이 정해지지 않은 탐구여야 한다.

모든 것의 의견화로 인해 축소된 대학 생활은 학생들에게도 굴욕을 주고 있다. 대학 캠퍼스를 똑같은 관점만이 메아리치는 반향실이나 다양한 관점들이 곱게 포장된 초콜릿 상자처럼 꾸밀 때, 우리는 청년 세대를 독립적 사고의 주체가 아니라 단순히 의견을 담는 그릇, 콘텐츠의 소비자, 경험을 세심히 관리받아야 할 대상으로 취급하는 셈이 된다. 학생들에게 어떤 의견을 올바른 것으로 들이밀지 결정하는 주체가 그나마 관심이 있는 관계자들인지, 아니면 현혹적 전략이나 사회적 압박으로 새로운 소비자들을 끌어들이려는 개방된 시장인지 정도의 차이가 있을 따름이다. 둘 중 어느 쪽이든, 우리는 학생들이 합리적 사고를 하는 존재로서 가지는 주체성과 그들 안에 내재하는 배움에 대한 사랑을 부정하게 된다. 우리는 학생들을 우리와 더불어 열린 탐구를 해나갈 자유로운 성인이 아니라 우리보다 열등한 존재로 간주하며 그들의 반응을 통제하려고 한다.

부단히 진지하게 탐구하는 자유로운 성인은 맨바닥에서 생겨나지 않는다. 그러한 성인은 신뢰를 통해 싹터난다. 교육은 학생들이 자신이 배운 것에 대해 책임질 능력이 있으며, 근본적 질문을 추구할 동기를 천성적으로 지니고 있고, 심지어 내면에 근본적 질문을 향하는 추동력을 품고 있다는 가정에서 시작한다. 이런 가정의 근간은 다름 아닌 학생의 인간다움 자체와 교육을 받고자 하는 학생의 자유로운 선택에 있다.

적어도 아리스토텔레스까지 거슬러 올라가는 인간 탁월성 이론*에서 미덕이 모방을 통해 학습된다는 사실은 익히 알려져 있다. 청년 세대에게 진지함의 미덕을 장려하고 싶다면, 자유로운 탐구를 물려주고 싶다면, 그들을 진정한 탐구와 이해가 이루어지는 깊은 곳으로 인도하고 싶다면, 우리가 먼저 모범을 보여야 한다. 우리가 한때 천착했던 인간적 질문들을 다시 꺼내들어야 한다. 우리의 작업, 우리의 선택, 우리의 넓은 삶을 그런 질문들에 비추어 다시 생각해보아야 한다. 인간의 진지함으로 인해 가능해지는 평등한 공동체를 만들어내고, 학생들을 그곳으로 초대해야 한다.

습관과 규율은 사람에게서 사람으로 전해진다. 이러한 전수는 서로에게 완전히 집중하여 몰입하고 상대를 적절히 부추기며 달랠 때 가능해진다. 피아노를 치는 법, 가구를 만드는 법, 무술을 배우고 싶으면 우리는 스승을 찾아서 가르침을 받는다. 현행 고등 교육 체제에서 사람 대 사람의 가르침이 소수의 인문대학과 엘리트 박사과정에만 존재한다는 것은 수치스러운 일이다. 캠퍼스에는 신축 건물과 푸드코트와 클라이밍 벽이 즐비하게 들어서 있다. 강의실이 넓어질수록 교사와 학생 사이의 거리는 더 멀어지고, 교육의 성격은 점점

---

* theory of human excellence. 인간 탁월성 이론은 아리스토텔레스 윤리학의 중심 주제로서 인간이 어떻게 하면 행복하고 좋은 삶을 살 수 있는지에 대한 철학적 탐구다. 아리스토텔레스는 '좋은 삶'이란 단순히 살아 있는 것이 아니라 탁월하게 살아가는 것, 즉 자신의 본성에 충실하고 이성적으로 살아가는 것이라고 말했다.

덜 진지해진다. 어째서인지 배움은 문장 몇 개를 숙달하면 끝나는 일로 취급받고 있다. 이런 식으로 학습할 수 있는 유용한 주제들도 분명히 있겠지만, 그중 무엇도 현대 대학의 높은 비용이나 불편을 정당화할 수는 없을 것이다.

인간성의 회복

인간은 어찌나 헛되이 자신을 아연케 하는가
종려나무, 참나무, 월계수를 얻기 위하여
쉼 없이 수고한 끝에
한 줄기 풀이나 나무를 머리에 얹으면,
짧고 얕게 드리운 그늘이 그들의 노역을
현명히 나무라는 동안
모든 꽃과 나무가 잎을 오므리고
휴식의 화관을 엮는다.

— 앤드루 마블, 〈정원〉

프롤로그에서 이야기했듯 나는 세상에서 나의 자리를 찾으려고 배움의 가치에 대해 골똘히 생각했고, 그에 따라 사람 대 사람의 가르침으로 돌아가겠다는 결정을 내렸다. 그리고 공부하는 삶의 중요성에 대한 글을 쓰기 시작했다. 그 계기는 '세상'으로 돌아와 학문 기관들과 학계 친구들의 가속화된 쇠락을 목격한 것이었다. 나는 인문학과와 인문학 교육 기관이 줄줄이 문을 닫고, 교수직이 줄어들고, 수업 규모가 급격히 커지고, 학계 친구들 스스로 그들이 궁극적으로 무의미한 일을 하고 있는 게 아닌지 겁내며 각기 다른 수준의 환멸과 좌절을 느끼는 모습을 보았다.

 내가 그때 보았고 지금도 여전히 보고 있는 그 상황은 여러 해 전부터 고착된 상태다. 한동안 미국의 학문 기관들은 교육을 버리고 경제적 정치적으로 유용한 프로그램을 택하라는 재정 및 정치상의 심한 압박을 받았다. 그 과정에서 '인문학'이라는 학문이 특히 고통을 받았으나, 비단 인문학만 그런 신세에 처한 건 아니다. 나는 여기서 우리를 이런 상황으로 내몬 다양한 사회적 경제적 원인을 탐구하거나 현실적 정책을 제안하지는 않겠다. 내가 할 수 있는 건 몹시 단순하고 불완전한 진단을 내리는 것뿐이다. 그 진단은 우리 전문 지식인들이 우리의 근원인 평범한 인간의 지적 활동과 유리되었다는 것이다. 그리하여 우리는 우리 자신은 물론, 동료 시민들과 독지가들에게 우리의 학문 기관이 어째서 중요한지 정당화하고 설명할 능력을 잃었다.

 얼마 전 나는 기원전 8세기에 살았던 아시리아의 황제 센나케리브의 연대기를 편집한 100년 전의 학술서를 읽게 되었다. 아시리아 왕들의 연대기에서 고유한 매력적 특징은 잔혹한 폭력과 신의 가호에 대한 찬란한 확신, 개인 지도자에 대한 집단의 복속, 왕국 내에서 벌어지는 모든 행위를 왕의 행위로 보는 관점 등이다. 내가 읽은 학술서의 서문은 연대기에서 가장 뚜렷이 제기된 인간의 문제, 즉 절대적인 군사 권력, 정치 권력에 깃든 타락의 힘을 다루고 있었다.

> 역사는 왕들의 자만으로 시작한다. (그 끝은 대중의 자만일 것인가?)[28]

현학적이고 소심한 오늘날의 학자들은 전문가들을 대상으로 하는 논문에서 이렇게 명백하고 심오하며 보편적인 질문을 던지지 못한다. 그들은 전문 용어 아래에 인간적인 것을 숨긴다. 혹은 인간적인 것을 아예 보지 못한다. 오늘날의 학자라면 서문을 이런 문장으로 시작했을 것이다.

> 신아시리아 시기 왕권의 개념을 해석하기 위한 문헌 자료는 잘 알려진 것에 비해 이론화가 부족하다.

학자들은 일반 대중을 대상으로 글을 쓸 때, 독자들이 단순히 당장 벌어지고 있는 일과 유명 인사에게만 관심이 있을 거라고 상정한다. 센나케리브에 대한 오늘날의 대중 교양서는 아마 이런 식으로 시작할 것이다.

> 2015년 봄, ISIS에서 고대 아시리아의 노시 님루드를 파괴했다. 배우 조지 클루니는 파괴 행위를 "극악무도한 행위"라고 비난했다.[29]

소재의 배경 정보를 제시하는 것은 물론 중요하다. 하지만 그것만으로는 과거에 깃든 인간적 관심사를 다 담아낼 수 없다. 굳이 피에 굶주린 테러리스트들과 걱정하는 유명 인사의 이미지를 환기하지 않아도 역사는 흥미롭다. 보통 사람들도 영원한 것에 대해, 즉 왕들의 자만과 전쟁의 두려움에 대해 관심이 있다.

    우리의 학문 기관들은 다른 면에서도 유리되었다. 한때는 단과대학과 종합대학을 불문한 모든 학문 기관이 성공적으로 핵심 활동을 수행했고, 그로써 우리에게 무한한 자신감을 안겨주었다. 그 활동의 이름은 가르침이다. 과거에 가르침이란 한 개인이 다른 개인에게 모든 진지한 사고와 성찰, 발견의 기틀이 되는 정신적 습관을 물려주는 것이었다. 좋은 가르침은 가르침을 받는 사람에게 분명하게 느껴지며, 때로는 터무니없을 만큼 감사의 마음을 일으키기도 한다. 가르침의 가치는 가르치는 사람에게도 충분히 자명하게 느껴진다. 하지만 이러한 종류의 가르침은 우리의 대학 캠퍼스에서 거의 자취를 감추었다. 가르침이 명맥을 유지하고 있다면, 그건 심지 굳고 헌신적이며 원칙에 충실한 몇몇 개인들이 충분한 보상이나 인정을 받지 못하는데도 가까스로 이 아름다운 작업을 계속해나가고 있는 덕분이다. 반면 위신 높은 학자들은 가르침의 부담이 제일 적고 유럽과 아시아로 여행을 제일 많이 할 수 있는 일자리를 두고 경쟁하면서 수많은 연구물을 쏟아내고 있다. 그 대부분은 우리가 식별할 수 있는 인간적 질문과 철저히 단절되어 있지만, 그들이 출간하는 논문의 수는 측정 가능한 결과를 요구하는 행정적 기준에 부합한다. 그렇게 많은 것을 성취한 교수들은 억대 연봉과 명성으로 보상을 받는다. 아무리 열성적 지성과 투철한 도덕적 의식을 소유한 학자라 해도 이런 장려책 앞에서 무력해지는 것은 이해할 만하다. 천성적으로 배움을 사랑하는 사람이 전 과목 A 학점 성적표의 중독성 앞에서 무력해지는 것과 비슷할 것이다. 보상은 그 속성에 의해 목표가 된다.

대학에서 가르치는 강사들 가운데 엘리트 학자가 차지하는 비율은 이제 소수에 지나지 않는다. 교수직이 서서히 소리 소문 없이 '조교수'라는 일종의 노예 강사들로 채워지게 되었다는 사실은 잘 알려져 있다. 조교수들은 패스트푸드 업계에 준하는 임금과 복지를 받으면서 한번에 엄청난 수의 학생들을 가르친다. 2016년 기준으로, 미국 대학 강사의 거의 4분의 3이 이런 조교수에 해당했다.[30] 그토록 많은 강의를 하고 수많은 학생을 관리해야 하는 상황에서 가난이라는 추가 압박까지 더해지면, 충분한 가르침이란 사실상 불가능해진다. 엘리트 학자들의 진중하고 죄책감에 젖은 사설과 탁월하고 헌신적인 강사 본인들의 진심 어린 호소 둘 다, 대학 가르침의 붕괴를 막기는커녕 속도를 늦추기엔 역부족이었다. 그 책임은 규제를 늘려가는 입법자들, 대학 캠퍼스라는 값비싼 놀이터에 터무니없는 요구를 쏟아내는 학생-소비자들, 기업 세계의 적대적 원칙에 충성하는 행정가들 모두에게 있을 것이다. 그중 엘리트 학자들은 수는 적을지언정 대단한 권한을 쥐고 있는데도 매일 자신의 권한을 행사하지 않기로 선택한다. 그들은 익명의 강의실에서 콘텐츠 제공자가 되기를 택하고, 자신들이 학생 시절 받았던 교육의 질을 지키거나 회복하기 위해 투쟁하지 않기를 택한다. 한편 조교수들 역시 대학에서 가르친다는 얄팍한 위신을 얻는 게 자신의 상당한 지적 재능과 학생을 지도하는 재능을 가장 잘 활용하는 일인지 재고해볼 필요가 있다.

지적 활동을 지원하는 우리의 학문 기관들이 본래의 목적을 회복하여 다시 번영할 수 있기를 희망한다. 학문 기관의 설계는, 그중에서도 특히 장려책과 보상의 구조와 같은 제도적 요소는 지금과 같은 위기의 순간에 깊은 고민의 초점이 되어야 마땅할 것이다. 우리가 무엇을 쉽게 선택하고, 무엇을 즐기고, 무엇에 가치를 둘지를 좌지우지함으로써 우리의 궁극적 목적에 막대한 영향을 미치기 때문이다. 다만 이 책에서는 더 일반적인 배움의 유형과 실천을 다루고자 했다. 설령 우리의 학문 기관들이 쇠퇴하고 무너지더라도 지적 생활 자체가 쇠퇴하고 무너지는 일은 결코 허용되어서는 안 된다. 우리가 하는 일에서 무엇이 중한지 기억하고 그것과 다시 연결됨으로써 공부하는 삶이라는 특별히 인간적인 존재 방식이, 그 기쁨과 슬픔이, 그 탁월함의 방식과 고유한 연대감이 사라지지 않도록 애써야 할 것이다.

에필로그

사유를 즐기는 평범한 사람

저로 말하자면, 제 입장은 확고합니다. 저는 모든 형태의 거창함과 위대함에 반대합니다. 그 대신 개인에서 개인에게로 작용하는 보이지 않는 미세한 힘에, 수많은 잔뿌리처럼 또는 물이 스며드는 모세관처럼 세계의 구멍을 통하여 남몰래 드나드는 그 힘에 찬성합니다. 그 힘은 충분한 시간만 있다면 인간의 자만심이 세운 가장 단단한 기념물조차도 부수어버릴 수 있지요. 상대하는 단위가 클수록 그 안의 삶은 더 공허하고 잔혹하며 거짓된 모습을 보입니다. 그래서 저는 모든 거대한 조직에 반대합니다. 무엇보다도 국가 조직에 반대합니다. 위대한 성공과 대단한 결과에 반대합니다. 저는 언제나 개인적이며 즉각 실패하는 방식으로 작용하는 진리의 영원한 힘의 편에 서렵니다. 그 힘은 내내 약자로 존재하다가 스러지고 오랜 시간이 지나 모든 것이 역사가 된 뒤에야 정상에 오르게 됩니다.

―윌리엄 제임스, 헨리 휘트먼 부인에게 쓴 편지, 1899년 6월 7일

그리 오래지 않은 과거에는 보통 사람도 지적 활동에서 혜택을 입는다는 사실이 당연하게 여겨졌다. 앞에서 20세기 초의 고전 편람 《하루 24시간 활용법》과 《공부하는 삶》을 언급했다. 학자가 아니지만 지적 관심사를 가진 보통 사람들을 독자로 삼는 이런 짧은 책들에는 지적 활동을 돕는 여러 실용적 조언과 더불어 독자들을 고무시키고 격려할 고매한 미사여구들이 실려 있었다. 바야흐로 고전 번역본이 염가판으로 쏟아져 나오던 시대의 이야기다.

20세기 초에도 이론보다 실천을 옹호하는 콧대 높은 권력자들과 기술의 환상에 매료된 전도사들이 없었던 건 아니다. 하지만 에브리맨스 라이브러리*와 미캐닉스 인스티튜트** 독서 클럽의 시대에, 출판사와 학자, 풀뿌리 운동 조직자들이 사물의 본질에 가닿는 동시에 폭넓은 대중에게 다가가는 지적인 삶의 형태를 만들고 지켜냈다는 것은 분명해 보인다. 20세기 초의 활동가들 또한 진지한 탐구라는 민주주의에 경의를 표했다. 마르크스주의자들은 아주 가난한 동네를 찾

---

* 영국의 대표 문고본 시리즈.
** 빅토리아시대 영국 및 영국 식민지에서 노동자들을 교육하기 위해 만들어진 기관.

아가 그들 말에 귀를 기울이는 사람에게 오늘날 교수가 학부생들에게 과제로 내주기를 주저할 만큼 어려운 헤겔과 포이어바흐의 복잡한 사상을 가르쳐주었다.

이런 사례들에 비추어볼 때, 오늘날 인문학과 교양 교육을 옹호하는 사람들이 주장하듯 경제적 정치적 이득을 들어 지적 활동을 합리화하는 논리는 진부할뿐더러 요점에서 빗나간 것으로 보인다. 하지만 이런 논리의 더 큰 단점은 그 내용이 거짓이며 파괴적이라는 것이다. 사실 공부는 경제적 혜택과 사회적 정치적 효율성에 대한 고려에서 벗어나야만 우리에게 제공할 수 있는 인간적 혜택을 실제로 전달할 수 있다. 그 이유는 작고 인간적인 것들이 우리에게 보여주듯이 인간이 단순히 개인적이거나 공적인 혜택을 도모하는 도구가 아니기 때문이다. 공부가 인간 존엄의 원천인 까닭은 공부가 정치적 사회적 생활을 초월한 것이기 때문이다. 그뿐 아니라 공부는 앞서 이야기했듯 금욕적인 실천이므로 반드시 세상에서 물러나 있어야 한다.

지적인 삶이 엘리트의 전유물이 아니라 인류 유산의 하나라면, 지적인 삶의 주인은 다른 누구도 아닌 평범한 사람이다. 모든 공부는 그 끝이 아무리 복잡하더라도 시작은 일상생활이나 그 이면에서 떠오른 인간적 질문들에 있다. 학문은 그 자체로 흥미진진한 일이긴 하나 기본적 성찰이 결여된 세상, 보통 사람들이 인간의 속성과 세상의 구조와 근원에 대해 사유하지 않는 세상에서는 의미가 없을 것이다. 문학이나 철학, 수학, 자연의 속성이 보통 사람의 인간적 덕목이나 한 사람이 일상생활에서 걷는 이해의 길과 전연 무관한 것이라면, 고등 학문 역시 무의미해진다. 그러므로 학문은 보통 사람들에게로 돌아가야 하며, 그 방식은 인간의 좋은 삶에서 자유로운 지성이 맡는 역할을 존중하는 것이어야 한다.

좋은 삶을 추구하는 사람은 누구든지 넓고 깊은 배움에서 혜택을 얻을 수 있다. 대학생이나 교수만 진지함의 미덕을 기를 수 있는 건 아니다. 우리는 우리가 살아가고자 하는 인생의 유형들을 상상하고, 그로써 품게 된 포부로 인해 인생의 근본적인 것들을 향한 열정을 불태우게 된다. 현재 우리의 지적 문화는 교화보다 파괴를, 타인에 대한 깊은 격려보다 짜릿한 우월감을, 인류 공통의 기반을 다지는 것보다는 파벌에 대한 충성심을 북돋는 것을 더 높이 산다. 그럼에도 깊이 사유할 줄 아는 사람이라면 작가, 예술가, 비평가, 저널리스트가 아니더라도 누구든지 산 사람과 죽은 사람에게서 그리고 역사와 허구의 인물에게서 더 나아가고 더 아름답고 더 고귀한 삶의 방식을 추구하고자 온 힘을 쏟는 인간의 모습을 알아볼 수 있을 것이다.

이 책에서 나는 어쩔 수 없이 아인슈타인, 그람시, 괴테, 아우구스티누스처럼 지성의 영역에서 많은 것을 성취한 사람들의 사례를 주로 이용했다. 그들의 삶이 도서관에서 쉽게 찾을 수 있는 공부의 형태이기 때문이다. 오늘날엔 많은 것을 성취한 사람의 이야기만이 책으로 쓸 가치가 있다고 여겨진다. 구경거리에 탐닉하는 우리 문화는 보이지 않는 삶도 보이는 삶만큼이나, 아니 그 이상으로 찬란한 삶이라는 사실을 망각하는 병에 걸려 있다. 하지만 이 책을 쓰는 내내 나는 겸허한 독서광, 아마추어 자연 탐구가, 관조적인 택시 운전사의 이미지를 마음속에 품고 있었고, 가능한 때마다 그 이미지를 환기하려 노력했다. 독자 여러분도 나와 같이 성취에 자연스럽게 이끌리는 사람이라면, 사유를 즐기는 평범한 사람의 사례를 모아보기 바란다. 소수에게만, 어쩌면 가족과 이웃과 동료에게만 삶의 찬란함을 드러내 보이는 사람을 찾아보기 바란다. 나처럼 이따금 경외심에 사로잡혀 의자에 몸을 파묻고, 우리가 결코 알지 못할 사유와 경험의 광활한 보물 창고에 대해 생각해보기 바란다.

인간 활동의 범위는 참으로 넓고, 그 깊이는 조금이나마 생각할 시간이 있는 사람이라면 누구나 다다를 수 있다는 사실을 기억하자. 인간의 지성과 상상력이 자유롭게 유희하도록 풀어주자. 그렇게 우리의 온 마음이 가장 중요한 것에 뿌리내리게끔 하자.

감사의 말

 이 책에서 나는 내가 살아가며 알게 된 공부에 대해 선명하게 그려내려고 노력했다. 내가 거쳐온 경험적 배움의 과정에서 무엇을 빚졌는지 인정한다는 건, 곧 내가 인생 전반에 무엇을 빚졌는지 인정하는 것일 테다. 내 안의 지적 활동을 북돋아준 모든 공동체에, 그리고 그 공동체를 만들어낸 교사와 학생과 동료들에게 이루 말할 수 없는 감사를 표한다. 이 모든 것의 시작은 내가 태어나고 자라난 어린 시절에 있으므로, 나는 감사의 마음을 담아 이 책을 부모님과 형제에게 바치고 싶다.

옮긴이의 말

세상살이에 유독 생각이 많아지던 시기에 이 책의 번역을 제안받았다. 이틀 새 홀린 듯 원고를 읽고 마지막 장을 덮으면서 예상도 기대도 하지 않았는데 이상하게도 마음이 정화되는 기분이 들었다. 아마도 이 책이 '좋은 삶'에 대해 새로운 그림을 설득력 있게 그려내기 때문일 것이다.

저자는 요컨대 좋은 삶이란 공부하는 삶이며 그 공부는 무용할수록 우리의 남루한 삶을 찬란히 밝혀준다고 말한다. 언제부터인가 좋은 삶의 기준을 물질적 풍요에 두게 된 우리에게 저자가 그리는 좋은 삶의 정의는 단박에 와닿지 않는다. 매일 시간을 아껴 분주하게 살아도 모자라는데, 무용한 공부를 하는 게 좋은 삶이라고?

우리에게 공부란 무엇보다도 학생의 본분이며 시험 합격, 취업, 몸값 올리기와 같은 성과를 경유해 우리의 물질적 삶을 개선해줄 훌륭한 수단이다. 그러니까 공부로 삶이 나아진다는 건 우리에게 당연한 명제인데, 저자가 말하는 공부는 사회에서 통용되는 의미와는 조금 다르다. 그리고 저자의 명제에서 가장 문제적인 부분은 '무용할수록'이라는 단서이다.

그런데 공부가 무용해야 한다면, 공부하는 삶의 쓸모란 대체 무엇이란 말인가? 이 질문에 대해 저자는 공부가 인간이 행복하기 위해 반드시 필요하다고 말한다. 요컨대 공부는 보편적 인간이 누릴 수 있고 누려야 하는 미덕이다. 공부는 공부를 갈망하는 누구에게나 열려 있으며 그로써 인간을 행복하게 만든다. 독자에게 이 명제는 뜬구름 잡는 소리처럼 느껴질 수도 있다. 저자도 여기에 반드시 동의해야 한다고 강요하지 않는다. 하지만 고개를 갸웃하다가도 저자가 소개하는 다양한 사례를 읽다 보면 어느덧 설득되는 사람이 나 혼자는 아니리라 생각한다.

    공부가 인간의 행복과 밀접한 관계에 있다는 이 문제적 명제를 뒷받침하기 위해 '서문'에서 저자는 공부하는 삶이 우리가 살아가는 현실에서 어떤 역할을 하며 공부가 어째서 중요한지를 설명한다. 우리가 공부를 하는 건 물론 '성적을 잘 받기 위해서'와 같은 외적인 목적 때문일 때도 있지만, 자기 내면을 유심히 들여다보면 공부 자체를 위해 공부하고자 하는 욕구를 발견할 수 있다. 공부하려는 욕구가 발현되는 삶의 영역은 여가다. 저자가 인용하는 아리스토텔레스의 행복론에서 여가란 곧 일과 무관하게 세상을 관조하는 것으로서 그 자체로 추구되며 인생의 지향점이 되는 최고의 미덕이다. 이 대목에서 전통적으로 아리스토텔레스가 먹고살 걱정이 없는 귀족이었다는 지적이 등장하듯, 오늘날에도 여가란 '있는 사람들'이나 즐기는 것 아니냐는 반문이 나올 법하다. 물론 여유 시간이 전혀 주어지지 않는 가혹한 삶의 조건에서 여가를 잘 활용하기는 어렵다. 그럼에도 저자는 우리가 시간과 노동의 '자발적 노예'가 되지 않고 자신에게 세상살이에서 잠시 물러날 여유를 내어주는 방향으로 삶을 선택할 가능성에 대해 이야기한다. 과연 여유를 즐기는 데 큰돈과 대단한 장비가 필요한 건 아니다. 자유로운 시간, 비워낸 정신과 자연이라는 조건만 갖추어지면 우리에게는 정신 활동을 추구할 여유가 생겨난다. 여기서도 저자는 여가가 소수 엘리트와 지식인의 전유물이 아니며 일상에서 얼마든지 찾을 수 있음을 강조한다. 우리는 외부 조건의 굴레를 벗어나 삶의 여유를 누릴 수 있다. 인생 최고의 지향점을 추구할 수 있다, 그 말은 곧, 우리가 행복해질 수 있다는 뜻이다.

아리스토텔레스가 말한 여가가 일을 넘어서는 것이듯, 저자가 말하는 공부는 세상을 넘어서는 것, 더 정확히 말하자면 세상에서 물러나는 것이다. 부와 권력을 둘러싼 전쟁터 같은 세상에서 한발 물러난 곳에는 내면의 삶이라는 비밀스러운 풍요의 원천이 있다. 내면의 삶은 사회적 기준으로 값이 매겨지고 위축되는 우리에게 간절했던 인간적 존엄을 되돌려준다. 가난한 맨발의 부적응자 소크라테스가 열렬히 탐구에 전념할 때 초월적 존재로 보이는 것처럼, "배움 자체를 위한 배움을 추구하는 지적 생활은 신비로운 주체의 존재를 암시한다. 그 주체는 바로 숨겨진 가치와 존엄을 지닌, 생각하고 성찰하는 사람이다." 모든 것이 정량화되고 환금성을 평가받는 이 시대에 외부의 기준으로 재단할 수 없는 부분이 우리 안에 남아 있다는 생각만으로 상당한 위안이 된다.

저자가 예시로 드는 여러 인물의 삶에서 우리는 세상에서 물러나 자신의 미덕을 꽃피우고 사유를 파고드는 내면의 삶을 만난다. 아인슈타인은 학계에서 일자리를 찾는 데 실패하고 울며 겨자 먹기로 취직한 특허청에서 자신만의 연구에 몰두할 수 있었다. 수학자 앙드레 베유와 정치가 안토니오 그람시는 교도소라는 척박한 공간에서 탁월한 지적 성취를 일궈냈다. 세속적으로 실패로 취급되는 환경에서 내면의 삶은 오히려 번성할 수 있는 것이다. 우리 스스로의 존엄을 되찾는 방법은 어쩌면 외부의 보상과 지위에 맞추었던 초점을 내면의 삶으로 옮기는 것처럼 간단할지도 모른다.

이런 사고방식은 단순히 정신 승리로 보일지 모르지만 그렇게만 치부할 건 아니다. 저자의 설명에 따르면 공부가 열어주는 내면의 삶은 자극과 충동을 추구하면서 표면에 머무르는 삶에 비할 수 없이 깊고 넓기 때문이다. 공부의 대상은 무엇이든 될 수 있지만 그것들에는 더 좋은 것, 더 보편적인 것을 향해 우직하게 나아간다는 공통점이 있다. 그러므로 공부를 통해 우리는 자연스럽게 자신의 나쁜 모습에서 탈출하게 된다. 이런 의미에서 공부는 진정 더 좋은 삶으로 나아가는 길일 수 있는 것이다. 세상을 관조함으로써 우리는 헛된 기대와 환상에 휘둘리지 않고 현실을 냉철하게 직시하는 판단력을 기르게 된다.

저자가 강조하는 또 하나의 사실은 이러한 내면의 삶이 모든 인간에게 공통적이므로 그 자체로 타인과 깊이 연결되고 교감할 장을 열어준다는 것이다. 상대에게서 취할 수 있는 유용성을 위해서가 아니라, 언젠가 이득이 될 인맥을 관리하기 위해서가 아니라, 단지 어떠한 지적 관심을 공통분모로 소통하고 교류하는 이들은 계급과 연령, 성별과 같은 외적 조건들을 초월하여 단숨에 동지가 된다. 심지어 이미 세상을 떠난 과거의 작가들과도 교감을 나눌 수 있다. 이러한 인간적인 연결은 우리를 파편화하고 소외시키는 요소들에서 해방시켜준다. 그렇게 인간 공동체에 대한 우리의 소속감은 한층 단단해진다. 덧없는 지금 여기의 한순간을 벗어나 모든 시대의 모든 인간과 유대할 수 있다는 것. 그 마법 같은 일에 동참함으로써 존재의 근원적 외로움을 조금은 벗어날 수 있지 않을까?

내면으로 물러나는 공부, 그로부터 얻는 존엄, 존엄을 토대로 하는 타인과의 교감, 그리고 세상을 향하는 실천. 이것이 저자가 그리는 좋은 삶의 지도다. 공부는 현실과 유리된 상아탑 안에 존재하는 것이 아니며 그렇다고 해서 현실에서 잘 먹고 잘 살기 위한 것도 아니다. 공부는 세상에서 도피하여 자기 탐닉에 빠지는 일이 아니라 오히려 세상을 있는 그대로 바라보고 더욱 인간적이며 보편적인 것을 향해 나아가게 해준다.

삶의 초점을 잃고 속절없이 세파에 흔들리기 쉬운 우리에게 이 책의 메시지가 조금이나마 길잡이가 되기를 바란다. "지적인 삶의 사회적 쓸모는 인간적으로 살아가는 더 다양하고 풍부한 방식들을 북돋는 것, 우리 자신에게 어울리는 포부와 희망을 빚어내는 것에 있다." 당연하고 담담하지만 산뜻하게까지 느껴지는 이런 문장들에서 많은 독자들이 내가 그랬듯이 마음의 혼란이 씻겨나가는 경험을 했으면 좋겠다. 그리고 저자가 답을 내리지 않고 열어둔 질문들을 곰곰이 사유

하며, 공부하는 삶에 행복이 깃들어 있다는 이 책의 주제를
온몸으로 경험할 수 있기를 소망한다.

박다솜

주

서문 배움은 숨겨져 있다

1. 데이비드 그레이버의 최근 저서 《불쉿 잡》(김병화 옮김, 민음사, 2021)에 실린 사례들을 참조하라.
2. Steve Martin, *Born Standing Up* (New York: Simon and Schuster, 2007), 64-65.
3. 플라톤, 《국가》 2권을 참조하라. 아리스토텔레스는 《니코마코스 윤리학》의 첫 7장에서 궁극적 목적(행복 혹은 에우다이모니아)과 더불어 인간이 지닌 목적들의 구조를 설명한다. 인생의 궁극적 목적이 관조라는 주장은 《니코마코스 윤리학》에 나온다.
4. Jonathan Rose, *The Intellectual Life of the British Working Classes* (New Haven, CT: Yale University Press, 2001). 영국의 운동이 미국으로 어떻게 전파되었는지에 관한 설명은 다음을 참조하라. Scott Buchanan, "Awakening the Seven Sleepers," in *Scott Buchanan: A Centennial Appreciation of His Life and Work, 1895-1968*, ed. Charles A. Nelson (Annapolis: St. John's College Press, 1995), 1-13.
5. A. G. Sertillanges, OP, *The Intellectual Life: Its Spirit, Conditions, Methods, trans.* Mary Ryan (Washington, DC: Catholic University Press, 1987). 앙토냉 질베르 세르티양주, 《공부하는 삶》, 이재만 옮김, 유유, 2013.
6. Arnold Bennett, *How to Live on 24 Hours a Day* (Garden City, NY: Doubleday, 1910). 아널드 베넷, 《하루 24시간 어떻게 살 것인가》, 이미숙 옮김, 더스토리, 2023.
7. Jack London, *Martin Eden* (New York: Holt, Rinehart, and Winston, 1908), 137. 잭 런던, 《마틴 에덴》 전2권, 오수연 옮김, 녹색광선, 2022.
8. George Orwell, *Down and Out in Paris and London* (New York: Harcourt, 1933), 105-21. 조지 오웰, 《동물농장, 파리와 런던의 따라지

인생》, 김기혁 옮김, 문학동네, 2010.

9. Barbara Ehrenreich, *Nickeled and Dimed: On (Not) Getting By in America* (New York: Picador, 2001), 46. 바버라 에런라이크, 《노동의 배신》, 최희봉 옮김, 부키, 2012.

10. James Bloodworth, *Hired: Six Months Undercover in Low-Wage Britain* (London: Atlantic Books, 2018), 11-76.

11. Bloodworth, 51.

12. Plato, *Theaetetus* 172d-e, trans. M. J. Levett (Indianapolis, IN: Hackett, 1990). 플라톤, 《테아이테토스》, 정준영 옮김, 아카넷, 2022.

13. Lauren Smiley, "The Shut-In Economy," *Medium*, March 25, 2015, https://medium.com/matter/the-shut-in-economy-ec3ec1294816.

14. '리틀 브라더'에 대한 우리의 자발적 복종에 대해서는 다음을 참조하길 바란다. Tom Slater, "Selfie-Surveillance: Who Needs Big Brother when We Constantly Film Ourselves?" *Spectator*, June 1, 2019, https://www.spectator.co.uk/2019/06/selfie-surveillance-who-needs-big-brother-when-we-constantly-film-ourselves.

15. *New York Times* obituary, August 3, 1955, 23.

16. John Ashbery, introduction to *The Collected Poems of Frank O'Hara*, ed. Donald Allen (Berkeley: University of California Press, 1971), vii.

17. 코버의 삶과 활동에 대해서는 다음 책을 참조했다. Margalit Fox, *The Riddle of the Labyrinth: The Quest to Crack an Ancient Code* (New York: HarperCollins, 2013).

18. Ernst Kantorowicz, *Frederick the Second, 1194-1250*, trans. E. O. Lorimer (New York: Ungar, 1957).

19. Victor Frankl, *Man's Search for Meaning* (Boston, MA: Beacon, 1959). 빅터 프랭클, 《죽음의 수용소에서》, 이시형 옮김, 청아출판사, 2020.

20. Kareem Shaheen and Ian Black, "Beheaded Syrian Scholar Refuses to Lead ISIS to Hidden Palmyra Antiquities," *Guardian*, August 19, 2015, https://www.theguardian.com/world/2015/aug/18/isis-beheads-archaeologist-syria.

21. Simone Weil, "노조 생활: 연구 위원회를 둘러싼 활동 La vie syndicale: en marge du Comité d'études" [Trade union life: notes on the Committee for

Instruction], *L'Effort*, December 19, 1931, cited in Simone Petrement, *Simone Weil: A Life*, trans. Raymond Rosenthal (New York: Pantheon, 1976), 87 – 88.

22. 갈릴리의 엔게브 키부츠에 위치한 멘델 넌의 박물관 '닻의 집'은 지금도 방문이 가능하다. 그의 간략한 인생은 다음 페이지를 참조하길 바란다. https://www.jerusalemperspective.com/author/mendel-nun/.

1장 공부는 우리를 어디로 데려가는가

1. 이 섹션의 내용은 다음 글에 실린 바 있다. "Freedom and Intellectual Life," *First Things*, April 7, 2016.
2. France: Les Films des Tournelles, 2009.
3. West Germany: Filmverlag der Autoren, 1974.
4. 플라톤,《향연》.
5. Plutarch, *Life of Marcellus* 19.
6. Valerius Maximus, *Memorable Deeds and Sayings* 8.7.
7. Anonymous, *Dialogue between Mary and Joseph*, in Sebastian P. Brock, "Mary and the Angel, and Other Syriac Dialogue Poems," *Marianum* 68 (2006): 134.
8. Ambrose, *Concerning Virgins II*.2.10, trans. H. de Romestin, E. de Romestin, and H.T.F. Duckworth, in *Nicene and Post-Nicene Fathers, Second Series*, vol. 10, ed. Philip Schaff and Henry Wace (Buffalo, NY: Christian Literature, 1896). 이것은 천사가 도착했을 때 책을 읽고 있던 마리아의 이미지 가운데 내가 찾을 수 있었던 가장 이른 것이다.
9. Augustine, sermon 196.1, trans. Edmund Hill, OP, and John E. Rotelle, OSA, in *Sermons of St. Augustine*, vol. 6 (Hyde Park, NY: New City, 1990).
10. Augustine, sermon 191.4, trans. Hill and Rotelle, in *Sermons*, vol. 6.
11. 아인슈타인이 미셸 베소에게 1919년 12월 12일 보낸 편지. 월터 아이작슨,《아인슈타인: 삶과 우주》(이덕환 옮김, 까치, 2007)에서 재인용.
12. Einstein, *Autobiographical Notes, in Albert Einstein: Philosopher-*

Scientist, ed. P. A. Schlipp (Lasalle, IL: Open Court, 1969), 1:17-18.

13. 다음 책에 설명된 내용이다. Albrecht Fölsing, *Albert Einstein: A Biography*, trans. Ewald Osers (New York: Viking, 1997), 70-112.

14. Maja Einstein, "Albert Einstein: A Biographical Sketch," in *The Collected Papers of Albert Einstein, English Translation*, trans. Anna Beck (Princeton, NJ: Princeton University Press, 1987), 1:xxii.

15. 아인슈타인과 프리츠 하버의 삶과 그들이 나눈 우정은 다음 책에서 논의된다. Fritz Stern, "Albert Einstein and Fritz Haber," in *Einstein's German World* (Princeton, NJ: Princeton University Press, 1999), 59-164.

16. Einstein, letter to Heinrich Zanger, ca. April 10, 1915, trans. in *Einstein on Politics*, ed. David Rowe and Robert Schulman (Princeton, NJ: Princeton University Press, 2007), 67.

17. J. J. O'Connor and E. F. Robertson, "Andre Weil," MacTutor History of Mathematics archive, St. Andrews University, 2014, http://www-history.mcs.st-andrews.ac.uk/Biographies/Weil.html. 이 사건들에 대한 설명은 (수학적 발견에 대한 내용을 제외하면) 다음 책에도 담겨 있다. Petrement, *Simone Weil*, 366-72.

18. "André Weil Writes from Rouen Prison," letter to Eveline Weil, MacTutor History of Mathematics archive, St. Andrews University, 2008, http://www-history.mcs.st-andrews.ac.uk/Extras/Weil_prison.html.

19. Translation by Manuel S. Almeida Rodriguez, in his "Some Notes on the Tragic Writing of Antonio Gramsci," *International Gramsci Journal* 1, no. 2 (2010): 10. 그람시의 옥중 생활에 대한 설명은 다음 책에 담겨 있다. *Selections from the Prison Notebooks of Antonio Gramsci*, ed. and trans. Q. Hoare and G. N. Smith (New York: International, 1971), lxxxix-xciv. 안토니오 그람시, 《그람시의 옥중수고》 선2권, 이상훈 옮김, 거름, 1999.

20. Gramsci, *Prison Notebooks*, lxxxix.

21. 다음 책을 참고했다. *The Autobiography of Malcolm X: As Told to Alex Haley* (New York: Ballantine Books, 1964). 다음 책에서 세부 사항을 더 자세히 조사하고 확인했다. Manning Marable, *Malcolm X: A Life of Reinvention* (New York: Viking, 2011).

22. Malcolm X, *Autobiography*, 196.

23. Letter to Philbert Little, February 4, 1949, 재인용 출처는 Marable, *Malcolm X*, 92.

24. Letter to Reverend Samuel L. Laviscount, November 14, 1950, 재인용 출처는 Marable, 95.

25. Malcolm X, *Autobiography*, 387.

26. 이를 뒷받침하는 내용이 다음 책에 담겨 있다. Marable, *Malcolm X* (13, 433 - 34, and ch. 16).

27. Augustine, *On Free Will*, trans. Thomas Williams (Indianapolis: Hackett, 1993), 2.16. 아우구스티누스,《자유의지론》, 성염 옮김, 분도출판사, 1998.

28. Augustine, *Confessions* 10.8.15. 모든 번역은 다음 판본을 참조했다. Augustine's *Confessions*, 2nd ed., trans. F. J. Sheed, ed. with notes by M. P. Foley (Indianapolis: Hackett, 2006). 아우구스티누스,《고백록》, 박문재 옮김, CH북스, 2016.

29. 다음 책의 설명을 참조했다. Richard Holmes, *The Age of Wonder* (London: Harper, 2008), ch. 2 and 4.

30. 괴테의 생애와 과학적 실천에 대해서는 다음 책에 수집된 자료와 저자가 쓴 서문이 특히 유익했다. Matthew Bell, *The Essential Goethe* (Princeton, NJ: Princeton University Press, 2016).

31. 괴테의 식물학 연구에 대해서는 세인트존스 칼리지에서 2015년에서 2017년까지 신입생 실험 과정을 담당했던 동료들에게, 그리고 그 시기 동안 나와《식물변형론》에 대해 유익한 토론을 벌여 준 학생들에게 빚을 졌다. 요한 볼프강 폰 괴테,《괴테의 식물변형론》, 이선 옮김, 이유출판, 2023.

32. J. W. Goethe, *Italian Journey* [1786 - 88], trans. W. H. Auden and Elizabeth Meyer (Berkeley, CA: North Point, 1982), 363. 요한 볼프강 폰 괴테,《이탈리아 기행》, 박찬기·이봉무·주경순 옮김, 민음사, 2023.

33. 다음 책에 담긴 내용이다. Goethe, *Truth and Poetry from My Own Life*, ed. Parke Godwin (London: George Bell, 1906), 2:210. 요한 볼프강 폰 괴테,《괴테 자서전》, 이관우 옮김, 우물이있는집, 2021.

34. Bell, *Essential Goethe*, 1003.

35. Goethe, *Italian Journey*, 54.

36. 다음 책을 참조하라. Hetty Saunders, *My House of Sky: The Life and*

Work of J.A. Baker (Toller Fratrum, UK: Little Toller Books, 2017).

37. 《송골매를 찾아서》에 관해 유익한 대화를 나누어 준 2019년 봄 학기 고급 언어 지도 수강생들에게 감사한다.

38. John Baker, The Peregrine (New York: New York Review Books, 2005), 14. 존 베이커,《송골매를 찾아서》, 서민아 옮김, 필로소픽, 2022.

39. Baker, 50–51.

40. Baker, 12.

41. Baker, 132.

42. George Steiner, Real Presences (Chicago: University of Chicago Press, 1989), 8.

43. Primo Levi, The Periodic Table, trans. R. Rosenthal (London: Penguin, 2000), 35. 프리모 레비,《주기율표》, 이현경 옮김, 돌베개, 2007.

44. Yves Simon, "Freedom in Daily Life," in Freedom and Community, ed. Charles P. O'Donnell (New York: Fordham, 1968), 5.

45. 다음 책을 참조하라. Harry Frankfurt, "On Bullshit," The Importance of What We Care About (Cambridge: Cambridge University Press, 1988), reprinted as On Bullshit (Princeton, NJ: Princeton University Press, 2005). 해리 G. 프랭크퍼트,《개소리에 대하여》, 이윤 옮김, 필로소픽, 2023.

46. Simon, Freedom and Community, 5–6.

47. Finley Peter Dunne, "The Food We Eat," in Dissertations by Mr. Dooley (New York: Harper, 1906), 247–54.

48. Simone Petrement, "The Year of Factory Work," in Simone Weil, 235.

49. 이 내용은 그의 탁월한 회고록에 담겨 있다. Black Like Me (New York: New American Library, 1960). 존 하워드 그리핀,《블랙 라이크 미》, 하윤숙 옮김, 살림, 2009.

50. Catherine Doherty, Poustinia (Notre Dame, IN: Ave Maria, 1975), ch. 2.

51. 이러한 풍조가 다시 매력적으로 여겨지는 조짐을 엿볼 수 있는 희망찬 신호는 최근 미국 극빈층 사이에서 생활해본 이야기를 담은 책이 출간된 것이다. Chris Arnade, Dignity: Seeking Respect in Back Row America (New York: Sentinel, 2019).

52. Plato, Apology 28e, 32a–e, 30e–31b. 플라톤,《소크라테스의 변

명》, 강철웅 옮김, 아카넷, 2020.

53. Saint John of the Cross, *The Ascent of Mount Carmel*, 3rd ed., ed. and trans. E. Allison Peers (Garden City, NY: Image, 1958), 1.2 – 1.3. 십자가의 성 요한,《가르멜의 산길》, 최민순 신부 옮김, 바오로딸, 1971.

54. John of the Cross, *Ascent of Mount Carmel*, 1.3.4.

55. 이 내용은 다음 글에서 논의되고 있다. "The Study of Poetry," in *Essays in Criticism, Second Series* (London: Macmillan, 1888), 1 – 55. 더 넓고 통찰 있는 논의는 다음 책을 참조하라. Steiner, *Real Presences*.

56. Steiner, *Real Presences*.

57. Philip Roth, "Primo Levi," introduction to Levi, *Periodic Table*.

58. Irina Dumitrescu, "Poems in Prison: The Survival Strategies of Romanian Political Prisoners," in *Rumba under Fire: The Arts of Survival from West Point to Delhi*, ed. Dumitrescu (n.p.: Punctum Books, 2016), 15 – 30.

59. 이리나 라투신스카야의 회고록에 실린 내용이다. Irina Ratushinskaya, *Grey Is the Color of Hope*, trans. A. Kojevnikov (London: Hodder and Stoughton, 1988).

60. Louise Jury, "We Wrote a Letter to Yeltsin, and Then We Packed Our Bags," interview with Irina Ratushinskaya, *Independent* (London), June 6, 1999, http://www.independent.co.uk/arts-entertainment/we-wrote-a-letter-to-yeltsin-and-then-we-packed-our-bags-1098401.html.

61. 다음 책에서 재인용. Rose, *Intellectual Life*, 127.

62. Rose, 127.

63. Rose, 45

64. W.E.B. Du Bois, *The Souls of Black Folk* (New York: Vintage/Library of America, 1990), 82.

65. Rose, *Intellectual Life*, 81.

66. Steiner, *Real Presences*, 12.

67. 이에 해당하는 사례는 조지 허친슨이 최근 집필한 1940년대 미국 문학에 대한 책을 참조하라. *Facing the Abyss: American Literature and Culture in the 1940s* (New York: Columbia University Press, 2018). 허친슨은 이 시기에 소외 집단 출신의 작가들이 인간으로서 인정받길 추구했다고 주장한다.

68. José Maria Gironella, *The Cypresses Believe in God*, trans. H. de Onis (New York: Knopf, 1955).

69. 홀스테니우스가 개신교도들과 벌인 영역 다툼에 대해서는 다음 책을 참조하라. Nicholas Hardy, *Criticism and Confession: The Bible in the Seventeenth Century Republic of Letters* (Oxford: Oxford University Press, 2017), 281-304. 홀스테니우스의 사례를 알려준 짐 행킨스에게 감사한다.

70. 이 일화를 재인용한 출처는 다음과 같다. F.J.M. Blom, "Lucas Holstenius (1596-1661) and England," *Studies in Seventeenth Century English Literature: Festschrift for T.A. Birrell on the Occasion of His Sixtieth Birthday*, ed. G.A.M. Janssens and F.G.A.M. Aarts (Amsterdam: Editions Rotopi, 1984), 25-39.

2장 배움의 상실과 발견

1. 탈레스가 우물에 빠진 이야기는 Plato, *Theaetetus*, 174a(플라톤,《테아이테토스》, 정준영 옮김, 아카넷, 2022)에 실려 있으며, 다음 책에서도 길게 분석된다. Hans Blumenberg, *The Laughter of the Thracian Woman*, trans. Spencer Hawkins (New York: Bloomsbury, 2015). 올리브 압착기 이야기는 Aristotle, *Politics* 1, 1259a6-19(아리스토텔레스,《아리스토텔레스 정치학》, 김재홍 옮김, 그린비, 2023)에 등장하며, 다음 책에도 실려 있다. Diogenes Laertius, *Life of Thales*, 26.

2. Plutarch, *Life of Marcellus* 14-17.

3. 그리스어 단어 φροντιστήριον를 이렇게 번역해준 것은 애비 스튜어트다.

4. Aristophanes, *Clouds* 229-30. 아리스토파네스《아리스토파네스 희극선집》1권, 천병희 옮김, 노서출판 숲, 2010.

5. Plato, *Republic* 369b-374d.

6.《국가》2권과 3권에서 교육과 주요 법을 개괄한 뒤 5권 결말부에서 일어나는 일이다.

7. Pierre Bourdieu, *Distinction: A Social Critique of the Judgement of Taste*, trans. Richard Nice (Cambridge, MA: Harvard University Press, 1984). 피에르 부르디외,《구별짓기》상·하, 최종철 옮김, 새물결, 2005.

8. Rose, *Intellectual Life*, 137 - 38.

9. Rose, 143 - 44.

10. Martin, *Born Standing Up*, 64 - 65.

11. Muriel Barbery, *The Elegance of the Hedgehog*, trans. Alison Anderson (New York: Europa editions, 2008). 뮈리엘 바르베리,《고슴도치의 우아함》, 류재화 옮김, 문학동네, 2015.

12. 물음표의 개수를 기준으로 한 것이다. 다음 책을 참조하라. James J. O'Donnell, *Augustine, Confessions: Commentary on Books* 1 - 7 (Oxford: Clarendon, 1992), 20.

13. Peter Brown, *Augustine of Hippo* (Berkeley: University of California, 1967), 169 - 72에서 강조되는 내용이다. 브라운의 책에 여러 면에서 도움을 받았다. 피터 브라운,《아우구스티누스》, 정기문 옮김, 새물결, 2012.

14. Augustine, *Confessions* 3.4.8.

15. Augustine 3.12.21.

16. Augustine 5.3.3 - 5.7.13.

17. Augustine 6.3.3.

18. Augustine 7.9.13.

19. 이 특별한 장면은 다음에 묘사되어 있다. Brown, *Augustine of Hippo*, ch. 14, 138 - 39.

20. Augustine, *Confessions* 10.35.54.

21. Augustine 6.8.13.

22. Simon, *Freedom and Community*, 3 - 4.

23. Augustine, *Confessions* 10.35.55.

24. Augustine, *On Order* (de Ordine), trans. S. Borruso (South Bend, IN: St. Augustine's Press, 2007), 1.8.26. 성 아우구스티누스,《질서론》, 성염 옮김, 분도출판사, 2017.

25. Augustine, *Confessions* 3.10.18. 다음 책의 해당 부분 해설을 참조하라. Hackett edition, ed. M. P. Foley.

26. Augustine 10.23.33.

27. Augustine, *City of God* 22.12 - 20. 아우구스티누스,《신국론》전2권, 성염 옮김, 분도출판사, 2004.

28. 아우구스티누스 본인이《고백록》3.2.4에서 묘사한 이미지다. "그것이 내가 그러한 슬픔을 사랑한 이유입니다. 내가 보는 슬픔을 스스로

경험하고 싶다는 바람은 없었으므로, 슬픔이 내 마음속으로 너무 깊이 들어오길 바란 것은 아니었으나 슬픔은 마치 손톱 같아서 그것이 긁고 지나간 자리가 부풀고 염증이 생겼고 고름이 흘러나오는 상처가 되었습니다. 이것이 나의 삶이었습니다. 하지만 신이시여, 이것이 정말 삶이라 할 수 있겠습니까?"

29. Augustine 4.4.9.
30. Augustine 3.2.4.
31. Augustine 2.4.9 – 2.10.18.
32. Dante, *Inferno* 26.85 – 142. 단테 알리기에리, 《신곡》, 김운찬 옮김, 열린책들, 2022.
33. Dante 26.112 – 17; 98 역시 참조하라.
34. 이 둘의 구분이 가장 뚜렷하게 나타나는 것은 아마 《신앙효용론》 9.22일 것이다. 아우구스티누스는 또한 《삼위일체론》의 한 어려운 구절 (10.1.3)에서 "호기심"과 "학구열"을 대조했다. 이 글에서 호기심이 있는 사람은 "모든 것을 알고 싶어" 한다는 주장이 나오는데, 여기 착안하여 폴 그리피스는 비뚤어진 지적 욕구에 대한 해석본인 *Intellectual Appetite: A Theological Grammar* (Washington, DC: Catholic University Press, 2009)를 집필했다. 그리피스는 기독교적 배움에 대한 사랑을 설명하고 있는 반면, 나는 내가 기독교인과 비기독교인 모두에게 열려 있다고 생각하는(아우구스티누스도 동의할 것이라 생각한다) 천성적인 배움에 대한 사랑을 설명하고 있다. 따라서 배움에 대한 사랑에 대한 나의 관점은 그리피스보다 낙관적이다. 여하간 다른 누군가 이런 질문이 철저히 파헤칠 가치가 있다고 생각했다는 점이 내게 위안과 격려가 되었다.
35. Raïssa Maritain, *We Have Been Friends Together*, trans. Julie Kernan (New York: Longmans, Green, 1942), 72 – 78. 라이사 마리탱, 《아름답고 고귀한 우정의 회고록》, 문주석 옮김, 성바오로출판사, 1991.
36. Augustine, *Confessions* 10.23.33. 다음 내용은 (그리고 호기심에 대한 내용 전반은) 스티븐 멘의 에세이에 특히 도움을 받았다. Stephen Menn, "The Desire for God and the Aporetic Method in Augustine's *Confessions*," in *Augustine's Confessions: Philosophy in Autobiography*, ed. W. E. Mann (Oxford: Oxford University Press, 2014), 72 – 107. 나는 이 책에서 쿠리오시타스를 비판하는 아우구스티누스의 의도가 지성의 자유로운 유희마저 비판하려는 것은 아니라고 주장했는데, 이는 나만의 관점으로서 일반적이지 않다. 멘이 이 주장에 동의할지 여부는 알지 못한다.

37. 다음 책에 담긴 훌륭한 논의에 신세를 졌다. Jean-Charles Nault, OSB, *The Noonday Devil: Acedia, the Unnamed Evil of Our Times* (San Francisco: Ignatius, 2013).

38. Thomas Aquinas, *On Evil*, trans. Jean Oesterle (Notre Dame, IN: University of Notre Dame Press, 1995), qu. 11, art. 4. 토마스 아퀴나스는 인간이 고통을 오래 참지 못한다는 아리스토텔레스의 말을 인용한다. Nicomachean Ethics 8.6, 1158a23 - 24 참조.

39. Elena Ferrante, *My Brilliant Friend*, trans. Ann Goldstein (New York: Europa, 2012), 47. 엘레나 페란테, 《나의 눈부신 친구》, 김지우 옮김, 한길사, 2016.

40. Ferrante, 79, 104, 119, 163, 198, 276.

41. Ferrante, 325.

42. Ferrante, 277.

43. Ferrante, 25.

44. Ferrante, 106.

45. Elena Ferrante, *The Story of a New Name*, trans. Ann Goldstein (New York: Europa, 2013), 15. 엘레나 페란테, 《새로운 이름의 이야기》, 김지우 옮김, 한길사, 2016.

46. Elena Ferrante, *The Story of the Lost Child*, trans. Ann Goldstein (New York: Europa, 2015), 402 - 3. 엘레나 페란테, 《잃어버린 아이 이야기》, 김지우 옮김, 한길사, 2016.

47. Ferrante, *Story of a New Name*, 89.

48. Ferrante, *The Story of a New Name*, 443.

49. Elena Ferrante, *Those Who Leave and Those Who Stay*, trans. Ann Goldstein (New York: Europa, 2014), 53. 강조는 저자의 것이다. 엘레나 페란테, 《떠나간 자와 머무른 자》, 김지우 옮김, 한길사, 2017.

50. Ferrante, *My Brilliant Friend*, 312.

51. Ferrante, *Story of a New Name*, 267.

52. Ferrante, *My Brilliant Friend*, 261.

3장 찬란한 무용함에 대하여

1. Ferrante, *Story of a New Name*, 133 - 34.

2. Ferrante, 162–63.
3. Ferrante, 409.
4. Ferrante, 409–10.
5. Petrement, "Year of Factory Work," 257.
6. Petrement, 258–59.
7. USA: Paramount, 1941. 이 부분의 내용과 〈내면 세계의 쓸모〉(아래, 185–187), 〈자유와 포부〉(아래, 188–190)는 나의 다음 에세이에 발표된 적이 있다. "Why Intellectual Work Matters", *Modern Age*, Summer 2017.
8. 도러시 데이에 대한 독해는 알런 그램의 발표되지 않은 에세이에 신세를 졌다. 이 에세이를 통하여 나는 데이가 내 작업과 관련이 있음을 발견했을 뿐 아니라, 데이에게 독서가 얼마나 폭넓게 중요한 것이었는지 이해할 수 있었다.
9. 도러시 데이의 자서전에 붙인 로버트 콜스의 서문. Dorothy Day, *The Long Loneliness* (San Francisco: HarperSanFrancisco, 1997), 4. 도러시 데이, 《고백》, 김동완 옮김, 복있는사람, 2010.
10. Dorothy Day, *From Union Square to Rome* (Maryknoll, NY: Orbis, 2006), 35.
11. Day, 37.
12. Day, 128–29.
13. Saint John of the Cross, *Living Flame of Love*, ed. and trans. E. Allison Peers (Garden City, NY: Image, 1962), sec. 17, 94–95. 십자가의 성 요한, 《사랑의 산 불꽃》, 방효익 옮김, 기쁜소식, 2009.
14. Day, *From Union Square*, 4; *Long Loneliness*, 255 참조.
15. Day, *From Union Square*, 8.
16. Day, *From Union Square*, 8.
17. Day, *Long Loneliness*, 93.
18. Day, *From Union Square*, 125.
19. Day, *Long Loneliness*, 88.
20. Day, *From Union Square*, 18.
21. 재인용 출처는 Day, *From Union Square*, 94, 106; *Long Loneliness*, 101–2 참조.
22. Day, *From Union Square*, 11.
23. Day, *From Union Square*, 140; *Long Loneliness*, 142.

24. William James, *The Varieties of Religious Experience* (New York: Library of America, 2009). 윌리엄 제임스,《종교적 경험의 다양성》, 김재영 옮김, 한길사, 2000.

25. Rose, *Intellectual Life*, 21에서 재인용.

26. Rose, 54에서 재인용.

27. Albert Schweitzer, *Out of My Life and Thought* (New York: Henry Holt, 1949), 91 - 92. 알베르트 슈바이처,《나의 생애와 사상》, 천병희 옮김, 문예출판사, 1999.

28. Daniel David Luckenbill, *The Annals of Sennacherib* (Chicago: University of Chicago, 1924), 1. 이 책에서 러큰빌은 예를 들어 "동양적 전제정치"나 "동양" 일반에 대해 그다지 바람직하지 않은 과장을 하고 있지만, 진부하거나 특정 의제를 추구하는 고정관념 없이도 인간적인 질문은 호소력을 가질 수 있다.

29. 내가 아는 한 클루니는 이런 행동을 하지 않았다. (앞의 인용문과 마찬가지로) 이 인용문은 내가 만들어낸 것이다. 어떠한 나쁜 의도도 없다.

30. See "Data Snapshot: Contingent Faculty in US Higher Ed," American Association of University Professors, n.d. (accessed June 3, 2019), https://www.aaup.org/sites/default/files/10112018%20Data%20Snapshot%20Tenure.pdf.

찾아보기

ㄱ
가면 증후군 245
가톨릭 15, 33, 38, 174~175,
　206, 209, 275~276, 281,
　282, 286~288
갈루아, 에바리스트 116
거짓말 95, 135~138, 187
공적 거짓말 136, 155
공동체 15~16, 18, 29, 35,
　38~44, 54, 63, 83~84,
　86, 119, 122, 133, 163,
　167~168, 170, 174,
　177~178, 192, 195, 221,
　237, 241, 259, 265~266,
　269, 276, 278, 287, 289,
　297, 301, 304, 319
관조 21, 46~47, 60, 73, 77,
　79~80, 84, 121, 14, 247,
　292
관조적 활동 44, 74, 247, 250
괴테, 요한 볼프강 폰 105,
　116~117, 126~130,
　133~134, 163, 317
《식물변형론》127, 129
구경거리에 대한 사랑 208,
　211~215, 217, 219~222,
　228, 250, 273

궁극적 목적 61, 63, 65~69,
　77~79, 83, 147, 150
그람시, 안토니오 116~118, 121,
　153, 157, 163, 317, 323
그리핀, 존 하워드 145
금욕주의 140~141, 143, 152,
　183, 197
기본 지향 63~67, 220, 228

ㄴ
내면의 삶 44~45, 70, 100~101,
　103~104, 110, 113~114,
　117, 119, 143, 152, 290,
　322
내향성 102, 117, 120~121, 139,
　157
내향적 물러남 102

ㄷ
다윗 왕 149~150
단테 알리기에리 223
《신곡》223
데브스, 유진 286
데이, 도러시 274~289
《유니언 광장에서 로마까지》
　274, 278
도스토옙스키, 표도르 227

도허티, 캐서린 145
독서광 44, 55, 97, 99, 103, 110, 134, 318
두미트레스쿠, 이리나 157
듀보이스, W. E. B. 167~168, 171, 258
디킨스, 찰스 277~278

ㄹ

라투신스카야, 이리나 155, 157~158, 220
런던, 잭 58, 71, 184, 277~278, 282, 288
《마틴 에덴》 71
레비, 프리모 134~137, 140~141, 156, 185
《주기율표》 137, 185
로스, 필립 156
로즈, 조너선 164, 166, 168, 200, 289~291
《영국 노동계급의 지적 생활》 164, 289
루스벨트, 시어도어 142

ㅁ

마니교 205~207, 210, 216, 228
마돈나 하우스 15, 40~41
마리아(예수의 어머니) 106~110, 112, 121, 153
마리탱, 자크 227
마블, 앤드루 305
마틴, 스티브 57~59, 202, 265
머독, 아이리스 203
모린, 피터 275

밀턴, 존 175
《실낙원》 175

ㅂ

바르베리, 뮈리엘 202
배움 자체를 위한 배움 53, 55, 57, 59, 80, 84, 152, 170, 176~178, 258
배움에 대한 사랑 53, 55~56, 60, 83~84, 111, 155, 170~171, 183, 186~188, 200~202, 206, 210, 213~215, 218~221, 229, 234, 236, 243, 250~251, 281, 294, 296, 302~303
베넷, 아널드 70
《하루 24시간 활용법》 70, 317
베유, 시몬 81, 144~145, 163, 267~269
베유, 앙드레 114~116, 121, 153, 163
베이커, 존 74, 77, 130~134, 203
《송골매를 찾아서》 74, 130, 203
벰브리, 존 엘턴 118
부르디외, 피에르 199
《구별짓기》 199
블러드워스, 제임스 72
블레이크, 윌리엄 198

ㅅ

사포 51
성경 106~108, 118, 121, 153, 174, 282

세네카 121, 255
세르티양주, A. G. 70
《공부하는 삶》 70, 315
세상으로부터 물러남 100, 147
센나케리브 306~307
소크라테스 72, 101~102,
　　145~146, 153, 186,
　　189~190, 192~193,
　　195~197, 204
솔론 226
슈바이처, 알베르트 294, 296
스가랴 106
스마일리, 로런 73~74
스타이너, 조지 133, 154, 172
스터지스, 프레스턴 269~271
〈설리반의 여행〉 269
스투디오수스 226
스티븐스, 월리스 74~75
시몽, 이브 137~140, 157, 164,
　　213
실러, 프리드리히 128
실링, 커트 160, 162
십자가의 성 요한 147~149, 280
싱클레어, 업튼 142, 277~278,
　　282, 288
《정글》 142, 282

ㅇ
아널드, 매슈 153
아르키메데스 102, 110, 186
아리스토텔레스 36, 61, 68~69,
　　72, 78~80, 161, 291, 304
아리스토파네스 189, 192~193,
　　197, 201

《구름》 189, 192, 194~195
아샤슈, 모나 97
〈고슴도치의 우아함〉 97~99,
　　164, 171, 202
아우구스티누스 84, 109,
　　121~124, 176~177, 181,
　　189, 202~212, 214~218,
　　220~221, 225~233, 250,
　　295, 317
《고백록》 123~124, 181, 189,
　　202~204, 209~210, 233
《질서론》 214
아이스킬로스 140
아인슈타인, 알베르트 110~114,
　　116, 121, 153, 161, 163,
　　317
아퀴나스, 토마스 232
알아사드, 칼레드 78, 133
암브로시우스 106~107, 207,
　　221
애슈베리, 존 75
앨리스, 코버 75
에런라이크, 바버라 72
엑스, 맬컴 118, 121, 133, 153,
　　164, 172, 220, 232
《맬컴 엑스 자서전》 172
여가 16~17, 41, 46~47, 67,
　　69~78, 81, 84, 102, 121,
　　133~134, 163, 169~171,
　　259
오든, W. H. 234
오락 42, 68~69, 77~78
오만한 겸허 281
오스틴, 제인 142

찾아보기　　341

오웰, 조지 71, 27
오하라, 프랭크 74~75
우월성에 대한 욕망 188, 201
의견화 263, 298~299, 303
인간의 연약함 159, 161~162

ㅈ
자발적 가난 145, 276, 288
자연 경험 130
자연 연구 121
정신의 내향성 102
제임스, 윌리엄 144, 287~288, 313
존엄 76, 78, 100, 102~104, 109, 120, 135~136, 138~139, 151~153, 155, 157~158, 160~163, 167, 175, 184, 289, 316
진리 추구 63, 144, 177, 205, 230, 227~233, 250, 297, 299~300, 302
진지함의 미덕 226~227, 229, 232~233, 275, 300, 304, 317

ㅋ
캐더, 윌라 142
콜스, 로버트 276
쿠리오시타스 210, 218~219, 226
키케로 205~206, 239

ㅌ
탈레스 185~187, 190

톨스토이, 레프 99, 277

ㅍ
파스빈더, R. W. 98
파스칼, 블레즈 152, 159, 161~162
페란테, 엘레나 172, 202, 233~234, 260
 나폴리 4부작 84, 202, 233~234, 239, 243, 246, 248~250, 260, 265~266
페트르망, 시몬 144, 267
《불꽃의 여자 시몬 베유》 144
프랭클, 빅터 76
프리드리히 2세 76
플라톤 36, 61~62, 72~73, 91, 100~101, 145~146, 148, 195, 204, 209, 273, 291, 298, 301
 《국가》 91, 195~197, 209, 298, 301
플로티노스 208
피보나치, 레오나르도 76

ㅎ
하버, 프리츠 113, 184
학계 생활에 대한 환멸 22, 29
허셜, 윌리엄 125~126, 133, 156, 163
허셜, 캐럴라인 125~126, 133, 156, 163
호메로스 173, 223
 《오디세이아》 223
 《일리아스》 173

홀스테니우스, 루카스 175
히로네야, 호세 마리아 173

찬란하고 무용한 공부
내면의 삶을 기르는 배움에 대하여

초판 1쇄 발행 2025년 6월 19일
초판 2쇄 발행 2025년 10월 10일

지은이 제나 히츠
옮긴이 박다솜
편집 나희영
디자인 원과사각형

펴낸곳 에트르
등록 2021년 11월 10일 제2021-000131호
이메일 etrebooks@gmail.com
인스타그램 @etrebooks

ISBN 979-11-978261-7-7 03100

이 책 내용의 일부 또는 전부를 재사용하려면
반드시 저작권자와 에트르 양측의 동의를 받아야 합니다.
잘못된 책은 구입하신 서점에서 바꿔드립니다.